本书得到：全国教育科学"十三五"规划2019年度教育部重点课题"粤港澳大湾区职业教育布局结构优化研究（项目编号：DJA190346）"的资助

高等职业教育蓝皮书（2020）

对接产业发展的广东省高等职业教育人才需求与专业（群）建设研究报告

卢坤建 ／主编

李铭辉　王玫瑰　李丽　廖俊杰／副主编

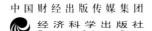

中国财经出版传媒集团

经济科学出版社

Economic Science Press

图书在版编目（CIP）数据

高等职业教育蓝皮书：2020：对接产业发展的广东省高等
职业教育人才需求与专业（群）建设研究报告/卢坤建主编.
—北京：经济科学出版社，2020.4
ISBN 978 - 7 - 5218 - 1466 - 8

Ⅰ.①高…　Ⅱ.①卢…　Ⅲ.①高等职业教育 - 人才培养 -
研究报告 - 广州 - 2020　Ⅳ.①G718.5

中国版本图书馆 CIP 数据核字（2020）第 059001 号

责任编辑：刘怡斐
责任校对：刘　昕
责任印制：邱　天

高等职业教育蓝皮书（2020）
——对接产业发展的广东省高等职业教育人才需求与专业（群）建设研究报告
卢坤建/主编
李铭辉　王玫瑰　李　丽　廖俊杰/副主编
经济科学出版社出版、发行　新华书店经销
社址：北京市海淀区阜成路甲 28 号　邮编：100142
编辑部电话：010 - 88191348　发行部电话：010 - 88191522
网址：www. esp. com. cn
电子邮箱：esp@ esp. com. cn
天猫网店：经济科学出版社旗舰店
网址：http://jjkxcbs. tmall. com
固安华明印业有限公司印装
710×1000　16 开　17.75 印张　400000 字
2020 年 5 月第 1 版　2020 年 5 月第 1 次印刷
印数：0001—3000 册
ISBN 978 - 7 - 5218 - 1466 - 8　定价：68.00 元

编 委 会

前　言

　　全球经济正在经历第四次科技革命和第四次国际产业转移，国际分工向纵深发展；与此同时，科技、创新的力量正在推动经济向高质量发展，数字赋能各行各业，新业态、新模式不断出现，科技变革和产业变革引领人才培养新动向。按国家战略部署，高等职业技术教育要为中国产业走向全球产业中高端提供高素质的技术、技能人才支撑，在教育部各类政策指导下构建专业特色突出、产教融合的专业群要立足于区域经济、经济带、产业带、产业集群的发展。广东省产业基础雄厚、产业结构齐全，智能制造反应快速，新兴产业不断涌现，创新、创业氛围浓厚。"粤港澳大湾区"和"支持深圳建设中国特色社会主义先行示范区"两大国家战略的实施必然促进广东省经济更上一层楼。产业发展引致人才需求，区域繁荣引致人才集聚，广东省将成为人才需求数量大、范围广的区域，广东省高等教育基础雄厚，拥有众多普通高等院校和高等职业院校，为广东省以及粤港澳大湾区继续引领经济发展提供了人才动力源泉。为贯彻落实国家战略，促进人才培养与产业发展的高度契合，促进人才需求与人才培养的有效匹配，提高社会资源的利用率，对广东省的应用型人才需求和人才培养情况进行调查分析具有时代意义。

　　为了更好地对接区域产业，为地方经济提供人才动力，广东轻工职业技术学院作为职业教育的"双高"院校，希望建设的专业群能够与新技术、新产业发展的"脉搏"联动，与产业生命周期的演化保持一致，为企业和产业的发展提供高质量人才支撑，为区域经济的发展提供智力支持，引领高等职业教育为产业发展培养适时、适应、适宜的人才。广东轻工职业技术学院粤港澳大湾区产业发展研究中心与校企合作办联合相关行业协会，对广东省具有代表性的跨境电子商务（以下简称"跨境电商"）产业、大数据产业、工业机器人产业、汽车产业、旅游产业、高分子材料产业、工业设计产业、生态园林产业和智慧物流产业共九大代表性产业进行了行业与人才需求调查，《高等职业教育蓝皮书（2020）——对接产业发展的广东省高等职业教育人才需求与专业（群）建设研究报告》（以下简称《报告》）是在依托行业协会调查的基础上，对所形成的资料进行归类、分析、整理、总结，从行业发展趋势，产业对人才需求现况和要求，预测广东省具有代表性的产业对应用型人才需求趋势和需求量。结合高等院校的人才培养情况，以及人才需求与人才供给的匹配情况进行分析，立足资料准备充分和调查分析基础上，结合人才培养的资源基础，构建科学合理的专业群和人才培养体系、课程设置体系，以期为职业教育提供可行性建议，为职教集团和相关职业教育院校、应用型本科院校提供可操作标准和建设方向。

本《报告》使用的数据均来源于国家统计信息网、广东统计信息网、各地市统计局官网的统计数据和统计公报，以及相关研究院和各行业协会的实地调查数据。

本《报告》由广东轻工职业技术学院粤港澳大湾区产业发展研究中心统筹编撰，特别感谢广东省跨境电子商务协会、广州大数据行业协会、广东省机器人协会、广东省佛山市汽车行业协会、广东省品牌研究会、广东省塑料工业协会、广东省工业设计协会、广东省生态环境协会等单位配合完成相关行业调研和报告撰写。

特别感谢帮助完善本《报告》的参与成员和研究者，在此不一一具名。感谢读者阅读前言和本《报告》，限于编者的水平，报告内容可能存在错误或不当之处，敬请各位原谅和包涵！

广东轻工职业技术学院粤港澳大湾区产业发展研究中心

2020 年 1 月

目　　录

第1章　广东省跨境电商产业发展的人才需求与培养情况

1.1　跨境电商产业发展情况

1.1.1　跨境电商内涵及产业链构成

跨境电子商务（以下简称跨境电商）是指分属不同关境的交易主体，以互联网为载体，通过电子商务平台达成交易、进行支付结算的新型商务形式，与传统交易模式相比，具有即时性、及时性、快速性、无形性、匿名性、无纸化、全球性的特征。

跨境电商行业产业链较长，跨境电商的核心是平台和围绕平台开展业务的各类商户，上下游企业参与者众多，涉及商品生产企业、平台企业、物流公司、仓储公司、第三方支付公司、外贸综合服务平台、代运营公司、银行等，以"货物和支付"为支点，分别参与"信息流、商品流、货物流、资金流"各链条环节，跨境电商产业链构成见图1-1。

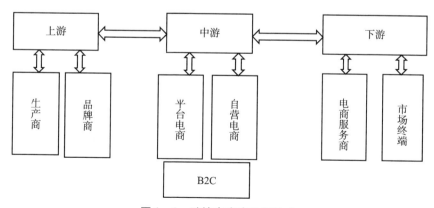

图1-1　跨境电商产业链构成

资料来源：笔者整理。

1.1.2　跨境电商产业链构件

1. 跨境电商上游供应商

目前跨境电商产业链上游供应商主要是以轻工类产品为主营业务的制造企业，包括中国制造的本土生产商和品牌商。从产品品类来看，主要生产和制造3C 数码产品、服装服饰、家居用品等，是出口贸易的主体产品。

2. 跨境电商中游企业

跨境电商中游产业链以企业对消费者模式（business-to-customer，B2C）为主，包括平台电商及自营电商。平台跨境电商以易被易趣网（eBay）、亚马逊网（Amazon）、Wish 商户平台、速卖通为代表，广东省本土的跨境电商平台以唯品会为代表；自营品牌电商以大龙网等为代表；广东省的自营品牌跨境电商公司以兰亭集势（Light In The Box）为代表，平台跨境电商和自营品牌跨境电商的利弊参半，但在全球跨境电商的生态格局发展态势之下，自营品牌跨境电商平台的机会很大。跨境电商的中游企业组成见图 1 - 2。

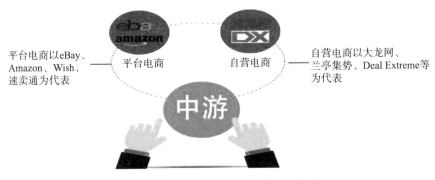

平台电商以eBay、Amazon、Wish、速卖通为代表

自营电商以大龙网、兰亭集势、Deal Extreme等为代表

图 1 - 2　跨境电商产业链中游企业构成

资料来源：广东省跨境电子商务协会，2019 年。

3. 跨境电商下游服务商和市场终端

跨境电商下游服务商包括物流企业、第三方跨境支付公司、外贸综合服务平台、代运营公司等。

物流企业为跨境电商买方和卖方提供物流运输、仓储、传递服务，跨境电商物流运输方式一般包括邮政包裹、全球快递和传统物流。全球知名快递公司包括敦豪国际航空快件有限公司（DHL）、中国邮政速递物流股份有限公司（EMS）、顺丰速运有限公司（以下简称顺丰，其公司总部在广东省深圳市）等。

　　第三方跨境支付公司通过集中收付款、结售汇等方式为跨境电商参与者提供跨境支付服务，以及与银行合作解决跨境支付难题，目前跨境支付方式与银行汇款、银行卡支付等传统支付方式已经形成相互补充的支付体系。全球知名跨境第三方支付公司包括贝宝公司（PayPal）、易票联公司、通联支付公司、易联支付公司等，这些支付公司总部都在广东省。

　　外贸综合服务平台有广东省国际贸易单一窗口等，专门负责代理中小企业出口，提供集中制单、清关、退税等专业化服务。

　　代运营公司是海外商户在我国销售的代理人，主要任务是协助海外商户做好我国网站维护、店铺推广、促销宣传、客户服务、报关报检、通关分拣、仓储保管、物流运输等工作。广东省影响力较大的代运营企业有：广州棒谷科技股份有限公司、广州跨境通电子商务有限公司、广州胡萝卜村网络科技有限公司等。随着保税进口业务的快速发展，海外商户为提升业务运营效率，通常会选择我国代运营公司进行业务合作。

　　跨境电商的市场终端主要是西欧各国、澳大利亚、加拿大、美国等成熟市场的零售业客户。

　　跨境电商的下游服务和市场终端组成见图 1 - 3。

图 1 - 3　跨境电商下游服务商和市场终端组成

资料来源：广东省跨境电子商务协会，2019 年。

1.1.3　中国跨境电商产业发展概况

　　根据《经济学人》（*The Economist*）的测算数据，2030 年中国每年人均可支配收入在 6.7 万元以上的人群占比将上升到 35%，而 2015 年此人群的占比数量不足 1%。数据表明，中国的中高收入群体迅速扩大，对世界各地的各类产品需求急速增长。世界银行统计数据显示，2017 年中国最终消费支出在全球的占比达到 19%，成为仅次于美国（27%）的全球第二大消费支出国。2018 年，中国人均国内生产总值（gross domestic product，GDP）9800 美元，中国最终消费支出对 GDP 的经济贡献率达到 76.2%，消费显现出对经济强劲的拉动力。

中国互联网络信息中心（China Internet Network Information Center，CNNIC）发布的第 43 次《中国互联网络发展状况统计报告》显示，截至 2018 年 12 月，我国网民规模达 8.29 亿人，普及率达 59.6%，我国网络购物用户规模达 6.10 亿人次，年增长率为 14.4%，网民使用率高达 73.6%。其中，手机网络支付用户规模达 5.83 亿人次，年增长率为 10.7%，手机网民使用率高达 71.4%。网民在线下消费时使用手机网络支付的比例已达 67.2%。在跨境支付方面，支付宝和微信支付方式成为接受程度很高的第三方支付方式，已分别在 40 个以上国家（或地区）合规接入。①

强大的用户规模显示出我国网购市场极强的消费能力，而 2018 年《中华人民共和国电子商务法》的正式出台，为电子商务（以下简称电商）市场的有序发展提供了规范依据，市场规模和市场规制规范保证了电商行业的可持续发展，快捷的数字支付方式为跨境电商的发展提供了便利条件，物流条件、通信基础设施的进一步改善使跨境电商迅速成为"门对门"的国际贸易新方式。

阿里研究院的研究显示，我国跨境电商业务目前占整体网购市场还只有 2.2%，我国跨境电商交易额将在 2020 年达到 12 万亿元，3 年复合增长率为 16.44%，渗透率达 37.6%。与此同时，中国消费升级需求和对外开放政策使跨境电商进口市场得到迅速发展。2015～2018 年，中国跨境电商进口复合增长率高达 76%。2019 年上半年，跨境电商进口额同比增长 24.3%，有全年突破千亿元大关之势。2019 年，仅天猫国际一家平台已引进 78 个国家（或地区）4300 个品类近 22000 个国外品牌进入中国市场；其中，80% 以上是首次进入我国市场的品类。跨境电商的迅猛增长使之成为传统贸易的替代方式，渗透率不断提升，未来发展空间巨大。

在新型贸易方式如火如荼发展之时，从事跨境电商业务的企业增长迅速，创新、创业氛围高涨。据商务部数据显示，2018 年我国开展跨境电子商务相关业务的外贸企业超过 60 万家，跨境电子商务企业达 5.1 万家。

---

① 中国互联网络信息中心（CNNIC）. 2019 年第 43 次中国互联网络发展状况 ［EB/OL］. http：//www. 199it. com/archives/839540. html. ［2019 - 2 - 28］［2020 - 1 - 13］.

1.1.4　广东省跨境电商产业市场规模

广东省的跨境电子商务始于 2013 年 11 月，国家海关总署批准在广州市和深圳市开展跨境贸易、跨境电商试点。广州市和深圳市一起以试点城市身份成为广东省跨境电商的"先行者"和"实践者"，2014 年这两个超级城市的试点工作均取得突破性进展，均获得了进出口双向试点资格，取得了一系列具有影响力的标志性成果，发布了我国首个跨境电子商务的地方标准，建立了我国首家跨境电子商务可信交易保障系统，在广州市南沙区和深圳市前海保税港区正式开户试点运行，并且诞生了我国首单海关 9610 监管代码下操作的跨境电子商务出口业务。政策层面的扶持与推动使广东省的跨境电商产业迅速发展，我国的跨境电商企业和平台、产业园区主要集中在广东省，广东省的跨境电商产业发展情况基本上代表了我国的跨境电商产业发展情况，广东省的跨境电商产业发展情况又以广州市和深圳市两市作为代表。

广东省跨境电子商务协会研究院发布的《2018 年度广东省跨境电子商务市场数据监测报告》显示，广东省在 2018 年的跨境电商交易规模达 3.2 万亿元，同比增长 33.3%。总体上，广东省的跨境电商业务发展速度较快，交易规模较大，电商业务贡献率最高的城市是广州市和深圳市。广东省是我国第一外贸大省，跨境电子商务交易额占我国交易总额的约 70%，相关从业人员多达 300 多万人；从市场规模上看，2018 年广东省的跨境电商企业业务份额中，深圳市占了50.2%，广州市占了 19.3%，广东省的其他城市业务份额仅占 30.5%，其余城市电商业务主要也集中在珠三角地区，粤东西北地区还处在起步阶段（见图 1-4）。预计 2025 年广东省地区跨境电商交易额将超过 20 万亿元；2018 ～ 2025 年，广东省跨境电商市场规模预测见图 1-5。

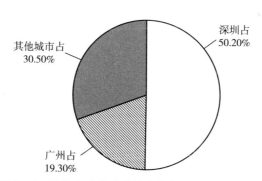

图 1-4　2018 年广东省跨境电商市场规模份额占比

资料来源：广东省跨境电子商务协会，2019 年。

（万亿元）

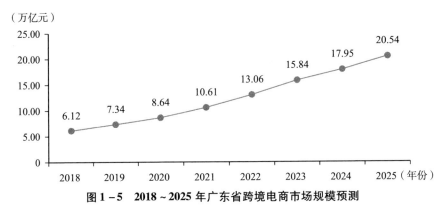

图 1 - 5　2018～2025 年广东省跨境电商市场规模预测

资料来源：广东省跨境电子商务协会，2019 年。

1.1.5　广东省跨境电商产业的企业情况

广东省注册开展跨境电子商务外贸企业 41.3 万家，拥有跨境电子商务企业达 3.5 万多家。根据广东省商务厅相关数据显示，广东省跨境电子商务企业分布主要在珠三角地区；其中，重点分布地区在广州、深圳、东莞、佛山。深圳有 1.4 万多家跨境电商企业，广州有 8000 多家跨境电商企业，东莞有 7000 多家跨境电商企业，佛山有 4000 多家跨境电商企业，其他地市约 2000 多家。分布情况见图 1 - 6。

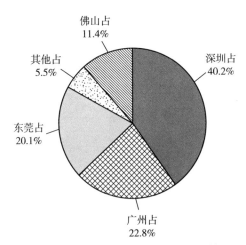

图 1 - 6　广东省跨境电商企业的分布情况

资料来源：广东省跨境电子商务协会，2019 年。

1.1.6　跨境电商代表性平台及其运营模式

国际上具有代表性的平台主要有以下五种（见图 1 - 7），且各具明显特征。

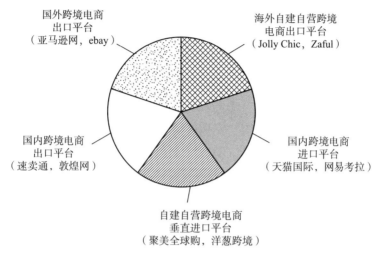

国外跨境电商
出口平台
（亚马逊网，ebay）

海外自建自营跨境
电商出口平台
（Jolly Chic，Zaful）

国内跨境电商
出口平台
（速卖通，敦煌网）

国内跨境电商
进口平台
（天猫国际，网易考拉）

自建自营跨境电商
垂直进口平台
（聚美全球购，洋葱跨境）

图 1 - 7　跨境电商的代表性平台及其特征

资料来源：广东省跨境电子商务协会，2019 年。

（1）国外第三方跨境电商平台出口模式：代表平台有亚马逊网、易趣网等。

（2）海外自建自营海外跨境电商平台出口模式：代表平台有浙江执御旗下 JollyChic、环球易购旗下 Zaful，Rosegal，Dresslily 等。

（3）国内第三方跨境电商平台出口模式：代表平台有速卖通、阿里巴巴国际、敦煌网等。

（4）国内第三方跨境电商平台进口模式：代表平台有天猫国际、京东全球购、唯品会全球特卖、网易考拉等。

（5）自建自营跨境电商垂直平台进口模式：代表平台有聚美全球购，洋葱跨境等。

1.2　广东省跨境电商企业对人才的需求情况

1.2.1　广东省跨境电商产业的人才现状及人才需求概况

广东省作为我国外贸的第一大省，2018 年外贸相关从业人员多达 300 多万人，如果按一般需求替代率7%计算，预计2020年广东省需要新增加跨境电商人才22.8万人，考虑到跨境电商专业的相关性专业国际贸易、电子商务、应用英语（或外语）以及其他专业的相互替代性和专业交叉性，预计人才需求缺口量约为20万人以上。

1.2.2 2018～2025年广东省跨境电商企业对人才的具体需求

本研究通过对57家从事跨境电商业务及相关业务的具有代表性的企业发放问卷调查，共收回问卷57份。57家跨境电商代表性企业经营的主要品类有服装服饰、鞋帽箱包、健康与美容、珠宝首饰、户外用品、汽车配件、3C电子产品、家居园艺、母婴玩具、灯光照明、安全监控、工具、五金铝材；其主要的目标市场依次是美国、加拿大、西班牙、英国、德国、法国、俄罗斯、南美洲、日本、东南亚地区、非洲、澳大利亚。调查显示，64.91%的企业目前从事跨境电商相关业务的员工人数在10人以下，57家企业均表示还需要增加跨境电商方面的人才。样本企业中16.5%的企业有自建平台从事跨境电商业务，20.11%的企业是通过阿里巴巴国际站开展跨境电商业务，37.35%的企业通过亚马逊平台从事跨境电商零售业务，26.04%的企业通过易趣平台从事跨境电商零售业务；与此同时，许多企业会选择多个跨境电商平台进行业务推广和产品销售。通过调查和问卷分析显示，跨境电商企业对人才的具体需求体现在专业方向、学历、资格、经验、专业能力等方面，与企业岗位需求一致。

1. 专业方向要求

调查显示，跨境电商企业招聘人才时，选择国际贸易专业的企业占比达70.10%，选择电子商务专业的企业占比达59.90%，选择外语专业的企业占比达44.10%，选择其他专业的企业占比达18%，其他专业主要包括国际商务、国际金融、物流管理等专业。跨境电子商务是综合性专业，兼具国际贸易和电子商务的业务功能和特点，行业基本技能与国际贸易专业相关，相比之下，国际贸易专业学生更能满足跨境电商企业的要求，或选择与国际贸易相关性较高的专业。此外，2019年以前国家没有专门设置"跨境电商"专业进行招生，还没有培养出合适的跨境电商专业人才，这也是企业只能选择国际贸易专业人才的原因。

2. 学历要求

跨境电商企业对人才需求集中在本科和专科层次。调查显示，82%的企业需求专科学历人才，认为专科层次学生的能力完全可以胜任工作，是企业最合适的招聘对象。企业对职业院校培养的学生评价高，认为专科学生具有"实践能力强、可塑造性大、工作务实、待遇要求合理、吃苦耐劳"的特点，从企业层面考虑是因为专科层次的学生既能干活又能吃苦，工资水平适中，相当于"产品"性价比较高，不会增大企业成本，这构成专科层次学生就业的优势。

3. 企业人才需求的专业种类与结构类型

跨境电商业务工作需要具备电商专业知识的人才，具有线上展示产品、营销推广、服务客户能力，跨境电商需要的专业人才种类及其要求见表 1 - 1。

表 1 - 1　　　　　　　　　　跨境电商的专业人才种类及要求

序号	专业人才种类	专业要求
1	客户数据分析人才	针对目标国家的目标用户，从购买习惯、需求偏好、文化习俗等角度进行综合分析并提供建设性建议及对策；需要具备数据分析、财会、电商专业知识
2	供应链选品人才	需要采购合适而销路良好的产品，并与供货商保持长远、稳定的合作关系；需具备财会类、商务谈判、物流类专业知识
3	跨境电商平台搭建人才	跨境电商平台搭建人才主要指懂外语的 PHP 程序员和 WEB 前端美工（必须懂开发语言），可以帮助企业开发维护网站、装修维护运营平台店；需具备计算机专业、电子商务专业知识
4	跨境电商推广人才	需精通各大平台规则、SEO、SEM、Adwords 操作、外媒 PR、外媒广告管理、SNS、Video Ad、Picture Ad、Comment Ad 等专业人员，这些岗位贵在专业，同时又具备外语能力；与国际贸易、商务英语、电子商务专业相关
5	美工、摄影	需精通视觉营销，可以拍摄出符合各大平台规则的产品图片及具备较强文字排版能力的专业人才；与电子商务专业、平面设计专业相关
6	客户服务	熟练应用邮件、在线沟通工具，运用英语、德语、法语、俄语、阿拉伯语等多种小语种与客户进行沟通、交流；另外，由于发达国家用户具有较强权利意识，监管机构对消费者权利保护也较严格，经常会出现投诉、退货行为，出现触犯知识产权的纠纷问题，因此客服还需精通国际法律并具有处理产品纠纷的能力；与国际贸易专业、国际法、财会类专业、商务英语专业相关
7	跨境电商物流人才	跨境电商中的物流环节是用户体验的关键，还可极大提升企业的运营效率；跨境电商物流人才要熟知国际物流的发货流程和规则，具备处理国际订单的能力；与物流管理专业、电子商务专业、商务英语专业相关

资料来源：广东省跨境电子商务协会，2019 年。

从传统外贸转型为跨境电商，对外贸人才的综合素质要求提高，电子信息技术的运用，国际环境的变化，客观上要求外贸业务与电子技术、网络营销结合，跨境电商的发展客观上要求人才更专业而又具备综合能力，需要更多的综合性人才，比如，店铺的推广营销、商品的上传发布、客户的分析服务等工作内容，客观上要求外贸人员具备国际市场营销、国际物流、平面设计、商务英语等多种专业知识和运用信息技术的能力。而且还要对平台的各类数据做出精准分析，发现消费者潜在需求、把握需求趋势，以利于行业选品、关键词和热搜词选用等，具备能够将外贸业务、电子技术、营销业务、统计分析相结合的能力。

企业急需能够解决问题的专业人才，企业更需要复合型人才，从人才的结构构成来看，企业希望跨境电商人才是本科、专科层次学校复合性学科培养出来的复合型人才，其需求比例见图 1－8。

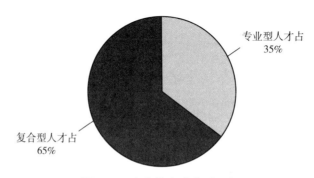

图 1－8　企业的人才类型需求

资料来源：广东省跨境电子商务协会，2019 年。

4. 资历和经验要求

跨境电商产业是新兴产业，因此企业对人才的经验和资历没有太多要求，反而应届毕业生更受欢迎。根据围绕亚马逊网、易趣网、Wish 商户平台中国大卖家企业进行的调查显示，在接受调查的企业中，近 50% 的受访企业表示偏好招聘应届毕业生，有近 56% 的受访企业表示未来一年内有与学校合作进行校园招聘的计划。主要原因是学校应届毕业生拥有新知识新技术、接受新生事物快、易于适应新环境、熟悉网络时代的生活方式、可塑性更强、招聘成本相对适中。因此，跨境电商零售出口企业能够为更多大学生提供就业机会和发展空间。

5. 专业能力及职业技能要求

调查显示，跨境电商企业比较看重的能力及其占比依次为：第一是英文书面表达能力占比最高，高达 100%；第二是计算机操作能力；第三是中文书面表达能力占比均在 85% 以上；第四是中文口头表达能力；第五是英文口头表达能力虽然重要，但不及书面表达能力重要；第六是专业理论水平只占21%。人才需求能力结构及比例见图1-9。

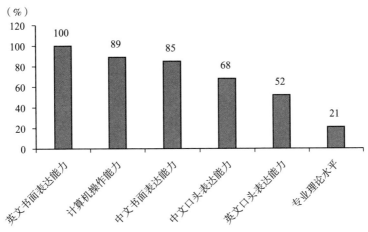

图 1 - 9　跨境电商企业看中的人才专业能力结构比例

资料来源：广东省跨境电子商务协会，2019 年。

　　英语能力成为跨境电商岗位的基本能力和技能，原因是跨境电商企业的平台运营、客户管理等重点工作岗位，日常工作就是与国外客户书面交流，因此需要人才具有较强的英文能力，尤其是英文书面表达能力。

　　企业对职业素质的要求依次是，踏实认真的工作态度、责任心、团队合作能力、学习能力、沟通能力、灵活的处事能力、应变能力、组织与协调能力、创新能力。还要有敬业精神、学习钻研精神。

　　调查还显示，企业并不缺少纯技术性人才和高级管理人才；而是缺少大量真正具备综合能力能够从事跨境电商运营的人才，缺少具备综合实践操作能力的专业人才。80% 以上的企业希望大学增设实践性比较强的课程，企业希望各大学能够着力培养学生的综合能力、综合素质、实践操作能力。

　　跨境电商企业对跨境电商人才的职业技能要求见表1-2，企业最为看重的技能是网络运营（包括网络推广、产品运营、客户管理等）以及电子交易与支付（包括网络采购、跨境支付等）等职业技能，分别占到100%和85.2%。

表 1 - 2　　　　　　　　　　　　　跨境电商岗位技能要求

跨境电商岗位技能	技能要求
国际贸易技能	能与国外客户沟通交流，商务谈判，开发新客户；熟悉外贸规则和业务流程，熟练处理国外客户订单；能从事智慧物流、国际保险、国际结算、报关报检等相关业务，处理相关事项和问题；了解国际商务法律法规，能够规避国际风险，能妥善处理跨境业务纠纷；掌握智慧物流相关技能，了解集装箱运输、小包进出境智慧物流途径，能够快速准确传送货物
电子商务技能	要能进行网络客户开发，能在 B2B、B2C 跨境电商平台上发布产品，处理订单；能利用跨境电商平台做好产品的网络推广，装修维护运营网店
英语技能	能够运用英文进行跨境电商平台产品的介绍和推广，处理往来信函、在线客户沟通与谈判，售后客服等
计算机操作技能	要熟悉数据统计软件，掌握网页设计软件、美图软件，知道利用互联网技术进行业务处理，能独立开发跨境电商平台相关程序

资料来源：广东省跨境电子商务协会，2019 年。

6. 企业岗位需求

调查显示，目前企业对跨境电子商务人才需求最为急迫的岗位首先为运营类岗位，占比为 58%，包括平台运营、客户管理运营、客户服务、营销（SEO、SNS 等促销工作），具体工作岗位有网络编辑、采购专员、运营专员、营销专员、国际市场推广专员、客服专员、B2B 销售专员、物流专员等；其次是商务管理类岗位，占比为 31%，主要包括采购、策划、智慧物流、供应链开发与管理等岗位；最后是技术类岗位占 11%，包括产品和店铺美化（产品拍摄、店铺交互设计、平台店铺装修、独立站交互设计等）、自主产品开发、数据分析、仓储与物流等（见图 1 - 10）。

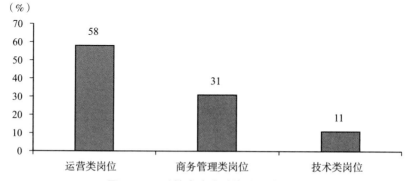

图 1 - 10　跨境电商人才岗位需求占比

资料来源：广东省跨境电子商务协会，2019 年。

将跨境电商按业务类型进行分类，每一类型均有相应岗位对应，从而组成岗位群，每一岗位群和具体岗位均有对应的人才层次需求和层次，详见表1-3和表1-4。

表1-3　　　　　　　　　　跨境电商人才需求岗位群及层次

岗位群	就业岗位	人才层次
跨境供应链岗位群	渠道销售经理、营销策划经理、供应商管理主管、数据分析师、电商设计师、供应链管理专员、售前客服、售后助理、采购专员	高级：渠道销售经理、营销策划经理 中级：供应商管理主管、电商设计师、供应链管理专员、数据分析师 初级：售前客服、售后助理、采购专员
B2C出口跨境电商岗位群	平台运营总监、产品开发经理、外贸美工设计师、客服专员、平台运营专员、外贸业务员、外贸跟单员、外贸业务员	高级：平台运营总监 中级：产品开发经理 初级：外贸美工设计师、客服专员、平台运营专员、外贸业务员、外贸跟单员、外贸业务员
B2B出口跨境电商岗位群	运营总经理、外贸业务开发员、平台运营经理、外贸业务主管、外贸跟单员、美工摄影、产品经理、技术支持工程师、售后客服、外贸业务助理、文案策划专员	高级：运营总经理 中级：平台运营经理、外贸业务主管、产品经理、技术支持工程师 初级：外贸业务开发员、外贸跟单员、美工摄影、售后客服、外贸业务助理、文案策划专员
自建品牌跨境电商岗位群	品牌总经理、运营总监、平台开发经理、外贸美工设计师、客服专员、平台运营专员、外贸跟单员、外贸业务员	高级：品牌总经理、外贸总监 中级：平台开发经理 初级：外贸美工设计师、客服专员、平台运营专员、外贸业务员、外贸跟单员
B2C进口跨境电商岗位群	新媒体运营经理、数据分析师、外贸专员、摄影美工、商城运营总监、运营经理、商城运营专员、商城客服专员、品牌营销主管	高级：商城运营总监 中级：品牌营销主管、新媒体运营经理、运营经理 初级：数据分析师、外贸专员、摄影美工、商城运营专员、商城客服专员

资料来源：广东省跨境电子商务协会，2019年。

表1-4　　　　　　　　　　各级人才层次及对应要求

序号	层次	具体要求
1	初级人才：具备电商运营技能和平台实操能力的人才	①英语或小语种的交流能力。亚马逊网、易趣网等主流跨境电商平台以英语为桥梁面向欧美发达国家市场，跨境电商企业人才需要通过平台利用英语或小语种与用户进行沟通交流 ②了解海外目标用户的消费理念、习惯与文化习俗。跨境电商企业人才需要对国外用户的文化习俗、购买习惯、需求偏好情况了如指掌，熟悉目标国相关行业的商品属性、品类、成本、价格等情况

续表

序号	层次	具体要求
2	中级人才：具有选品能力、整合能力、掌握平台规则、知晓国际法律政策、应对纠纷能力的人才	①供应链选品能力。跨境电商链条冗长、国际环境复杂，企业人才要具备识别国别差异、消费者需求差异、客户背景，能够针对不同需求选择相匹配的商品，制定相关的营销运营策略，选择合适的渠道和物流通道，为不同行业、不同类型的用户提供与其需求水平相当的一系列产品及相关服务，甚至要具有重塑贸易链的能力 ②高效整合能力。跨境电商是国际贸易领域的重新分工，是贸易生态圈的高效整合；在国际营销过程中，为了实现目标国的消费"本地化"，需要对目标国流量引入、国际营销方式、当地品牌情况有深入准确的了解，跨境电商业务的竞争涉及质量、成本、价格和本地化服务的竞争，需要整合与流量导入、客户转化、客户留存、售后服务相关的各类本地化服务商 ③了解相关国家法律法规政策，尤其是各类电子商务相关法律和知识产权知识，具有应对大多数涉外纠纷的能力。据统计，60%以上的跨境电商企业遭遇过商标、图片、专利等知识产权纠纷，企业急需懂相关法律能够应对纠纷的人才 ④熟悉各大跨境电商平台各自的运营规则。不同的跨境电商平台有不同的运营规则，人才要掌握各大平台运营规则，并针对不同需求和业务模式进行运营的技能
3	高级人才：战略思维、市场分析和预见能力，熟练掌握跨境电商网络技术知识，能够进行网络营销、商务大数据分析、用户体验塑造、跨境电商物流服务、金融服务的综合型人才	①团队管理能力。高级人才需要具备识人、用人、容人、培养人的能力，具备团队管理能力，懂得如何培养人才、留住优秀人才，创造适合人才发展的环境 ②政策规则应对能力。跨境电商正处于不太稳定的高速发展期，全球贸易规则不断变化或被修订；跨境电商企业人才要能够及时了解、理解、分析国际贸易规划、各项优惠政策、规则，掌握关税方面的变化，预测其变化趋势，并提出应对方案 ③坚韧的创业精神。跨境电商企业成功之路都充满坎坷，高级人才只有坚定地以企业为家，发扬艰苦的创业精神，不断尝试、不断试错、不断总结，努力学习、与时俱进，才能做好跨境电商业务

资料来源：广东省跨境电子商务协会，2019年。

调查显示，企业对电商运营技巧和实战训练的中级人才需求数量高达68.4%，远大于具备丰富经验的管理类高级人才需求数量（只有7.8%），也高于基础操作和入门知识的初级人才（23.8%）。但由于跨境电商业务的外部环境复杂，需求多样，产品多种，不同国家、不同行业所适用的政策规则不同，总体呈现出"需求多样、链条冗长、匹配复杂"的特点，因而具备多种能力的综合性、复合型人才是企业推动跨境电商产业发展的关键。

7. 跨境电商行业职业资格要求

跨境电商行业的资格证书有我国跨境电商操作专员证、我国跨境电商运营推广专员岗位证、跨境电子商务师证书、相关语言证书等（见表1-5）。

表1-5　　　　　　　　跨境电商行业资格证书及要求

职业资格		行业规范及要求
跨境电商行业资格证书（中国）	跨境电子商务师证书	分初级（助理）、中级、高级、专家级四个级别
	跨境电商操作专员证书	以电子技术为手段，具备在跨境电商平台上进行外贸产品网络营销的基本技能
	跨境电商运营推广专员岗位证	具备互联网平台推广运营的基本技能
	相关语言证书	英语基本要求六级或专业四级以上

资料来源：广东省跨境电子商务协会，2019年。

全国跨境电商操作专员需要具备在互联网平台上进行外贸网络营销的基本技能，能够在线完成产品的发布、询盘、沟通、谈判、定价、运输、支付、交付、售后服务、纠纷处理，才能更好地开展跨境电子商务服务。

跨境电商业务交流以英语为主，平台运营和营业推广职位对英语的要求较高，基本要求均在六级或专业四级以上。速卖通以俄罗斯、巴西等新兴的发展中国家为主要市场，由于近年新兴的发展中国家市场需求增长迅速，交易发展迅猛（2015年交易额同比增长600%），俄语、法语、西班牙语、德语、意大利语、葡萄牙语等小语种的市场需求也随之高速增长，对应于英语，跨境电商企业对俄语、西班牙语、意大利语、阿拉伯语等小语种人才的需求量增长迅猛，人才也更稀缺。

1.3　广东省跨境电商人才培养情况

我国职业教育和高等普通教育在2019年以前都没有设立专门的"跨境电子商务"专业，许多院校将"跨境电商"专业合并到"电子商务"专业中进行招生。2019年，教育部批准设立"跨境电子商务"专业，其招生从2020年开始，培养周期至少需要3~4年；因此，2023年之前完全符合广东省跨境电商产业发展的"跨境电商"专业人才极其缺少。

1.3.1 广东省跨境电商专业的人才培养情况

2019 年，只有两所学校专门开设"跨境电商"专业，相关专业以"电子商务"专业为代表。"电子商务"是热门专业，各大院校无论本科层次还是专科层次均招生数量庞大，而且是文、理兼招的专业之一，文科、理科招生人数均多；但专科层次以文科招生最多，公立学校、民办学校的招生数量惊人；2019 年各大院校对粤招生情况见表 1－6，我国有 326 所院校开设"电子商务"专业，其中本科院校 178 所，专科院校 148 所；广东省有 56 所本科院校、79 所专科院校开设"电子商务"或"跨境电商"专业，2019 年广东省招生培养本科、专科层次的"电子商务"专业人才 8276 人。

表 1－6　　　　　　**2019 年广东省及外省（区、市）高校**
在粤招电子商务（跨境电商）专业情况

专业	学校（所）	层次	招生数（人）	属地	备注（招生人数前 3 位）
电子商务（技术及法律）、跨境电商	122	本科	331	外省（区、市）	盐城师范学院招 10 人；湖南工业大学、黑龙江大学、北京邮电大学（宏福校区）分别招生 8 人
	56	本科	3670	广东省	广东理工学院招 328 人；广东工业大学招 197 人；电子科技大学中山学院招 157 人
	178	本科合计	4001	—	—
	69	专科	240	外省（区、市）	浙江商业职业技术学院招 14 人；广西国际商务职业技术学院、梧州职业学院、江西工程职业学院分别招生 9 人；漳州职业技术学院招 6 人
	79	专科	4035	广东省	广州华立科技职业学院招生 270 人；广州现代信息工程职业技术学院招生 216 人；广州科技职业技术学院招生 184 人
	148	专科合计	4275	—	—
	326	本科和专科总计	8276	—	广东省电子商务专业以文科招生最多，有两所学校以跨境电商专业名称进行招生

资料来源：广东教育考试院. 广东 2019 年普通高等学校志愿报考指南 [M]. 广州：广东高等教育出版社，2019.

1.3.2　跨境电商专业的人才培养要点

1. 专业定位

因 2019 年以前，我国没有设置与"跨境电商"产业完全一致的专业，其相关专业是"电子商务"和"国际贸易"专业，有些学校应用外语（或商务英语）专业也开设跨境电商类课程，如何界定国际贸易、电子商务、应用外语（或商务英语）与跨境电商专业之间的范围？如何区别其专业发展方向？如何通过课程设置体现专业差异成为当前各大院校专业设置的重点和难点。从跨境电商产业发展趋势来看，"跨境电商"专业更多体现的是国际贸易的电商化、国际化，因此专业性体现在国际贸易专业、电子商务专业、国际营销专业、应用外语专业的"四合一"。

2. 课程定位

调查显示，目前培养的跨境电商专业人才缺乏熟悉国外文化和消费习惯的营销人员；而且跨境电商专业人才面对的是变化多样的国际环境，面对的是不能直接面对面交流的目标顾客，需要能够利用网络技术、外语进行远距离交流，并能够利用现代网络媒体进行网络营销和大数据营销。调查显示，企业希望大学增设实践性比较强的课，开展跨境电商实战营销类的培训：亚马逊实操培训、易趣实操培训、Wish 实操培训、速卖通实操培训、阿里巴巴国际实操培训等，因此课程体系还要反映企业的实际需要。

合理增设英语或其他小语种成为课程设置难点、合理增设商务管理、国际营销知识、Office、Excel、PS 等计算机方面技能训练、增设跨境电商平台的实训课程，设置科学、合理、实用的课程体系以符合跨境电商产业发展是"跨境电商"专业发展和人才培养的关键。

3. 人才类型定位

来自跨境电商企业的调查显示，跨境电商人才不仅仅需要专业知识和实践操作技能，而且需要多种学科知识，因此对跨境电商人才培养定位是培养复合型人才还是专业型人才，需要各类学校重新审视，但从职业迁移角度考虑，复合型人才更有发展空间。理论熏陶和实践训练的比重，人才团队合作能力、沟通能力、应变能力和创新思维等基础能力的培养，电商运营和平台操作实践能力的训练内容和方式，都需要和产业、企业发展保持一致，并作为复合型人才和专业型人才的定位依据，在能力培养和技能上训练的课时分配上不同。

第2章 广东省大数据产业发展的人才需求与培养调查情况

随着中国大数据产业核心业务量的不断攀升，国家日益重视大数据产业的技术发展并出台了相关激励政策。2016～2017年，中国大数据核心业务量增长了39.3%；从2017年中国大数据细分市场结构来看，大数据解决方案占25.3%、大数据应用占15.3%、基础软件占12.5%、计算机分析服务占12.4%、存储服务占10.5%、数据库服务占9%、云服务占8.7%、网络服务占6.4%。未来大数据市场规模将以每年30%的业务量进行增长，预计到2020年，我国大数据市场规模将达到578亿元。①

自2018年以来，5G技术从技术端开始逐渐运用到商用端。从系统设备到芯片终端再到新的商业模式，随着5G技术的成熟和应用，大数据作为基础技术，产业发展将迎来技术红利的爆发期。首先，5G技术将促进物联网的全面发展，而物联网是大数据的主要来源，诸如车联网、农业物联网、可穿戴设备、智慧城市等商业应用场景和模式，会通过5G技术的支持，使采集的数据维度越来越广泛，数据种类和形式越来越多样化。其次，5G技术将会推进大数据分析技术的发展，使全量数据的分析和挖掘更具有可行性，而且数据分析的结果更具有普遍性、准确性、通用性。在数据处理端，随着边缘计算的发展，将会提升数据处理的速度和保障数据的应用边界。最后是大数据的落地和应用，数据收集和分析的终极目标是为了大数据的应用，大数据的应用场景涵盖所有产业和政务工作，未来大数据的落地和应用将大力促进传统产业转型、升级，优化现有产业结构，将全面提升企业效率、产业效率和政务效率，提供居民生活便利，促进经济社会的全面发展。

因此，大数据产业除了产业本身的快速发展外，还需要与传统产业深度融合。多样性的产业对大数据人才提出了多样化的要求，大数据人才不仅要懂大数

---

① 中国信息通讯研究院．大数据白皮书（2019）［EB/OL］．http：//www.caict.ac.cn/kxyj/qwfb/bps/201912/P020191210402477346089.pdf.

据技术，还需要懂相关产业发展规律和特征。在大数据应用的过程中除了需要物联网和智能体的融合，更需要大数据专业的应用型人才。有必要调研广东省大数据产业发展的人才需求与供给，以培养满足产业需求的大数据复合型人才。

2.1　大数据产业链构成

大数据产业链是以数据产品为中心，包括大数据的产生与聚集（数据采集）、数据的组织和管理（数据存储）、数据的分析与发现（数据分析）以及数据的交易和应用（数据应用）等一系列的过程。

大数据产业链前端是数据采集，围绕数据如何获取，对应的是"数据资源—数据采集—数据中心—云平台"；中间阶段是数据如何存储，如何对大数据进行分析，对应的是"大数据加工—大数据分析—大数据可视化—大数据人工智能"；大数据产业链条的最后阶段围绕数据如何交易和应用，大数据交易流通的前提是很多数据的需求商有强大需求，需要利用数据进行分析预测等；大数据的应用主要体现在对传统产业的渗透、新型产业的裂变，数据如何促进新旧产业的生产方式融合和交集，数据如何促进商业模式、管理模式创新，推动传统产业向数字化、智能化和网络化发展。不同行业、不同企业积累的数据不同，应用方向不同，影响度不同，目标不同，如电信、金融等行业利用积累的丰富数据，积极探索客户的细分需求，分析客户的信用指标，提升行业企业对客服的服务能力，以及企业的业务创新能力。大数据产业的上游、中游、下游产业链构成见图 2 - 1。

上游：基础与数据采集　　　中游：数据分析与管理　　　下游：数据平台与应用

图 2 - 1　大数据产业链

资料来源：广州大数据行业协会，2019 年。

互联网技术（internet technology，IT）基础设施相关企业：IT 基础设施是大数据产业链的"数字基石"，需要能够支撑大数据技术的应用，在企业和组织的数字化转型中是最基础、最关键、最需要夯实的第一步。IT 基础设施所涉及的企业包括提供硬件、软件、网络等基础设施提供者，以及提供咨询、规划和系统集成服务的企业。提供数据中心解决方案的企业有国际商业机械公司（IBM）、惠普和戴尔等，提供存储解决方案的企业有易安信（EMC），提供虚拟化管理软件的企业有微软、思杰、SUN、Redhat 等数据源企业。同时各类产业的企业和主管部门是数据提供者，如交通主管部门存储了交通系统的大数据，各类医院和体检机构存储了医疗大数据，各类政府部门存储着政务大数据，各类电商企业存储着电商大数据等。

数据管理相关企业：包括数据析取、分类、转换、存储和管理等服务的各类企业或产品。例如，未来的数据管理方式将是分布式，分布式文件系统（如 Hadoop 的 HDFS 和谷歌的 GFS）、ETL 工具（Informatica、Datastage、Kettle 等）成为数据管理的主流，未来的数据管理不再具有明确的集中式服务器。

数据分析相关企业：包括提供分布式计算、数据挖掘、统计分析等产品或服务的各类企业，如分布式计算框架 MapReduce、统计分析软件 SPSS 和 SAS、数据挖掘工具 Weka、数据可视化工具 Tableau、BI 工具（MicroStrategy、Cogons、BO）等。

数据平台相关企业：包括数据分享、分析和租赁平台，如阿里巴巴、谷歌、中国电信、百度等。

数据应用相关企业：中国大数据行业应用企业包括公共安全、金融、法律行业、医疗、交通等行业及其企业。比如公共安全企业主要包括从事网络技术安全、行业安全应用、数据安全设备等领域；金融行业企业包括个人征信、企业征信、风控与反欺诈、行业应用、监管科技等领域。

从大数据的产业链可以看出，大数据产业包含的服务价值包括了大数据软件、硬件的直接价值，也包括了大数据存储、应用产生的价值。运用大数据技术栈来进行大数据产业应用价值的认识，如图 2 - 2 所示，自下而上，第一层是基础设施，涵盖计算资源、内存与存储、网络互联，具体表现为计算节点、集群、机柜和数据中心。第二层是数据存储和管理，包括文件系统、数据库和类似 YARN 的资源管理系统。如 HBase、Alluxio/Redis/Ignite、TiDB、HDFS、Ceph、Kudu 等。第三层是计算处理层，如 Hadoop、MapReduce 和 Spark，以及建立在此基础上的各种不同计算范式，如批处理、流处理和图计算等，包括衍生出编程模型的计算模型，如 BSP、GAS 等。第四层是数据分析，包括简单的查询分析、流分析，以及机器学习、图计算等复杂分析。数据分析的最终目的是通过分析把有用的信息提取和加工出来，找出研究对象的规律和演化趋势，为数据的应用打下基础。第五层是数据可视化，处于计算处理层，数据的可视化是对数据结果的展示。数据可视化的手段和方法包括图形处理、图像处理、计算机视觉以及用户界面。第六层是数据的应用和服务，将数据与各行各业相结合，基于大数据的精准性进行测算、预测，为企业精确营销、提高利润做出基于数据支持的决策判断，为政府精确、及时监管提供数据支持，为社会应急管理提供及时的预警。

贯穿于上述各层的技术领域是编程和管理工具，以及数据安全。编程和管理工具方向是机器通过学习实现自动最优化，尽量无须编程、无须复杂的配置。数据安全贯穿整个技术栈，通过技术保证数据开发和应用过程中面临的经济风险、伦理道德，保证产业的健康发展。

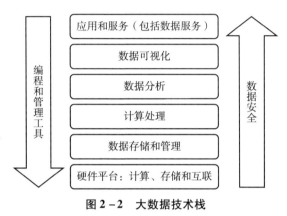

图 2-2　大数据技术栈

资料来源：广州大数据行业协会，2019 年。

根据企业居于大数据产业链的位置，涉足大数据的企业总体分为数据资源型企业、技术拥有型企业和应用服务型企业。目前，大数据产业由龙头企业引领，上下游企业互动的产业格局初步形成，并形成了以数据为中心的大数据产业生态链（见图 2-3）。

产业上游——数据资源型企业。大数据产业链的上游，包含诸多以数据采集与整理为业务的企业。企业可以利用内部和外部的数据，对数据进行有效的分析、挖掘和整理，有助于对企业内部经营状况和外部经营环境的理解和利用。上游企业通过掌握的数据，发挥相关优势，利用数据资源提升企业核心竞争力，在数据交易平台中发挥主导作用。由于该类企业积累了相关行业的丰富数据，居于大数据产业链上游，可以基于自身的海量高价值数据为其他产业提供多种数据服务，如企业数据堂、星图数据、优易数据、腾讯、百度、阿里巴巴等可以对外提供金融、生活、语音、旅游、健康和教育等多种数据服务。

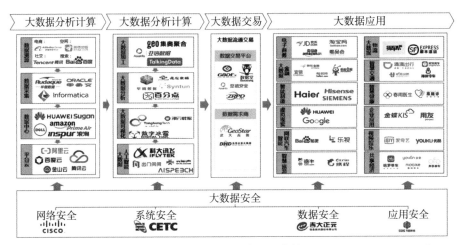

图 2 - 3　大数据产业生态链

资料来源：赛智时代，2019 年。

产业中游——技术拥有型企业。大数据产业的中游企业主要负责数据的存储、整理、分类和处理。企业可以将收集整理后的数据在数据交易平台上储存起来，以便以后数据的输入和输出。这类企业包括大数据硬件提供商、大数据基础设施提供商、大数据软件系统提供者和大数据产业支撑服务提供者。

大数据的处理是为了对数据进行加工和便于使用，这一环节能提升大数据的使用价值，实现数据的增值。参与此类环节的企业需要有大数据处理技术的技术性企业，其核心竞争力为数据技术开发能力，专注于开发数据采集、存储、分类、整理、分析以及可视化工具等相关业务，包括软件企业、硬件企业和解决方案商，以星环科技公司、南大通用公司、永洪科技公司、用友公司、华为公司、浪潮公司、联想公司、曙光公司为代表企业。

产业下游——应用服务型企业。大数据产业链的下游主要包含数据应用的企业，这一环节是使大数据商业化的阶段，企业需要将分析处理好的大数据产品和其他新旧行业结合起来，提供决策支撑，发挥行业优势，促进行业增长。如何利用大数据的结果为企业提供决策支持并挖掘新的利益增长点，是本环节企业最关键的竞争优势。如，大数据应用型企业对接各个行业，提升各个行业商品的便捷性和易维护性，针对不同行业客户的需求提供差异化的服务和解决方案，代表企业有百分点、明略数据、TalkingData 等。

2.2　广东省大数据产业的发展情况

2.2.1　广东省大数据产业的发展概况

广东省大数据产业各产业链环节呈现不同发展趋势。首先，广东省数据存储量方面领先全国，广东省数据存储量已经超过 2300 艾字节（exabyte，EB），约占我国的 20%。截至 2017 年底，广东省政务信息资源共享平台积淀的数据超过 60 亿条；广东省政务数据资源 6988 类、信息项 62332 项，居于我国首位。① 广东省的信息制造业、软件和信息服务业等优势产业的规模化发展为大数据产业的发展提供了坚实而强大的支撑。在大数据技术服务型企业中，广东省有一批实力雄厚的公司，信息技术领域有上市公司 123 家，数量多，超过北京和上海之和，市值高，总市值达 1.32 万亿元，居我国首位，其中腾讯、有米科技、网易、迅雷等 10 家企业成为 2017 年中国互联网企业 100 强企业。信息产业的迅速发展、规模化发展，政务服务的全面覆盖等，成为推动广东省大数据产业高速发展的技术支撑和制度支撑。

从区域发展态势来看，2018 年广东省大数据产业呈现出"广深引领、珠三角聚集、粤北东西跟随"的发展态势。广东省各市均高度重视大数据产业的发展，在 21 个地市中有 12 个城市专门设立了大数据管理机构，政府部门的重视为产业发展提供了方向指示。广州、深圳两市更是先行规划布局、建设发展大数据产业；珠三角地区其他城市紧跟着进行大数据产业的谋篇布局，成立了如佛山市的云计算中心，肇庆市的云服务产业园，江门市的"珠西数谷"项目等；粤东西北地区不甘落后，积极主动推动大数据产业的发展，如云浮市建设了云计算数据中心产业园（"云谷"），阳江市、韶关市、清远市都积极引入战略合作企业来推动当地的大数据产业发展，广东省大数据产业区域发展态势见图 2 - 4。

---

① 赛迪智库. 2018 年中国大数据产业发展水平评估报告［J］. 中国计算机报，2018（8）：1 - 8.

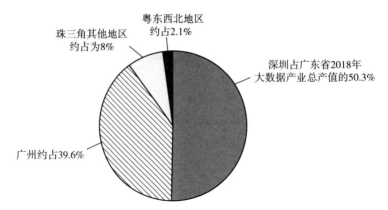

图 2－4　2018 年广东省大数据产业的区域发展态势

资料来源：广州大数据行业协会，2019 年。

2.2.2　广东省大数据产业的应用前景

广东省对大数据的需求来自企业、政府、居民（见图 2－5）。

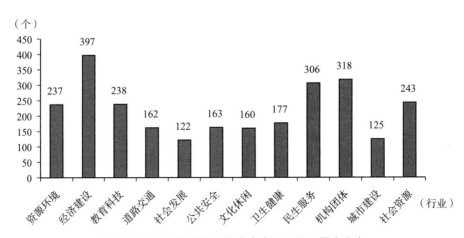

图 2－5　2018 年大数据在广东省不同行业需求分布

资料来源：广州大数据行业协会，2019 年。

（1）传统企业的大数据转型需求。随着"互联网＋"的发展，消费群体的消费行为和习惯发生根本性变革，传统企业需要加强企业数字化、网络化经营能力。传统企业需要学会采集客户的有效数据，并对掌握的数据进行整理和分析。传统企业需要针对数据的汇集，提升数据处理能力，通过数据采集、整理、分析，使数据形成闭环，促进企业新业态和新的经营模式变革。例如车联网、互联网金融、汽车电商、房地产电商都是通过互联网和大数据的叠加运用，产生的新业态。

传统企业应用大数据可以提升职能决策、改善运营效率、降低风险。数据运用带来的良好收益，促使企业对大数据进行持续投入。根据调查显示，大数据应用较为广泛的领域包括客户分析、营销分析、内部运营管理等。将大数据应用于营销分析的企业占比 60% 以上；将大数据应用于客户分析的企业占比 50.2%；将大数据应用于内部运营管理的企业近 50%。

（2）平台企业的大数据战略需求。由于传统企业自身建立云计算和大数据平台需要很高的运营成本，这会增大传统企业成本并削弱企业的业务经营能力，因此，传统企业一般需要的是平台服务企业的数据服务，如零售、餐饮、服装、出版等传统行业，需要依靠专门的数据服务平台来满足对数据整理、分析和处理等方面的服务需求。数据服务平台的建立可以解决传统行业企业对数据运用的诸多需求。如广东省政府数据统一开放平台，广东省企业情况综合平台，广东省专利大数据应用服务系统是 2015 年建立的免费公益平台，系统开通使用以来，惠及百万用户；广东省建筑市场监管公共服务平台，广东省造价通是广东省大型、权威、专业的建设工程造价信息服务平台；广东省公安厅 2018 – 132 时空大数据服务平台；广东省建设行业数据开放平台；广东省金融数据开放平台将已有的金融数据资源分类进行标准化管理，并形成金融数据开放目录和数据维护机制，实现准确、即时的数据管理、更新服务，服务于公众、企业和监管执法者三个群体，确保数据信息的实时性、准确性、可利用性，实现金融业务的信息全公开。开放数据内容将包括：银行、证券、保险、小额贷款、融资性担保、互联网金融等金融数据，便于公众及时掌握广东省金融发展情况，指导公众合理投资理财、规避金融风险，提升公共服务水平和社会满意度，促进金融行业健康发展。

（3）互联网企业大数据规模化发展需求。在互联网企业中，由于用户的交互性体验等特点，无论是社交平台、团购还是移动应用，在互联网平台的运营过程中，数据的收集、整理和分析是非常重要的经营业务，可以精确的分析用户需求并动态追踪用户需求，从而促进互联网企业的精准营销，提升互联网企业的效益。比如在对用户资料分析中，根据用户留下的年龄、性别和爱好等，互联网可以精准推送不同信息给客户。精准推送背后积累的是每天几十甚至几百太字节（terabyte，TB）的数据增长量和分析量，互联网的发展促进了大数据产业的发展，而大数据产业的完善和发展进一步促进了互联网行业企业的发展，推动了相关产业的高效发展。

（4）大数据的关联领域需求。对大数据的需求涉及各行各业，2018 年广东省对大数据的应用分布见图 2 - 6，目前应用较多的大数据有以下四类。

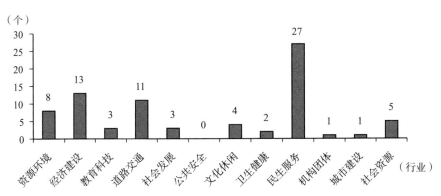

图 2 - 6　2018 年大数据在广东省不同行业应用分布

资料来源：广州大数据行业协会，2019 年。

①金融大数据。金融信息服务行业更需要应用大数据，金融数据在证券、期货交易所中得到运用，以及在钢铁、有色金属等各类生产物资交易所得到运用，迅速促进了金融领域数据库建设和结构化的数据库建设。"金融云"的落地更是促进和完善了金融大数据的应用基础。金融行业已经拥有一批龙头企业，包括安硕信息、万得资讯、金仕达、银联、普兰金融、春雨供应链，都在不断地深化推动金融大数据的运用，尤其是随着人工智能、深度学习等新技术在金融行业的运用，金融行业数据的整合和储存，更加具有开放性和共享性，相信不久的将来金融行业对大数据分析成果的需求更加旺盛。

②交通大数据。大数据的交通网络动态分析，促进交通部门为用户提供越来越精准的服务。同时有各种各样互联网感知器的发展，大数据对天气、事故和突发事件的及时追踪和分析，促使交通出行的效率越来越高。基于大数据行为的分析，通过对用户的交付跟踪、工作流程监督等环节，交通政府主管部门越来越能及时检测到用户的交通行为和相关数据，提升了智能交通的发展，促进交通主管部门的快速决策和科学决策。同时，移动支付和各种自动化设备的应用，提升了智慧城市的发展。智慧城市的重要部分是智能交通，智慧城市的核心价值是根据交通大数据来分析居民的出行偏好，建立利于居民智能出行的政策，完善相关基础设施。同时，智能交通能促进商业效率提升和创新，引导商业企业正确选址和布局，便利居民出行、购物、娱乐，提升居民出行效率，精准定位目标。目前谷

歌（Google）使用大数据、传感器、车载技术，整合高级辅助驾驶系统、软件、地图数据、全球定位系统（GPS）和无线通信数据等，实现了无人驾驶，未来出行更智能，城市更智慧。

③新媒体大数据。新媒体由于与用户的交互性、用户的参与性和表达形式的多样性、推广的方便性等特点，成为各个企业宣传推广的重要手段。同时新媒体平台由于用户的参与性，积累了丰富的用户数据，容易根据用户在媒体平台上留下的用户属性，如性别、年龄、职业、地域等以及用户的行为诸如阅读习惯、消费习惯等，多维度构成动态的用户分析记录。这些都促进了新媒体以数据为基础的网络媒体精准投放用户需要的信息。如百视通和东方明珠两公司联手整合资源打造了我国最大的千亿级别的传媒上市公司。在新媒体大数据中所使用的数据技术包含了分布式计算、海量数据处理、流计算、机器学习及神经网络，促进了新媒体广告投放技术的提高、对目标受众行为的准确分析以及对广告的智能匹配。

④制造业大数据。大数据在制造业的运用，促进了智能制造的快速普及。大数据在工业生产链条中的运用，从工业设计研发到生产，再到运营和售后服务，实现了大数据和工业链的深度融合。提升了制造业的生产力和竞争力。不仅能够促进制造业的升级，降低资源，提高产品质量，而且积极促进了制造业的业态变革。通过数据平台的开放和共享，积极促进了企业、产品和用户等产业链上数据资源的配置，实现了一系列的创新。广东省积极推动典型企业和重点行业的企业进行大数据应用试点，积极推动网络化和智能化的发展。近年，从中央政府到地方政府，均非常重视大数据在制造业中的应用，特别是在高端智能制造领域的应用，《中国制造 2025》的颁布更是特别强调大数据在制造业中的运用和能量释放，预计大数据能够在制造业发挥巨大的潜力，帮助制造业拓展技术和市场空间。

2.3　广东省大数据产业发展的人才需求情况

2.3.1　广东省大数据人才需求概况

大数据产业属于典型的知识技术密集型产业，产业链的各个环节发展都高度依赖专业人员完成，包括：大数据需求分析与框架设计，数据的收集、存储、分类、整理、集成、分析与可视化，数据安全保护等，每一环节均需求高知识高技术人才。截至 2018 年，我国从事大数据的人才只有 46.9 万人，区域分布为，北京约 14 万人、上海约 7 万人、广州和深圳合计约 10 万人，广东省内其他区域约 9000 多人，此外的其他省（区、市）合计约有 15 万人。资料显示，未来 5～10 年，我国大数据市场规模平均每年增长率将超过 30%。大数据产业高速发展导致对大数据人才需求旺盛，进而呈现巨大人才缺口。清华大学计算机系武永卫教授表示，未来 3～5 年，中国需要 180 万人的大数据人才。

　　2018 年，广东省大数据人才需求总量高达 45 万人。目前我国大数据产业将会出现约 100 万人的人才缺口，其中，广东省大数据产业的人才需求约有 40 多万人的缺口。数据显示，市场上大数据人才的供给远远低于大数据行业的需求。领英（Linked In）发布的《2018 年中国互联网最热职位人才报告》显示，数据分析是当下中国互联网行业需求最火爆的六类人才需求职位之一。大数据平台运营、维护与开发、数据分析、数据安全等专业人才供不应求，尤其是具有深厚理论功底，又有丰富业务实践经验的大数据人才奇缺。中国大数据方面的人才主要集中在阿里巴巴、百度、京东等电子商务企业和腾讯等网络媒体大数据公司中。

　　人才稀缺是制约广东省大数据产业发展的极大"瓶颈"，主要表现为：一是从事信息管理与信息系统建设的复合型专业人才数量偏少，不能满足当前产业发展需要；二是目前大数据人才队伍结构呈"纺锤形"，需求不均衡，硕士及以上的研发型人才缺口较大，前沿技术的研发人才相对较少；三是广东省内区域之间、企业之间人才需求竞争较激烈，人员流动性大，优秀人才高度集中于珠三角地区。

2.3.2　广东省大数据人才需求方向

　　从学历来看，2018 年主要以专科和本科为需求主体（见图 2-7）。从目前广

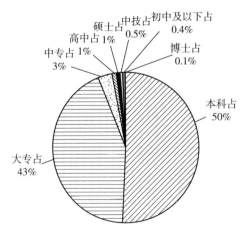

图 2-7　2018 年广东省大数据企业对人才的学历需求

资料来源：广州大数据行业协会，2019 年。

东省大数据企业对大数据人才的学历要求来看，主要集中在本科和专科层面，占比高达 93%，高等职业院校和应用型本科院校将是承担大数据人才培养工作的主体。

从年龄来看，2018 年从事大数据工作的人才年龄主要集中在 25 ~ 45 岁之间，占 82%，而 46 岁以上的人只有 3%，大数据人才整体年轻化（见图 2 - 8）。

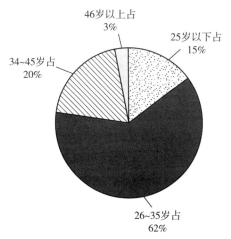

图 2 - 8　2018 年广东省大数据人才年龄构成

资料来源：广州大数据行业协会，2019 年。

从需求企业的性质来看，2018 年主要人才需求来自民营企业，对大数据人才需求量最大的企业类型是民营企业，占到了 68%（见图 2 - 9）。

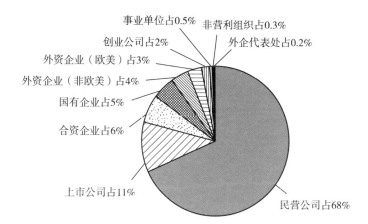

图 2 - 9　2018 年广东省需求大数据人才的企业类型

资料来源：广州大数据行业协会，2019 年。

2.3.3　广东省大数据产业的人才要求

从专业背景来看，大数据行业所需人才的专业背景涵盖理科、工科、文科等多学科，需要跨学科、跨专业的复合人才。对相关大数据行业的一些文章进行分类统计生成的词云图表明，广东省大数据人才相关的专业背景呈现多元化，人才队伍由拥有编程专业、数据挖掘、机器学习、计算机、统计学等多种专业背景的人才构成，单个人才往往也具有复合专业背景。如数据科学硕士必须具备的能力包括机器学习、WEB 数据挖掘、数据管理、统计分析、分析程序设计、系统设计等相关专业知识（见图 2 - 10）。对大数据行业的就业要求有相应的资质要求，各种资格证书条件见表 2 - 1。

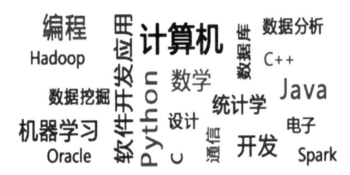

图 2 - 10　广东省大数据人才专业背景（词云图）

资料来源：广州大数据行业协会，2019 年。

表 2 - 1　　　　　　　　　　中国以外大数据相关职业资格认证

序号	认证类别	大数据认证	资质描述
1	独立的大数据认证	认证分析专家（Certified Analytics Professional）- INFORMS	认证分析专家（以下简称 CAP）资质属于严格的通用型分析认证，它考核的是对于数据整个分析流程的掌握，包括业务与分析结构、数据获取方法、模型构建、部署与模型生命周期管理等。它要求申请者通过 CAP 考试（目前可在全球 100 多个国家，总计 700 余家 Kryterion 计算测试中心内进行）并遵循 CAP 道德公约
2	独立的大数据认证	PGP 在大数据分析和优化中的应用（PGP in BigData Analytics and Optimization）	国际工程学院（INSOFE）以前被称为工程卓越大数据分析与优化证书（CPEE），已决定将其重新命名为 PHP，但没有说明新缩写词的含义。该证书课程大致相同，使用 R、Hadoop、Map Reduce、Hive、Pig、Spark 和 Sqoop 处理大数据，同时使用统计、建模、机器学习、数据挖掘等方法进行分析。它针对的是印度的学生

续表

序号	认证类别	大数据认证	资质描述
3	大学数据认证	数据科学专业成就认证（Certification of Professional Achievement in Data Sciences）——哥伦比亚大学	这项数据科学认证由工程与应用科学院校 TheFU 基金会与哥伦比亚大学艺术与科学研究生院共同建立。该项目共分为四项课程：数据科学算法（CS/IEOR）、数据科学向机器学习（CS）、概率论与数理统计（STATS）、探索性数据分析与可视化（STATS）
4	大学数据认证	大规模数据集挖掘认证（Mining Massive Data Sets Graduate Certificate）——斯坦福大学	这项认证专门面向软件工程师、预测建模人员、统计人士、分析专家、市场研究员、数据挖掘者。该认证由四门课程组成，包括学员在从 Web、社交网络图形以及大型文档库等大数据库中集中提取信息时所必需的有效性认证、技术能力以及算法等
5	大学数据认证	分析认证资质：大数据优化（Certificate in Analytics：Optimizing Big Data）——德拉瓦大学	分析证书：优化大数据由德拉瓦大学专业与持续研究单位提供。它为分析、图形、数据分析、建模、评估数据变异性等提供数据。学生必须完成四个模块：分析基础、大数据工具、过程控制和能力，以及一个单独项目。它要求学员掌握分析大型数据的各类工具，包括如何将数据导入至分析工具包、探索性图形与数据分析、构建分析模型、利用最佳模型解读不同变量之间的关系等。该项目涵盖了统计学、数据分析、书面表达、口头沟通技能等多种内容，适用于商业运营经理、营销专员、数据分析师
6	大学数据认证	康奈尔数据科学认证（Cornell Data Science Certification）	由康奈尔大学 SC 约翰逊商学院的教师开发，数据科学证书适用于数据分析，数据分析 360 和数据驱动的市场营销
7	供应商大数据认证	SAP HANA 认证（SAP Hana Certification）	SAPHana 全部都是关于内存分析的。有各种课程可以成为使用 SAPHANA 的受过训练的应用程序专家。SAP 认证应用程序专家 SAPBW 由 HANASPS12（版本 2016）提供的"认证考试"，例如，在 SAPHANA 上实现 SAPBW 的实现和建模。考生必须完成，以便有资格参加这次考试的几个 SAP 课程之一
8	供应商大数据认证	AWS 认证大数据 - 专业（AWS Certified Big Data - Specialty）	这种考试测试学习者在设计和实施 AWS 服务方面的技术能力是从数据中获取价值。要成为亚马逊大数据专家，学习者必须至少持有亚马逊集合证书之一：解决方案架构师、开发人员、DevOps 工程师、云计算操作员、SysOps 管理员

续表

序号	认证类别	大数据认证	资质描述
9	供应商大数据认证	EMC 数据科学家助理（EMC Data Scientist Associate，简称 EMCDSA）——EMC	EMCDSA 认证旨在证明申请者有能力参与数据科学小组并为大数据项目作出贡献。其中包括部署数据分析生命周期、将业务挑战重塑为分析挑战、利用分析技术工具对大数据进行分析并建立统计模型、选择适当的数据可视化方法等
10	供应商大数据认证	Cloudera 认证专家：数据科学家（Cloudera Certified Professional：Data Scientist，简称 CCP：DS）——Cloudera	DS 认证旨在证明学员是大数据处理方面的精英，它要求学员通过笔试以证明其在基础数据科学领域的知识积累。申请者还需根据真实案例设计并开发一套能够投入生产使用的数据科学解决方案，以展示其应对数据科学挑战的能力，并由同行评价
11	供应商大数据认证	数据科学 R 介绍（Introduction to R for Data-Science）	R 语言已成为数据科学和统计学的一门专业。由 Revolution Analytics（现在是微软的一部分）提供，此大数据培训提供了使用 R 统计语言进行高级分析的专业知识。它包括战略数据分析、基本分析理论、生命周期分析、模型建构，这些课程只是微软数据科学专业计划证书的一部分
12	供应商大数据认证	Micro Focus Vertica	由于 MicroFocus 从 HPE 公司手中接管了 Vertica，因此它提供了 VICTA 概要、描述性分析、性能调整、数据库管理等培训课程，成为 Vertica 平台投资组织中工作人员的关键课程
13	供应商大数据认证	MCSE：数据管理和分析（MCSE：Data Management and Analytics）	微软认证系统工程师（MCSE）的认证继续受到欢迎。它包括针对基础设施、商业应用、云平台、数据管理与分析、移动性和生产力的 MCSE 证书，专注于 Azure、SQLServer 和其他微软工具。数据管理和分析证书包括 Microsoft BI 和分析平台，部署企业数据库，在云计算环境中运行 SQLServer 系统，如何操作 Azure 云或内部的大数据等
14	供应商大数据认证	SAS 数据科学学院（SAS Academy for Data Science）	通过位于北卡罗来纳州卡里的 SAS 数据科学学院，学生要掌握大数据管理、文本分析、通信技术、高级分析、机器学习、数据可视化课程与方法，他们可以获得三种不同的认证。SAS 认证数据科学家最具挑战性，它由五个考试和四个完整的证书组成。数据科学家凭证需要 SAS Big Data Professional 和 SAS Advanced Analytics Professional 认证。但要获得 SAS 认证大数据专业证书，学习者必须有足够的编程技能储备来应对处理数据管理、数据质量和可视化数据探索，以 SAS 工具为中心，采用 SASBI 和分析工具

续表

序号	认证类别	大数据认证	资质描述
15	供应商大数据认证	Mongo DB 认证开发人员（Mongo DB Certified Developer Associate）	开源的 Mongo DB 由于能够管理松散结构和非结构化的数据而成为非常流行的 NoSQL 数据库。Mongo DB 认证需求人员是为能使用 Mongo DB 设计和构建应用程序的基础知识的人员，面向已经了解 Mongo DB 基础知识并使用 Mongo DB 开发应用程序的软件工程师。还有针对 JavaNode. js 和 . NET 开发人员的准备训练课程
16	供应商大数据认证	Hortonworks	要成为 Hortonworks 认证专家，考试者需要至少获得以下之一：Hadoop 认证开发人员、Hadoop 认证、Apache Spark、Hadoop 认证 Java 开发人员、Hadoop 认证管理员、Hortonworks 认证助理或 Hortonworks 数据流认证的 NiFI 架构师，完成这些课程的人员才能熟练掌握 Hadoop 大数据环境的设计、开发和管理
17	供应商大数据认证	Google Analytics 学院（Google Analytics Academy）	免费，它仅以 Google Analytics 的复杂性为中心，这个平台正在变成有助于提升学习者职业发展的通用平台。谷歌公司为学习者提供课程，并提供高级功能，如数据收集、处理、配置、复杂分析，以及如何在市场营销中使用 Google Analytics。提供 Google Analytics 360、电子商务分析和 Google 跟踪代码管理器基础知识和更高级别的课程
18	供应商大数据认证	Cloudera 认证 Apache Hadoop 开发者（Cloudera Certified Developer for Apache Hadoop，简称 CCDH）——Cloudera	CCDH 认证要求开发者具备相关技术知识、技能以及编写、维护并优化 Apache Hadoop 开发项目的能力。获得这项认证需要通过笔试：笔试共含 50 ~ 55 道随机题目，作答时间为 90 分钟。每道题目中都包含至少 5 个扣分点，且考试内容侧重于实验
19	供应商大数据认证	Cloudera Apache Hadoop 认证管理员（Cloudera Certified Administrator for Apache Hadoop，简称 CCAH）——Cloudera	CCAH 认证要求学员具备管理员在配置、部署、维护以及保护 Apache Hadoop 集群以及包括 Cloudera Enterprise Data Hub 在内的生态系统项目时所需的知识技术、技能与能力。申请者需在 90 分钟时长内解答 60 道题目才能通过笔试并获得认证
20	供应商大数据认证	甲骨文认证专员——OCA 证书	拥有业界最高薪水，是迈向成为一名 Oracle 专家的第一步，设计、熟悉基本的数据库任务。学习者将学会设计、创建和维护 Oracle 数据库，以后可以从事 Oracle 数据库服务器的数据操作和管理等工作

续表

序号	认证类别	大数据认证	资质描述
21	供应商大数据认证	甲骨文认证专家——OCP证书	Oracle 专业认证要求通过 4 门有难度的考试，以证明其在 Oracle 数据库管理领域内的熟练程度。OCP 全称为 Oracle 认证数据库专家，是 Oracle 公司的 Oracle 数据库 DBA 认证课程，Oracle 全世界的数据库市场份额达 50% 以上，其中国客户有中国电信、中国移动、腾讯、阿里巴巴等大型企业。这些企业都是 Oracle 认证数据库专家的雇主，OCP 是开启 Oracle 所有产品线的钥匙，Oracle 还有 ERP、中间件等更多的高端产品，都可以从 OCP 开始学习和熟悉。一个 OCP 工程师不仅可从事 DBA，还可成为 ERP 实施、中间件管理、BI（商业智能）等企业最高薪酬的 IT 类专家
22	供应商大数据认证	甲骨文认证专家大师——OCM 证书	Oracle Certified Master（OCM）大师认证资质是 Oracle 认证的最高级别，是对数据库从业人员的技术、知识和操作技能的最高认可。Oracle OCM 是解决最困难的技术难题和最复杂的系统故障的最佳 Oracle 专家人选，也是 IT 行业衡量 IT 专家和经理人的最高专业程度及经验的标准。全球有超过 400000 名 Oracle OCP，中国地区超过 2 万人获取 OCP 牌照，但是仅有 200 多人执有 OCM 牌照，Oracle 高端人才相当奇缺，预计在 2020 年，中国市场对于 Oracle 技术人才的需求量会在 15 万人以上
23	供应商大数据认证	红帽云计算（Openstack）认证	已经拥有 RHCSA 认证，即可考取 Openstack 认证
24	供应商大数据认证	阿里云弹性计算专业认证（ACP）	是对学习者掌握阿里云弹性计算方面，专业技能水平的全面体检和能力认证。
25	供应商大数据认证	阿里云数字据专业认证（ACP）	是对学习者掌握阿里云大数据方面，专业技能水平的全面体检和能力认证。

资料来源：广州大数据行业协会，2019 年。

　　2019 年初，人力资源和社会保障部职业技能鉴定中心官网发布《关于拟发布新职业的公示通告》，其中"大数据工程技术人员"在列。在《关于拟发布新职业的公示通告》中，"大数据工程技术人员"的定义为：从事大数据采集、清洗、分析、存储、治理、挖掘等技术研究，并加以利用、管理、维护和服务的工程技术人员。"大数据工程技术人员"主要工作任务包含如下：（1）研究、开发大数据采集、清洗、存储及管理、分析及挖掘、展现及应用等技术；（2）研究、应用大数据平台体系架构、技术和标准；（3）设计、开发、集成、测试大数据软硬件系统；（4）大数据采集、大数据清洗、大数据建模与大数据分析；（5）管理、维护并保障大数据系统稳定运行； （6）监控、管理和保障大数据安全；（7）提供大数据的技术咨询和技术服务。

2018 年，广东省大数据人才获取大数据相关证书情况见图 2 – 11，数据显示获得最高比例的证书是大数据工程师证书、最低的是嵌入式 Linux 软件开发工程师。

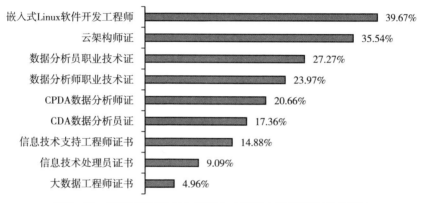

图 2 – 11　2018 年广东省大数据人才获取大数据相关证书情况

资料来源：广州大数据行业协会，2019 年。

2.3.4　广东省大数据企业的人才要求

大数据人才类型通常分为学术型和应用型两类。学术型大数据人才需要有数据科学模型的理解和运用能力，对应的就业岗位主要是大数据系统研发工程师。应用型大数据人才主要是需要利用数据的结果来解决具体行业的应用问题的能力，以及对数据分析和整合的实际能力，对应的就业岗位主要是数据分析师或大数据开发工程师。应用型大数据人才主要来源为应用型本科院校所培养的"技术技能型"人才，具备利用大数据的结果、方法解决具体行业实际问题的能力，主要从事大数据分析、大数据挖掘、大数据管理、大数据架构和大数据深度处理等工作，涉及的岗位有大数据分析师、数据可视化工程师、数据挖掘工程师、数据库管理员、大数据架构工程师、数据科学家等，就业的主要行业包括零售、保险、电子商务、物流、政府数据中心、医药、银行、研究型大学、金融机构和互联网企业等。

1. 岗位要求

目前广东省各大数据企业的岗位对人才要求见表 2 - 2。

表 2 - 2 　　广东省企业需要的大数据岗位，需求量最大的前 30 类岗位描述

岗位名称	岗位工作任务描述
数据分析师	1. 深刻理解数据库的各类建模理论、掌握维度建模设计方法、具有大型数据库逻辑模型和物理模型建构经验；具有海量数据处理能力； 2. 具有很强的数据挖掘、分析能力，熟练掌握常规分析工具； 3. 良好的 Hadoop、hivesql 开发能力和调优经验，熟悉实时计算和流式计算者优先； 4. 熟悉并能运用主流大数据平台和处理引擎，包括但不限于 spark\Hbase\Flink 等； 5. 熟悉机器学习，熟练掌握常规的分类、回归、时序算法，有深度学习相关经验者优先； 6. 良好的逻辑分析能力和沟通能力；有极强的责任心和团队协作能力，良好的项目推动力； 7. 熟练使用 SQL、Excel、Powerpoint；有项目或数据建模经验，Python 或者 R 是加分项
数据挖掘工程师	1. 数据管理、理清业务逻辑模型，构建分析专用表，埋点验证； 2. 业务分析、协助各类业务落地；通过市场数据需求分析支持新产品迭代，完成数据筛选与包装，形成有价值能执行的数据结论，通过数据支持市场决策； 3. 用户分群画像，对用户行为数据进行业务分析，建立业务分析模型，为业务部门提供指导，帮助业务部门快速提升业绩，并能够持续评估和优化业务分析模型，促进整体绩效提升； 4. 基于历史事实和专家经验，建立针对欺诈行为的预测模型，并且能持续优化和运用； 5. 与业务部门通力合作，通过挖掘分析数据，探寻业务机会，利用算法工具解决具体业务问题
数据架构师	1. 精通数据库实施方法、深入了解数据库体系架构； 2. 理解 Hadoop、Hive、Hbase、Storm 等开源系统的工作原理； 3. 熟悉主数据、元数据、数据质量等企业数据管理的相关理论、体系和方法； 4. 算法基础扎实，熟悉常见的数据结构，深入理解分布式算法和分布式系统； 5. 负责设计公司大数据基础框架的整体架构，结合公司实际业务情况进行技术选型，对大数据底层架构进行战略规划； 6. 负责大数据存储；计算平台的整体评估、设计、架构；开发关键模块； 7. 负责架构优化、设计开发系统关键模块、协助团队解决开发过程中的技术难题； 8. 负责新技术的调研，并能推广至团队内的应用
自然语言处理工程师	1. 负责自然语言处理基础技术的研发，如，分词，词性标注，句法分析，实体识别，关系析取，完成平台化建设、完成服务化建设； 2. 负责自然语言处理应用技术的研发，如，自动问答，文本生成，文本摘要，自动写作，推动自然语言处理技术在搜索中的应用； 3. 对人物名称（备注名）、推文、聊天记录等短文本进行分析，完成人物关系析取，实体识别，话题聚类，群体画像等操作； 4. 熟练掌握以下技能点：文本分析、实体提取、聚类、TextRank 算法、Word2Vector

续表

岗位名称	岗位工作任务描述
深度学习工程师	1. 机器学习、数据处理，算法实现和部署； 2. 机器学习、平台建设、平台维护、网络模型训练； 3. 具备机器学习的知识背景，熟悉深度学习、神经网络：DNN、CNN、RNN、LSTM、GRU 等； 4. 对常用的深度学习开源框架 Tensorflow，Caffe 等有项目实战经验； 5. 精通 Python、Java、C ++ 等程序语言中的一种以上，编码能力强； 6. 熟悉 Linux 开发环境，要求理解 Android 系统开发和架构
算法工程师	1. 精通 Python 或 C ++ 语言，拥有嵌入式系统算法开发经验； 2. 了解当前人脸识别的方法，能够跟踪最新研究动态和研究方向； 3. 熟悉 Tensorflow/Caffe/其中一项框架，熟悉 dlib 和 opencv； 4. 熟悉 mtcnn、facenet、yolo 等神经网络且有使用经验； 5. 熟悉常用数据挖掘和机器学习算法，特别是对各种人工智能系统等相关领域的应用问题有大量研究或者实践经验者优先，在国际顶级会议、期刊发表了实际成果者优先； 6. 熟练掌握 Java，C ++ 等常用的编程语言以及 Python 等脚本语言，有相关基于 BSP、MPI、Parameter Server 等大规模分布式计算框架开发经验，有基于 TF、Caffe 等深度学习算法开发经验或者相关研究背景的优先
大数据可视化工程师	1. 负责数据可视化、多媒体展示、交互界面等设计开发； 2. 开发地理大数据可视化引擎，能满足互联网应用场景下的地理大数据可视化需要； 3. 熟悉 nodejs 相关知识，熟悉主流的前端框架，如 vue/react/angular 等； 4. 熟悉主流数据可视化组件，如 g2/echarts、highcharts、d3 等
大数据经理	1. 有 2 ~ 3 年的技术管理经验，参与过企业产品研发过程； 2. 精通 Java、熟悉 Spring MVC 开发架构； 3. 精通 Hadoop 生态圈中常用技术，如 Hbase、Hive、Zookeeper、Storm、Spark 等，有华为 FI、腾讯 TBDS、CDH 或 HDP 实际应用经验； 4. 精通 Linux 平台，熟悉 shell、python 其一或多种； 5. 熟悉系统部署、开发、测试、维护过程与方法； 6. 能够及时地跟进项目进度、管理项目风险，及时发现并解决项目问题，推动项目团队朝目标前进； 7. 思路清晰，沟通能力、理解能力、学习能力强，具有快速解决问题的能力； 8. 有大数据处理实战经验，熟悉整个大数据的完整处理流程，包括数据的采集，清洗，预处理，存储；有爬虫编写经验优先；有分布式 java 系统，web 系统开发经验优先
BI 开发工程师	1. 精通 SAPBO、Tableau、SmartBI 任一报表工具； 2. 熟悉 Oracle 数据库，精通 SQL 编与与性能调优； 3. 熟悉数据库建设生命周期流程规范，掌握主题建模方法、维度建模理论； 4. 熟悉 SQL/HQL，有较好的 SQL 性能调优经验，熟悉 Python/Perl/Shell 等脚本语言中的一种； 5. 工作认真负责、踏实肯干，有良好的团队合作精神和沟通技巧，分析能力强； 6. 对数据敏感，有 ETL 设计与开发、数据建模、数据质量保障、元数据管理、指标体系设计等实践项目经验； 7. 对电商行业有深入了解者优先

岗位名称	岗位工作任务描述
大数据运营工程师	1. 处理和分析海量业务数据，能发现问题和跟踪进程，利用数据发现产品、系统或业务"瓶颈"，能从业务和产品角度综合考虑并提出优化方案； 2. 分析描绘海量用户行为数据、优化生命周期流程、提升用户规模； 3. 利用数据挖掘、机器学习等技术解决实际应用问题，如实现模块或流程自动化、业务报表系统的建设、数据可视化等； 4. 建立各种业务逻辑模型和数学模型，帮助公司改善运营管理流程，节约成本； 5. 熟练掌握：mysql、hdfs/hive 数据库，较强的数据库及 SQL 能力，并对 Hadoop 技术体系有所了解和研究； 6. 有数据敏感性，有探索、分析、解决问题的能力，能承受工作压力，专注数据价值发现和价值转化
需求分析师	1. 大学本科及以上学历，要求计算机、软件工程等相关专业； 2. 熟练使用 Axure、xmind、Visio、project 软件； 3. 有参与大型项目开发的需求分析工作经验，或两年及以上软件开发或产品管理经验； 4. 有责任心，抗压能力强，口头沟通能力和文字表达能力强；熟悉 DDD 理论与实践，具备抽象业务建模能力； 5. 熟练撰写业务系统需求设计文档或其他设计文档； 6. 很强的业务敏锐度、洞察力、沟通协调能力； 7. 熟悉基于 UML 的面向对象业务建模，熟悉 Postgresql、Mysql、Oracle 等数据库，精通 SQL 语言
Python 开发工程师	1. 参与服务端业务开发，搭建具有高可靠性和高性能的系统； 2. 参与数据平台研发； 3. 参与服务端系统代码重构和服务器性能优化； 4. 掌握一门以上主流程序设计语言（JAVA、Python、golang 等），具备良好的编码技巧； 5. 熟练使用至少一种数据库（MySQL、Postgre SQL、Redis、Mongo DB）
爬虫工程师	1. 使用各种 API 及爬虫技巧，抓取、分析、调度、分类、存储数据，为公司业务提供来源稳定正确的数据； 2. 熟悉 Git、GitHub，通信协议 TCP、HTTP 及 RESTful 标准； 3. 具有 Python 爬虫开发工作经验，JavaScript 基础扎实，有 Scrapy 等使用经验； 4. 有 MySQL、Redis 或 Mongo DB 等相关数据库使用经验； 5. 负责各类电商平台和 App 端的数据抓取并搭建平台； 6. 负责对爬取的数据进行分类、分析，并给出数据结论； 7. 负责开发高性能抓取架构以支持业务持续发展； 8. 熟悉 linux 平台，熟练掌握 java、shell、http 协议，熟悉 HTML、DOM、XPath，掌握 git、maven、svn 等工具和实践，注重工程规范
建模分析师	1. 负责公司业务的数据分析，从数据的角度给出决策建议； 2. 对公司已有的用户数据做提炼、分析，归纳挖掘用户特性，给出相应优化建议； 3. 负责公司模型的搭建及优化； 4. 负责公司数据的管理和实时监控优化，对存在的问题及时提出改善举措； 5. 具有良好的数理统计基础，熟练掌握 SQL（必须），且至少具备 Python、SAS、R 等一种数据分析软件的编程能力； 6. 熟练掌握逻辑回归模型和 CART 决策树模型，以及 XGBOOST、GBDT、随机森林等算法

岗位名称	岗位工作任务描述
开发工程师	1. 熟悉 B/S 开发，熟悉 C#、ASP、NET、SQLServer，能够独立主动完成多个系统模块的设计开发； 2. 熟练掌握 HTML5、JavaScript、CSS3 基础知识； 3. 具备良好的编码习惯，编码能力、学习能力、理解能力强； 4. 熟悉面向对象编程，深度理解设计模式； 5. 熟练掌握 ORACLE、SQLServer 等数据库的开发，IIS 等服务器的配置、开发，并能根据业务情况、业务需求优化配置所采用的数据库服务器、应用服务器； 6. 熟悉大数据相关知识和技术优先； 7. 拥有大规模项目开发经验、大型分布式、高负载、高并发、高可用系统设计、开发和调优经验者优先； 8. 熟练掌握 Vue 移动组件库的使用，ydui、mint-ui 或 vant 中的一种或多种，使用 Vue 开发过移动 H5 应用项目优先
Java 开发工程师	1. 熟悉 Java 相关技术架构及开发，熟悉 J2EE 框架，熟悉 HTML、JavaScript、CSS 等 Web 技术，做过网络监控或故障管理的优先； 2. 熟练使用 MySQL、Oracle 等数据库的操作，对电信设备和网络协议者有所了解者优先； 3. 精通基于 Spring boot、Dubbo 的微服务架构； 4. 熟悉 JavaEE 体系架构，精通 SpringMVC + Spring + myBatis； 5. 熟练使用 Maven 等发布管理工具；对 Linux 环境及常用命令很熟悉，熟悉消息服务中间件； 6. 熟悉数据库（MySQL）的操作，有 sql 优化经验，至少掌握一种缓存组件（Redis、Memcached）； 7. 了解 JavaScript、jQuery 及 jQuery 相关插件，有过后端管理系统开发者优先
运维工程师	1. 熟悉 Linux 命令，熟悉 shell 脚本编写，熟悉 ansible 等相关运维自动化； 2. 熟悉服务器端相关技术，如：ngix、tomcat、dubble、zookeper，能部署公司的项目软件； 3. 熟悉 mysql、Oracle、SqlServer 关系型数据库和非关系型数据库，会安装 Linux 环境下的数据库，并能进行简单操作； 4. 善于解决问题，善于沟通，热爱学习，现有数据库的日常运维（巡检、故障处理、性能优化、备份恢复等）工作； 5. 故障响应和处理：包括运维平台事项事件的录入、受理、处理、流转（能独自处理或升级二线处理并跟踪进展）、关闭、回访、呼出和汇报； 6. 熟悉 Python 语言，熟悉 Django 框架； 7. 熟悉前端开发语言及框架，如：javascript、jquery、bootstrap 等； 8. 熟悉 Linux 操作系统，熟悉 Git； 9. 熟悉 Mysql、Redis 数据库
PHP 开发工程师	1. 精通 PHP 网站开发语言，开发经验 3 年或以上； 2. 精通 IITML，CSS，Javascript，html 等 web 开发技术； 3. 熟悉 ThinkPHP（5.0）等开发框架； 4. 能够进行常规二次开发优先； 5. 有扎实的编程功底和良好的编程习惯； 6. 有深厚的基础理论知识和较强的逻辑思维分析能力； 7. 熟练使用 SVN/GIT 进行代码管理； 8. 熟悉 Python/Lua/C&C + + 其中一种或多种语言；熟悉 Jquery、HTML、XML、Java "script"、AJAX 等前端技术； 9. 熟悉 Linux，有在 Linux 下对项目进行运维的优先

续表

岗位名称	岗位工作任务描述
数据处理工程师	1. 具有数据采集处理建库项目管理能力，对各类数据进行图形矢量化采集、数据处理、属性录入和数据建库等； 2. 能整合加工数据格式转换、坐标转换、数据分层、建立拓扑、地图符号化等空间数据，数据核查的制作等； 3. 熟悉 mysql、sql server、oracle 任一数据库，能熟练使用 sql 语句，对视图、触发器、储存过程、函数等能够熟练运用
软件测试工程师	1. 熟练的测试设计和分析能力，理解敏捷文化； 2. 了解主流测试工具 selenium/jmeter/loadrunner； 3. 熟悉 mysql、oracle 等数据库的基本操作，有 java 或 python 语言基础者优先； 4. 有一定的编程基础，要求熟练使用一门以上的编程语言； 5. 熟悉 app/web 测试原理、方法和流程，有中型项目主导测试经验者优先； 6. 精通测试流程及测试分析、用例设计方法测试知识
C++开发工程师	1. 熟悉 C/C++语言，以及常用的第三方知名模块； 2. 熟悉 Linux 系统，会使用基本的 shell 命令； 3. 熟悉数据结构和算法设计，具有一定的编程经验，对技术执着，掌握编码规范； 4. 了解语音识别相关技术发展方向，熟悉嵌入式平台开发方向，拥有任意语言的开源项目者优先； 5. 精通嵌入式 Linux 软件开发技术，熟悉嵌入式 Linux 底层软件结构和工作原理； 6. 精通 C/C++开发语言，熟练掌握 git，gdb，make 等开发工具； 7. 精通 TCP/IP 协议，熟悉 Socket 编程
大数据销售	1. 负责开发挖掘互联网金融、传统金融等大数据产品的大客户市场，同时能够开拓其他行业市场； 2. 负责维护、协调客户关系，解决客户使用过程中的问题，发掘发展新的市场机会； 3. 按计划完成分配的客户拓展任务，相应的业务目标及业绩指标； 4. 利用各种渠道资源进行产品宣传、市场推广，参与完成相关市场策划推介活动工作； 5. 负责所属区域的大数据产品宣传、推广与销售； 6. 负责所属区域的高校用户业务拓展、沟通、谈判； 7. 负责组织所属区域的投标项目并及时跟进，参与招投标
技术支持工程师	1. 精通 Linux 系统和 Linux 环境开发，需要有 Linux 环境程序开发经验，能熟练使用 Shell 脚本； 2. 除熟练掌握 C/C++程序设计语言外，还要掌握 Python、Perl、Javascript、PHP、Java 其中之一； 3. 熟悉 RPM 或 Dpkg 等 Linux 包管理工具，深度理解包管理的 Linux； 4. 精通以 SDL、FBdev、QT、GTK 为基础的一种或多种图形库的开发技术； 5. 具有 ARM、PowerPC、MIPS 平台嵌入式 Linux 开发经验
大数据工程师	1. 熟悉数据结构和算法； 2. 有大数据处理实际开发经验（hadoop、spark、Flink、ElasticSearch、hive、hbase）； 3. 自然语言处理/机器学习/数据挖掘理论基础扎实、技术水平高，有数据挖掘、自然语言处理、机器学习实践经验； 4. 熟悉典型数据挖掘工具，熟练应用各种分类聚类算法、回归算法，熟悉各种相关性算法，了解常用的社交分析模型，具有数据挖掘算法开发经验； 5. 思路清晰、思维敏捷，态度认真责任，主动性强、有较强的时间管理能力和执行力； 6. 具有良好的开发习惯，逻辑分析能力强；具有非常强的自我学习能力，对新技术开发有热情而执着； 7. 有深度学习、机器学习、自然语言处理、信用系统、用户画像、海量数据系统开发经验； 8. 深入研究 Hadoop 及 spark 源码、能对内核进行开发优化

岗位名称	岗位工作任务描述
大数据测试工程师	1. 了解软件开发流程，掌握常见测试设计方法； 2. 熟悉数据库操作语言，有一种以上数据库操作经验； 3. 熟悉 Linux 操作系统，掌握网络基础知识； 4. 熟练掌握 web 性能测试； 5. 理解沟通能力好，勤奋好学； 6. 熟悉一种及以上脚本语言
C#开发工程师	1. 精通 C#开发，熟悉、NET 开发平台； 2. 熟悉 SQLServer； 3. 熟练掌握 NET、C#语言，精通 Visual Studio 等开发工具； 4. 熟悉主流数据库，具备良好的逻辑分析思维能力； 5. 需要熟练 Silverlight、WpfADO、net 等技术； 6. 熟悉 http、socket、Json、xml、TCP/UDP 网络通信
售前工程师	1. 负责配合售前相关人员进行市场的售前技术支撑工作，能够与客户进行技术交流和有效沟通，能够对项目的初步可行性进行分析； 2. 负责项目的需求梳理、反馈工作，能制定初步的技术交流方案； 3. 负责将项目信息、技术需求及时、完整、准确的分拣反馈给二线售前技术支撑和总部售前支撑技术人员，能全面而专业地编写和整理建设方案； 4. 负责统计、分析日常支撑工作的工作量，并上报，能对支撑效果进行评估； 5. 牵头进行投标文件技术部分的分工和编写，能预估项目成本； 6. 负责培训商务人员和本地移动客户经理； 7. 熟悉招投标程序和规则，有完成信息化项目经验者优先； 8. 参与过多个 ERP/MES 项目售前工作，具有专业的需求调研和方案设计能力，能够熟练地撰写需求调研、方案设计、系统上线等文档； 9. 逻辑思维能力较强，能根据不同客户情况和要求，能建立多套表格系统进行需求描述、方案描述
实施工程师	1. 熟悉 Oracle、Mysql 数据库操作，会编写 SQL 语句，熟悉如 HIS、CIS、LIS、RIS、PACS、无线、平台等产品的实施过程及管理； 2. 熟悉各主流操作系统（Windowsserver、Linux 等）的管理和维护； 3. 熟悉主流数据库，如 Oracle、MSSQLServer 或 MySQL，能够编写 SQL 脚本； 4. 熟悉网络配置； 5. 有相应软件开发经验者优先（net 方向）； 6. 熟练软件项目实施方法，深度理解和认识项目实施交付、项目管控流程，或具有建筑工程行业专业背景及能力，在工程管理、业务流程方面具有丰富经验和见解
网络工程师	1. 熟悉常见网络设备操作； 2. 理解网络基础原理； 3. 了解 Linux 系统； 4. 熟悉主流品牌网络产品（如：思科、H3C、华为），具有对品牌产品实施、维护、优化和故障排除能力； 5. 具有丰富的 IT 网络各类运维以及异常处理的经验，包括设备采购、配置、资产管理等； 6. 具备 IT 机房管理，服务器、网络设备运维经验或大型组网（如跨区域总部和分店组网、我国 4S 店布网和网络对接、跨省专线或国际专线联调）和网络调试经验优先考虑； 7. 精通各类网络设备、交换机、路由器、防火墙等

续表

岗位名称	岗位工作任务描述
嵌入式软件 工程师	1. 熟悉 C 语言、汇编语言，并能够熟练阅读及理解英文技术资料； 2. 具有嵌入式软件开发能力，熟悉 MCU、DSP 或者其他处理器； 3. 熟悉 ARM 构架、Linux 内核移植、外设驱动模块开发、文件系统制作及编写； 4. 精通 C 语言、熟悉 TCP/IP 网络编程、Socket 编程； 5. 熟悉 GoAhead、AJAX 等嵌入式网页技术

资料来源：广州大数据行业协会，2019 年。

2. 岗位需求

随着大数据人才需求岗位的增多，大数据人才短缺现象日益突出。广东省大数据领域的人才短缺主要集中在大数据应用型人才的缺乏，仅在大数据产业链上游就缺乏 ETL 研发、系统架构开发、数据库研究等人才，主要缺少偏硬件领域的人才。同时随着大数据与其他行业的逐步融合，对数据分析、数据挖掘、数据加工等方面的人才需求将不断增加。广东省大数据行业急需毕业生能从事数据分析师、数据挖掘分析师、数据架构师、自然语言处理工程师、深度学习工程师、算法工程师等岗位（见图 2 - 12）。大数据的存储和应用之间，需要对大数据价值的分析和挖掘，这些工作需要数据科学家或工程师来完成。目前大数据人才中最急需的人才包括数据处理人才和数据分析人才。数据处理人才需要具有统计学、信息技术、软件工程等方面的多种相关知识，主要负责数据处理的全流程，即数据的获取、存储、清洗、分类、加工、建模和传输。数据分析人才同样需要具有统计学、信息技术、软件工程等方面的多种相关知识，主要负责对大数据价值挖掘，比如对数据统计结果的分析、判断、筛选、对数据分析结果的评估、展示、输出，对用户数据需求的判断、反馈、追踪。数据分析师是专门从事特定行业数据搜集、整理、分析，并以数据为依据做出行业研究、评估和预测的专业人员。这类岗位对毕业生的综合素质要求有以下三个方面。

（1）要毕业生能尽快熟悉行业知识、公司业务及流程。一方面具有搭建数据分析框架的能力要求，要能运用营销、管理等理论知识来指导、确定分析思路和方向；另一方面要能根据数据结果提出具有指导意义的建设性建议。

（2）能够掌握数据分析基本原理与相关有效的数据分析方法，并能与具体工作相结合，能根据实际工作开展数据分析和预测。

（3）能够运用图表有效表达数据分析师的分析观点，使分析结果清晰明了。

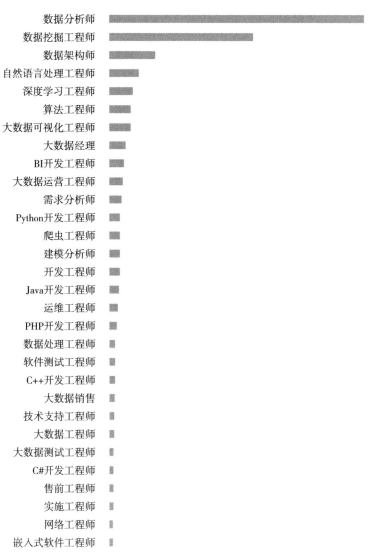

图 2 - 12　广东省企业发布的排名前 30 位的大数据岗位

资料来源：广州大数据行业协会，2019 年。

3. 广东省企业对大数据人才需求的岗位核心技能

广东省企业对大数据人才的核心技能要求见表 2 - 3。

表 2 - 3   广东省企业对大数据人才需求岗位的关键技能

岗位	关键词
数据分析师	数据分析、数据处理、数据统计、数据挖掘、模型构建优化、数据可视化、数据产品报告、应用设计、数据获取、整合存储、商业洞察、SQL、SPSS、Clementine、SAS、EM、R、Java、Python、MatLab、Unix、Linux、Perl、Shell、Scala、机器学习算法、聚类决策树、随机森林、GBDT、回归关联分析、主成分、SVM、神经网络、推荐、社交网络编程、计算机信息技术、统计学、金融、Hadoop、Hive、Pig、HBase、Spark、Kafka、Flume、Storm、Cassandra、Apache、HQL、Tableau、Office、Excel、PPT
数据挖掘工程师	计算机、数学、统计学、机器学习、Java、Python、数据挖掘、网络爬虫、数学建模、深度学习、Hadoop、Spark
数据架构师	核心技术、Kafka、Spark、Flink 平台搭建优化、计算机、Hadoop、Java、C++、大数据
自然语言处理工程师	Nlp、自然语言处理、C++、Python、Opencv、TensorFlow、Keras、深度学习、计算机、数学、统计学、机器学习、Java、分词、词性、标注、新词发现、词义消歧、情感分析、主题模型、话题分析、命名、实体识别、事件发现、舆情分析、知识图谱
深度学习工程师	机器学习、深度学习、神经网络、DNN、CNN、RNN、LSTM、GRU
算法工程师	线性回归、决策树、随即森林、SVM、NLP、计算机、数学、机器学习、深度学习框架、TensorFlow、Caffe、Torch、PaddlePaddle、Java、Python、CNN、DNN、RNN、图像识别
大数据可视化工程师	Unity3d、大数据、可视化、数据挖掘、Web 前端、JQuery、D3、Echarts Tableau、Processing、可视化工具、HTML、CSS、JavaScript、Node. js、Java、PHP、C、C++、Python、Ruby
大数据经理	经理、经验、管理、销售、产品、项目进度、规划、沟通、协作、用户需求、设计方案、数据分析、数据敏感意识、机会、组织、计算机、大数据、统计分析、产品运营
BI 开发工程师	BI、统计模型、DB2、数据挖掘、Oracle、数据处理、数据库开发、数据采集处理分析、报表、开发、维护、SQLSERVER、ETL、BIEE、Cognos、Pentaho、SQL 数据库
大数据运营工程师	运营数据处理、数据分析、用户行为、报表业务、数据库、SQL、hadoop
需求分析师	需求调研、建模、PL、SQL、沟通、文档、大数据分析、云计算、智能应用、微服务
Python 开发工程师	Python、爬虫开发、编程设计、数据挖掘、机器学习算法、统计、计算机、数学、Pyspider、Scrapy、正则、Spark、Hadoop、数据分析

续表

岗位	关键词
爬虫工程师	爬虫技巧、抓取分析、调度存储数据、Python、编程、Scrapy、Webmagic、Nutch、正则表达式、CSS、Path、Xpath
建模分析师	分析、归纳、挖掘、建模、数据分析、数学、统计、金融、计量、Python、SAS、R、逻辑回归模型、CART 决策树模型、XGBOOST、GBDT、随机森林、逻辑回归决策树、GBDT、XGBOOST、SVM、Hadoop
开发工程师	ASP. NET、MVC、EF 框架、WebAPI 开发、PHP、Java、Ajax、HTML5、HTML、CSS、JavaScript、JQuery、WebService、SQLServer 或 Oracle 数据库
Java 开发工程师	Java 开发、编程设计、计算机、数据结构、Web、J2EE、Oracle、DB2 数据库、HTTP、Spring、Struts2、Hibernate、iBATIS、SQL、JavaScript、CSS、JS
运维工程师	TCP/IP、运维、安全、系统维护、日志分析、Linux、PHP、Mongo DB、Shell、Ruby、Python
PHP 开发工程师	PHP 开发、编程设计、Yii 框架、计算机、Apache、Nginx、PHP5、MySQL 数据库、ERP、Linux、MySQL、PHP、Shell、Perl、Python、HTML、CSS、JavaScript、Symfony、CI、ThinkPHP
数据处理工程师	数据采集处理建库、图形矢量化、数据处理、属性录入、数据格式转换、坐标转换、数据分层、建立拓扑图、符号化、MySQL、SQL Server、Oracle、编程
软件测试工程师	软件测试、产品测试、Loadrunner、Jmeter、白盒测试、黑盒测试、计算机软件、Web 测试、QTP、Shell、Python、MySQL、Java、测试解决 bug、测试计划、测试用例、测试报告、禅道、Testlink、SVN、边界值等价类、SQLServer、Oracle、Linux、SoapUI、Fiddle、性能测试、功能测试、测试开发、Windows 测试
C ++ 开发工程师	C 和 C ++ 开发编程设计、TCP、UDP、Http、QT、计算机通信、Linux、Oracle、MySQL 数据库开发、SQL
大数据销售	销售业务、客户、商业机会、业绩指标、产品推广、投标
技术支持工程师	技术支持、图像识别、人脸识别、技术、网络系统、综合布线、门禁系统、安防监控、音视频、机房系统、楼宇自控、计算机、电子通信、网络工程、数据库、Windows、Linux
大数据测试工程师	开发测试、数据库、网络基础、Web、Linux、编程脚本
C#开发工程师	C#单元测试、代码优化、开发编程设计、文档、Visual Studio、XML、Json、多线程（异步）、委托、事件、反射、网络 SOCKET、SQL、面向对象
售前工程师	售前竞标、组织和参与标前引导、标书制作、答标、中标、合同谈判、需求分析、相关投标策略和总体方案的制定、通信、计算机、电子、培训、演示、技术交流、方案编写、招投标

续表

岗位	关键词
实施工程师	开发编码和调试、SQLl Server 数据库、Spring、Hibernate、网络通信协议、计算机或通信、C#语言、.NET、SQLServer、MySQL、计算机
网络工程师	技术支持、路由协议、运维、IDC、配置管理、Linux、网络、网络技术、TCP/IP、通信、计算机、Cisco、Linux、配置管理、网络安全、Windows
嵌入式软件工程师	嵌入式、Shell、C、C++、编程开发创新、STM32、ARM、Contex 开发平台、Linux、Android 底层驱动开发、STM32 应用开发
大数据工程师	计算机、数学、统计学、Perl、Python、C++、C、Linux、数据挖掘、机器学习、深度学习、Hadoop、Spark、Shark、Java、YARN、Hive HBase、Storm、数学建模、推荐系统、清洗、处理、分析、Git、GitHub、通信协议 TCP/IP、HTTP 及 RESTful、Scala、NLP、TensorFlow、Docker、Kubernetes、AWS、GCP、ETL、Oozie、NoSQL、Linux、Unix、Shell、SQL
项目工程师	项目开发、Oracle、SQL Server、数据库、视图存储过程、开发应用、软件开发与调试、测试、维护、升级、实施文档、计算机、电子通信
硬件工程师	硬件研发、电路、C 语言编程、测试、电子、自动化、通信工程、计算机、PCB Layout、计算机配件、C++语言
数据库设计师	SQL、Mongo DB、DBA、ETL、Linux、数据库、计算机数学、统计学
结构工程师	调试技术、难点攻克、结构设计、工艺论证、图纸绘制、产品试制、机械设计、AutoCAD、ProE、SolidWorks、设计方案
系统工程师	系统运维管理优化、Linux、Windows、PowerShell、Python、计算机软件工程、网络通信、C、C++、JavaScript
.net 软件工程师	.Net、C#、编程设计、ASP、MySQL、架构数据库、计算机、Web 开发经验掌握 HTML（DIVCSS）、JavaScript、AJAX、Jquery、MVC、IIS、熟悉 HTTP
前端工程师	前端开发、JavaScript、CSS、架构设计、HTML、Java、Python、Go、WebPack、Parcel、HTTP 协议系统编程、Web
Hadoop 开发工程师	Hadoop、Linux、Shell、Java、Python、HIV、Sqoop、开发编程设计
数据科学家	自然语言、知识图谱、机器学习、模式识别、统计学、数据分析、R、Scikit-Learn、Python、数学建模、数据挖掘
建模分析师	数学建模、监控调优实施、数学、工科、统计学、数据分析、数据挖掘、SAS、Python、MATLAB
数据库管理员	数据报表、SQL、Oracle、Hadoop、Hive、Spark、DBA、计算机信息、管理、统计学
数据库工程师	系统后台开发、计算机软件、工程数学、SQL 语言、Oracle、数据库运维部署、可用性、性能分析、数据库设计、SQL 审核、DBMS 系统监控与管理、数据备份与恢复、事件处理

资料来源：广州大数据行业协会，2019 年。

以大数据工程师为例，其技能要求见图 2-13。

图 2 – 13 大数据工程师的技能要求

资料来源：猎聘网，2019 年。

4. 大数据行业人才能力要求

（1）数据认知能力。大数据行业人才首先要具有数据认知能力，准确知晓数据的价值和应用场景，能够对数据的价值和应用进行商业定位，知道构建数据运用的商业模式，如，应该知道如何充分挖掘数据？如何体现数据的价值？如何通过数据找到匹配和契合的合作伙伴？如何与合作伙伴建立以数据为导向的合作关系？切忌对数据的分析和理解缺乏一个整体、系统的思维框架，不能把视野局限在数据报表、BI 系统、广告监测等领域。提升大数据认知能力，有助于公司定位客户目标群，用快捷的方式把产品推送给最需要的客户，提升产品的商业价值，有效规避了市场风险。

（2）数据调用能力。数据调用能力包括三个步骤：数据获取、数据存储和数据预处理。第一步，数据获取，通过网络爬虫技术、Wifi 探针技术、系统日志等技术进行数据开采，并对数据产生的时间、条件、来源、内容、格式、长度、限制条件进行认知，打破数据孤岛，加强公司内外的数据关联。提升数据传输能力、数据计算能力、数据资产能力、数据算法能力等。第二步，数据存储，由于不同的应用场景需要不同的数据结构模型，需要掌握结构化及非结构化数据的存储架构（SQL及 NOSQL），未来的整体数据架构（data architecture）将会使用多形式、多样化的存储架构。在不同的存储架构内及存储架构之间的运算及传输，都影响整体系统的效能。第三步，数据预处理，由于前期采集的数据一般都是不完整、不一致的原始数据，无法直接进行数据挖掘，或者挖掘的效果并不好。为了提高数据挖掘的质量有必要对数据进行预处理。通过数据清理、数据集成、数据变换、数据归约等方式进行数据预处理。经过数据预处理，将会降低数据挖掘的时间，提高数据挖掘的质量。

（3）数据综合处理能力。从商业市场领域到政府管理部门，数据最重要的目标是解决实际的现实问题。掌握数据挖掘和模型构建的基本目的是为了商业运用或提升政府管理效率。数据综合处理能力，就是根据实际需要和现实问题构建解决现实问题的数据模型，并进行实际执行运算，对碰到的问题再进行模型调整。数据综合处理能力就是在数据采集、数据储存、数据挖掘和数据应用过程中，根据多方面的实际问题，找到解决实际问题的数据模型。

（4）数据呈现能力。通过动态的或静态的可视化图形进行数据呈现，有助于公司更直观地了解事情之间的本质关系，动态了解信息的变化，深入了解事情的本质，从而挖掘更具有市场价值的商业模式。根据不同的目标，可以选择不同的数据呈现方式，选择数据呈现的工具。数据呈现的图表需要具有可读性，方便公司对数据可观测、可及时追踪，强调数据呈现的实时变化趋势。

（5）数据决策能力。数据和具体的业务相结合的时候，如果让大数据发挥其应有的效果，需要一定的数据决策能力，根据数据进行科学决策，让数据发挥最大价值。如企业如何利用数据中隐藏的模式，降低各种风险，抓住各种机遇。防止客户流失，进行经济预测、信用评级和保险承担等，都离不开数据的强大决策能力。需要对公司所在的上下产业链的经营情况有一定了解，根据本公司的资源制定发展计划，根据发展计划确定核心指标，根据核心指标归类出需要的数据，再聚焦核心数据，最后将核心数据进行拆解，融入核心业务中。数据决策能力与业务能力紧密相关，需要主动把业务问题转化为可以用数据来诠释解答的问题，通过数据分析结合业务场景得出数据结论和相应观点，能解读数据观点并做相应的业务应用，能将数据分析结果反馈应用到业务操作过程中。

2.4　广东省大数据产业发展的高校人才培养情况

《广东省促进大数据发展行动计划（2016～2020年）》中提出，支持广东省内高校开设大数据相关专业，开展大数据专业人才的学历教育，建设大数据人才培养基地和大数据教学实践基地，培育数据分析师、数据咨询师等大数据专业人才。鼓励通过校际联合培养等方式开展跨学科大数据综合型人才培养。推动大数据人才职业化，制订相应的大数据技术人才职业规范，推行企业首席数据官制度。鼓励企业与高校以订单式培养大数据人才，支持企业建立大数据培训和实习基地。引进具有国际领先水平的大数据高端专业人才和团队，重点引进数据科学家。

针对大数据人才供应不足的现象，各类培训机构和广东省各大高校也开始加强大数据人才的培养。2017 年，广东省共有 13 所高校申报"数据科学与大数据技术"专业并获得批准，新增专业自 2018 年起招生。据统计，2017 年广东省高校新增 134 个大数据专业纳入备案，其中，华南理工大学、广州大学、广东工业大学、汕头大学、广东技术师范大学、广东财经大学、广州大学华软软件学院等 13 所高校将新增"数据科学与大数据技术"专业。2017 年，共有 62 所职业院校获批"大数据技术与应用"专业；2018 年，共有 148 所职业院校获批"大数据技术与应用"专业；其中，广东省有 26 所高职院校开设了"大数据技术与应用"专业，预计每年将培养大数据人才约 5000 人。

目前，本科院校设置专业为"数据科学与大数据技术"，专科院校设置的专业是"大数据技术与应用"。培养责任主要由广东省高等院校承担，培养主体为本科院校，培养层次以本科为主，但民办独立院校成为招生大军，本科基本面向理科学生招生，专科则是文理兼招。2019 年，广东省内外总计 78 所高等院校在广东省招收"大数据技术"专业学生，将培养大数据人才 2245 人；其中，珠海城市职业技术学院培养商务数据分析人才，大数据专业有细分趋势。2019 年，我国广东省以外的省（区、市）院校和广东省高等院校在粤招收大数据专业情况见表 2 - 4。

表 2 - 4　　2019 年广东省及其他省（区、市）高校在粤招收大数据专业情况

学校（所）	层次	招生数（人）	属地	备注（招生人数前 3 位）
41	本科	88	外省（区、市）	黑龙江大学招 8 人；河南城建学院招 6 人；南京理工大学泰州科技学院招 5 人
14	本科	1272	广东省	广州大学华软软件学院招 200 人；广东科技学院招 180 人；广东省白云学院招 147 人
55	本科合计	1360	—	—
2	专科	2	外省（区、市）	江西工程学院、贵州电子信息职业技术学院分别招 1 人
21	专科	883	广东省	深圳职业技术学院招 127 人；罗定职业技术学院招 125 人；广东科学技术职业学院招 86 人；佛山职业技术学院招 60 人。珠海城市职业技术学院招商务数据分析与应用专业招 8 人
23	专科合计	885	—	—
78	本专科总计	2245	—	数据科学与大数据技术（本科）、大数据技术与应用（专科），1 所学校开设"商务数据分析与应用"（专科）

资料来源：广东教育考试院. 广东 2019 年普通高等学校志愿报考指南 [M]. 广东：广东高等教育出版社，2019.

从培养总量来看，短期内依然无法解决我国对大数据人才的需求。

从培养层次来看，本科培养成为主力军，但短期内对专科生的需求不会减少

导致此层次人才培养依然会继续。

从能力培养角度来看，本科生的培养侧重于研发和应用双重能力，专科生的培养侧重于应用能力，培养其与各行各业结合应用的能力。

2.5　大数据产业（高端、中端、低端）的人才培养框架和课程设置

根据对我国大数据专业建设情况进行分析，我国在大数据方面涉及核心业态，比较典型的专业是"数据科学与大数据技术（专业代码：080910T）"，该专业是交叉学科，以计算机技术为基础，以数据科学与大数据技术为特色，以大数据分析为核心轴线，以数学、计算机科学、统计学三大学科为基础，以医学、生物学、环境科学、管理学、经济学、社会学等学科为应用拓展方向。在计算机科学与技术基础上，重点突出大数据采集、存储、分类、管理、分析与应用等核心专业知识和技能，学习编程技术和数据采集、分析、统计知识。

针对大数据专业本科生课程体系的设置，从科技文献（夏大文，2016；贺文武，2017）、重庆理工大学理学院、北京师范大学、香港浸会大学理工科技学部、中国教育网上海工程技术大学介绍页面、浙江财经大学数据科学学院等高等院校官方网站、36 大数据互联网等收集了 9 所高等院校的课程体系。按照科学、技术应用和实务的标准将课程进行分类比较研究，其中，技术方面按照大数据技术全生命周期进行分类，分为大数据的采集与预处理、大数据存储与管理、大数据计算模式与系统、大数据分析与挖掘、大数据可视化分析和大数据隐私与安全六类。收集到的课程信息未含公共基础课以及素质教育类课程，仅包含已公开的大数据相关的主要课程；按照这样的分类来看，教育部直属的高等院校比较注重科学的培养，而地方院校更注重技术应用与实务的课程。

在技术相关的课程中，大数据的采集与预处理和大数据隐私与安全两类技术相关课程相对较弱。大数据的采集与预处理技术课程偏弱，将导致大数据技术体系整体缺乏数据基础，是亟待加强的课程体系；大数据隐私与安全除了涉及分类与脱秘脱敏、加密、分级分权限应用等技术，还涉及法律法规、道德等方面的内容，更多高等院校可能已在"信息安全"专业开设相关课程，所以在"数据科学与大数据"专业相关课程较少，建议作为选修课程，或者开设"概论"或"导论"类课程，帮助学生对大数据隐私与安全有基础性的了解。这些高等院校对大数据分析与挖掘类课程普遍重视，但是对大数据存储与管理、大数据计算模

式与系统、大数据可视化分析的重视程度相对较弱，大数据工程必须是相关技术配套，才可能形成高效率的开发、应用和服务，因此，这些课程也亟待加强。

由于各高校的学科结构和优势学科不同，所以在"数据科学与大数据技术"专业的人才培养上各高校侧重点也有所不同。各学校的大数据专业所设立的学院并不相同，如，中国人民大学设立在统计学院，北京邮电大学设立在计算机学院，贵州师范大学设立在大数据与计算机科学学院，上海工程技术大学设立在电子电气工程学院。基于学院学科基础的差异，专业课程设置也有所不同，北京邮电大学以"计算机科学与技术"为主干学科，浙江财经大学则侧重于培养大数据应用人才，主要培养能够将大数据分析、处理、预测等方法应用于经济、金融、商业等领域的复合型人才。

不同专业定位的描述不同，但是一般均是在计算机科学的基础上掌握数学、统计学基础知识和技能，培养学生数据采集、处理、分析与应用、数据可视化等相关技能，提升学生解决实际问题的能力，结合金融、商业、制造、电信、医疗、教育等领域工作的实际需求，培养能在互联网、大数据企业、科研部门和政府部门从事数据管理、数据决策的创新、开发和设计工作的复合型人才，大数据人才培养框架见图 2 - 14，相关专业群建设见图 2 - 15。

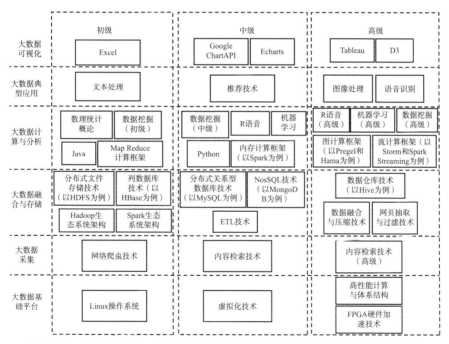

图 2 - 14　分层、分级、可扩展的大数据产业高级技术人才协同创新培养模型

资料来源：广州大数据行业协会，2019 年。

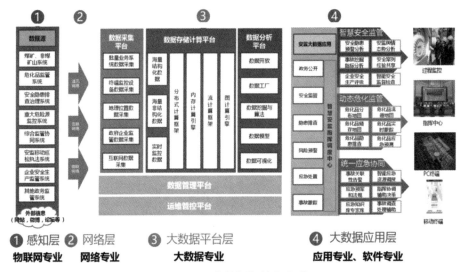

图 2 - 15　大数据相关专业群

资料来源：广州大数据行业协会，2019 年。

　　大数据产业需求不同类别、不同层次的人才，专业设置的前提是大数据产业需要不同层次的人才，人才需要具备多种不同能力。大数据专业需要培养不同层次的大数据人才，如，第一层次人才培养，需要培养具有良好科学素养、系统掌握计算机及数据分析信息技术的能力。所需要设置的课程包括计算机硬件、软件与应用理论技术等相关计算机硬件和软件的基础知识，为培养大数据高级人才奠定良好基础。更高层次的大数据人才，则需要培养综合能力的人才，需要具有一定行业背景的大数据人才，可以根据现实问题，以数据驱动分析问题和解决问题，同时掌握计算机及数据分析信息技术的人才，这是大数据人才更高层次的标准。

　　大数据专业的基本技术技能有：一是计算机技能，包括数据库技能，非结构化数据转化成结构化数据的技能，需要深度掌握数据库管理使用技术；二是要会运用脚本语言，比如说 Hadoop 和 MapReduce，都是架构在 Linux/Unix 环境下的，这个操作系统还需要运用一些脚本语言；三是编程技能，要成为大数据分析或大数据高端人才，必须掌握编程技能，因为很多信息没有现成的东西去分析，需要自行开发编程；四是需要精通一些工具，如 JAVA、C ++，会使用 SAS、Python和 R 语言做统计分析，还有新的框架 Spark 等；五是建模技能，大数据挖掘和统计建模分析技能是大数据专业最核心的技能；六是业务能力和管理技能，需要知晓业务流程才能更好地从事大数据分析工作，熟悉公司业务的数据流流向和数据口径，才能得出正确的结论并为管理层提供正确的决策参考。

第3章 广东省工业机器人产业发展的 人才需求与培养调查情况

3.1 机器人产业链构成与产业前景

根据应用场合和服务对象的不同，国际机器人联盟（International Federation of Robotics，IFR）将机器人分为三类：工业机器人、服务机器人和特种机器人。工业机器人是本《报告》的调查研究对象。[①] 工业机器人是一种应用于工业领域的机器人，大多是多关节机械手或多自由度机器人，是一种多功能的仿人操作机电一体化设备，由精密减速机、操作者（机械体）、控制器、伺服驱动系统和传感器装置等组成，具有自动定位和重编程功能。人们利用工业机器人从事生产加工过程中的重复繁琐、危险、要求精度高的长时间作业，适用于工业生产领域的焊接、搬运、包装、喷涂、切割等各种场合。

3.1.1 工业机器人产业链构成

根据传统，工业机器人产业链分为上游、中游和下游三个环节。上游环节生产核心部件：核心部件主要指减速器、伺服系统和控制器；中游环节生产机器人本体；下游环节即系统集成商，根据不同的应用方向进行系统集成。机器人本体制造完成后，必须集成到系统中，才能供终端用户使用。因此，实际应用中不存在纯粹的机器人本体厂商，机器人本体企业一般均涉足系统集成，所以，本《报告》将机器人产业链分为上游和下游环节（见图3-1）。

---

① 国际机器人联盟（IFR）. 全球机器人报告 2019 [EB/OL]. http://www.imrobotic.com/news/detail/16046 [2020 - 4 - 24] [2020 - 6 - 11].

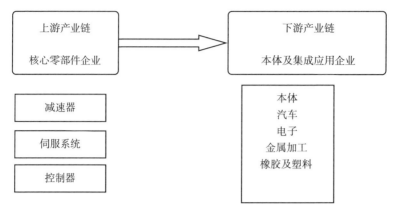

图 3 - 1　工业机器人产业链构成

资料来源：广东省机器人协会，2019 年。

在成本分配方面，减速器、伺服系统和控制器等核心部件约占工业机器人总成本的 72%，其中，减速器占 36%、伺服系统占 24%、控制器占 12%。此外，机器人本体的成本占 22%，其他外围成本占 6%。①

减速器是工业机器人中技术难度最高、最昂贵的核心部件，它决定着工业机器人的定位精度和承载能力，将电机输出的高速功率转化为低速、高扭矩的运动。RV 减速器和谐波减速器是两种最常用的机器人用减速器，相比传统减速器，它们具有传动链短、体积小、承载能力大、质量轻和运动精度高等特点。如果一个机器人每个关节有一个减速器，那么六轴工业机器人需要六个减速器。

伺服系统为工业机器人提供动力，包括伺服电机、编码器和伺服驱动器三部分，它将接收到的控制信息转化为系统可以执行的指令，然后将其传递给执行器，实现对各个关节的角度、角速度和关节力矩的控制。

作为工业机器人大脑的控制器，负责设计规划机器人的运动方式，是决定机器人系统性能的关键要素，是实现特定功能的中枢单元。它根据各组元发来的信号，运用已编程的系统进行信息处理，然后向各组元发出运行指令，进而达到控制各组元的目标，由硬件和软件两部分组成。硬件部分主要完成机器人的运动规划、插补和主控逻辑、机器人的位置运动控制、通信网络和人机交互等。它主要包括主控计算机、数字位置伺服控制卡和编程示教盒。软件部分主要实现记忆示教、坐标设置和与外围设备联系等功能，有核心层、硬件驱动层和应用层三层。

本体（也称裸机）是工业机器人的支撑和执行机构，包括传动部分、身体和

---

① 　资料来源：中研普华产业研究院 . https：//www. sohu. com/a/274817206_276002.

行走部分、臂部分、手腕部分和手部分。

3.1.2　机器人产业前景

根据 IFR 近 5 年的统计，全球机器人产业发展迅速，其中工业机器人占据了最大份额，年均销售增长率超过 17%；与此同时，随着技术进步、成本下降及市场需求驱动，服务机器人迎来黄金时代，市场规模占比第二，年均增速达 23.5%；特种机器人产业初步形成，有军事应用机器人、极限作业机器人和应急救援机器人等特种作业机器人。2018 年，在全球机器人市场 298.2 亿美元中，工业机器人占 56%，即 168.2 亿美元；服务机器人规模占 31%，即 92.5 亿美元；特种机器人占比 13%，为 37.5 亿美元，市场份额比例见图 3 - 2。

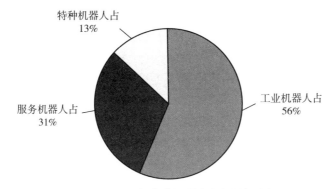

图 3 - 2　2018 年全球机器人市场份额比例

资料来源：国际机器人联盟（IFR），2019 年。

自 1954 年"尤尼梅特"机器人诞生以来，发达国家的工业机器人产业体系日趋完善，形成了由发那科公司（FANUC）、ABB 集团、安川机电公司（YASKA-WA）、库卡机器人公司（KUKA）四大企业组成的机器人行业的领导团体。

据 IFR 对 2009 ~ 2017 年全球工业机器人销量统计及 2018 ~ 2021 年的预测，工业机器人销量一直处于上升状态。其中，中国安装量比重越来越大。2017 年全球工业机器人销量 38.1 万台，购买量居前五的国家分别是中国（13.8 万台，占全球销量的 36%）、韩国（4 万台）、日本（3.8 万台）、美国（3.3 万台）和德国（2.2 万台），共占该年全球销量的 71%。[①]

全球机器人行业中，作为工业机器人的三个核心部件，减速器以日本的纳博

---

① 国际机器人联盟（IFR）. 最新机器人密度全球排名［EB/OL］. https：//robot. ofweek. com/2018 - 02/ART - 8321202 - 8420 - 30204250. htm. l［2018 - 2 - 27］［2020 - 6 - 11］.

特斯克（Nabtesco）和哈默纳科（Harmonic Drive）为代表，它们共占行业份额的75%，Nabtesco 在工业机器人关节方面占有60%的市场份额。而伺服系统和控制器这两大核心部件也基本被外国垄断，如日本的安川公司和松下公司、德国的西门子公司、美国的 PMAC 公司。

在本体制造中，据 IFR 的 2014 年统计数据，本体销量全球前四的分别是日本发那科公司（FANUC，占比 16.6%）、德国库卡机器人公司（KUKA，占比 11.2%）、瑞士 ABB 集团（占比 10.8%）和日本安川公司（YASKAWA，占比 10.7%），占全球份额的 49.3%。2016 年发那科公司机器人业务收入 110.38 亿元，安川公司收入则为 99.9 亿元；库卡机器人公司 2017 年的收入为 91.58 亿元，ABB 集团收入则为 500 亿元。

同时，ABB 集团、发那科公司、库卡机器人公司在运动控制业务方面也具备雄厚实力，2017 年运动控制业务额分别为 20%、33% 和 44%。发那科公司和安川公司除编码器和减速器以外其他零部件均自主生产，而 ABB 集团和库卡机器人公司则主要关注核心部件，其他采购为主。

机器人行业的竞争非常激烈，新公司不断涌现。2016 年，美国机器人商业评论发布了世界上最具影响力的 50 家机器人公司名单，除了大型成熟的公司，其中 23% 是新成立的，中国的新松机器人公司、大疆公司和富士康公司位列其中。

3.1.3　工业机器人的应用

工业机器人在中国得到了广泛的应用，尤其是在汽车工业。根据 2017 年工业机器人的销售统计，汽车工业占了 33.3%，其次是 3C（27.7%）、金属加工（10.8%）、塑料及化学制品（7.9%）、食品烟草饮料（2.3%）。工业机器人在我国工业制造、各种应急救援、户外勘探、资源探采与开发、国防和军工等领域发挥了积极作用。工业人机器人主要应用在以下八个行业。

1. 汽车行业

无论在世界其他国家还是在中国，汽车工业都是应用工业机器人最广泛、比例最高的行业。从全球角度来看，2016 年汽车行业机器人销量为 10.3 万台，占工业机器人销售总量的 42%；从我国来看，2016 年汽车工业应用工业机器人占工业机器人应用总数的 33%，其中整车机器人占 15%，18% 是零部件机器人。但是，我国汽车工业的机器人自动化率和密度在世界上仍处于较低水平，与世界先进水平相比还有较大差距。以 2016 年汽车工业的工业机器人密度为例，我国为 505 台/万人，而日本（1240 台/万人）、德国（1131 台/万人）和美国（1261 台/万人），这些发达国家对机器人的应用都远远领先于我国。

2. 3C 行业

近年来，随着人们对电子产品的需求提高，3C 产品销量持续上升，3C 制造行业市场巨大。以手机为例，智能手机的销量自 2010 年以来大幅增长，到 2017 年全球已达到 14.72 亿部。我国已成为全球最大的 3C 产业基地，集中了全球 70% 的 3C 产品产能，单手机产能，我国就占到全球的 85%。

3C 行业从业人员众多，人力成本的不断提高推动了"机器换人"的趋势，工业机器人的需求每年增长约 25%。但我国 3C 产业的整体自动化水平和密度远远落后于发达国家。以 3C 行业机器人密度对比，高工产业研究（GGII）数据表明，2016 年我国仅为 11 台/百万人，而日本、韩国均超过 1200 台/百万人。这也说明我国 3C 行业发展空间大，未来极有可能成为最主要的工业机器人应用领域。

中国 3C 机器人市场发展前景良好、潜力巨大，市场规模呈爆炸式增长。2016 年 3C 工业机器人销量为 2.07 万台，在上年的基础上增长 47.9%。3C 工业机器人在电子类的 IC 和贴片元器件、手机生产过程中的分拣、装箱、撕膜系统和焊接等领域应用普遍。3C 机器人是为满足电子制造业的需要而设计和制造的，它们具有结构小型化、操作简单化的特点，有助于企业实现高精度、高效率的生产加工设备精细化要求，从而大大提高了生产效率和产品质量。据统计，经过机器人抛光的 3C 产品，合格率可从 87% 上升到 93%。

3. 橡胶及塑料工业

无论是汽车和电子工业还是消费品和食品工业，塑料都无处不在，塑料行业成为我国重要的经济部门，为国家提供了很多就业岗位。我国塑料制品销量保持着较高位置，2017 年达到 7516 万吨，10 年复合年增长率（compound annual growth rate，CAGR）为 8.6%。受汽车轻量化等因素影响，未来塑料制品销量将进一步提升，市场空间大。

塑料行业具有合作紧密、专业化程度高等特点，其加工过程为：原材料经注塑机和工具加工为成品或半成品，以便后面的精加工使用。生产加工过程需要很多机械加工设备，采用自动化控制与自动化设备，可以使注塑生产更高效可靠，提高塑料制品质量。

塑料制品生产加工有极为严格的标准，采用机器人有助于生产质量标准的达标和采用，提高各种工艺流程、技术的经济效益。机器人不仅可以在清洁的环境下生产工具，还可辅助注塑机完成高强度的工作。机器人具有作业速度快、灵活效率高、结实、承载负荷大等特点，可以帮助企业提高产品质量和生产效率，让企业在市场竞争中具有较强优势。

4. 铸造行业

铸造行业工作环境恶劣，如污染大、温度高、工件重等，对铸造工人和铸造设备都有很大的影响，行业急需能承受极重载荷、具有最佳的定位性能和可长时间高强度作业的铸造机器人。铸造机器人采用模块化结构和高效控制系统，含有专用操作软件包，使得铸造机器人操作简便、使用灵活，不仅可用于注塑工序、连接工序、上下料工序、搬运工序，甚至可用在去毛刺、磨削、钻孔和质量检测方面，而且具有防水、耐脏、抗热的能力。

5. 化工行业

许多现代产品生产标准要求高精度、高质量、小型化和高可靠性，产品生产过程往往需要一个清洁的环境。清洁度的高低影响着产品的质量和合格率，使得化工生产领域对环境清洁度的要求越来越高。化工机器人已成为化工行业的重要自动化设备，包括洁净机器人及相关自动化设备等，比如洁净镀膜机械手、真空机械手、洁净作业 AGV 及车间物流自动传输系统等，具有广阔的市场前景。化工机器人可以给企业带来很多益处，如齐鲁石化橡胶厂采用码垛装箱机器人之后，节约了人力，减轻了员工的劳动强度，大大提高了装箱速度（平均每小时可完成 600 块合成橡胶的装箱任务），降低了生产成本（如节省人工成本 48 万元/年）。

6. 玻璃行业

玻璃除了用于建筑工业和产品附件之外，作为含矿物的高科技材料，在电子和通讯、化学、医药和化妆品等行业也有不少应用。工业机器人是玻璃加工或玻璃搬运的重要设备之一，尤其是洁净度要求非常高的玻璃。应用于洁净度 10000 级工作环境的洁净搬运系统，具有速度快、响应及时和重复定位精度高的特点。

7. 冶金行业

金属行业（如轻金属、贵金属、特殊金属、钢等）与铸造、金属加工密不可分，其行业污染大、劳动强度高，工业机器人的使用可减轻企业员工繁重的长时间工作，提高员工工作效率，提升企业的生产经济效益和竞争力。机器人主要应用在钻孔、铣削或切割以及折弯和冲压等方面，达到减少焊接、安装、装卸料过程的时间和提升生产效率的目的。在铸造领域，机器人具有耐高温、防水防尘、寿命长、能进行表面检测工作的特点。

8. 烟草行业

随着烟草行业技术的不断改造与进步、烟草销售量的上升，工业机器人在该领域的应用越来越广。我国食品饮料、烟草销售额从 2004 年的 7805 亿元上升至 2016 年的 4.47 万亿元，CAGR 达到 15.7%。工业机器人在中国烟草工业中的应用起源于 20 世纪 90 年代的玉溪卷烟厂，该厂利用工业机器人进行卷烟成品的码垛作业，辅助 AGV 小车运送成品，节省了人力，减少了纸箱损坏，提高了企业的自动化水平。

3.1.4　我国工业机器人行业发展情况概述

1. 市场规模

我国工业机器人的产业链完整度和市场增长速度均处于世界前列。据《2018 中国机器人产业分析报告》可知，2017 年，中国成为世界上第三个具备完整产业链的国家。据《中国机器人产业发展报告 2019》统计，中国工业机器人市场 6 年来的年平均增长率接近 30%。2018 年，我国工业机器人产量达到 14.6 万台，增长 67.7%，使用密度 88 台/万人，首次超过全球平均水平的 69 台/万人，市场规模达到 62.3 亿美元。2013 ~ 2018 年，我国国产工业及机器人销量年均增速达 35.3%，2018 年销售增至 4.36 万台。①

根据工业和信息化部、国家发展和改革委员会与财政部 2016 年发布的《机器人产业发展规划（2016 ~ 2020 年）》，2020 年实现工业机器人使用密度达 150 以上，实现机器人关键零部件和高端产品的突破，核心零部件达到国外同品类水平，提升了国产机器人产品可靠性与市场占有率。由于智能手机和汽车工厂的加速自动化，2017 年中国工业机器人销量增幅为 30%，高达 42.2 亿美元，2013 ~ 2018 年平均年增长率达 28%。预计 2019 年销量将超 15 万台，达到 82.4 亿美元。2025 年，工业机器人预计还有 4.5 倍的增长空间，我国市场规模将扩大到 185.6 亿美元，市场占有率超过 50%，假设未来工人数量保持不变，那么对应的工业机器人保有量的年均增速在 20% 以上（见图 3 - 3）。

减速机市场规模：按照工业机器人销量 12% 的年增长率和一台机器人平均配置 4 ~ 5 台减速机计算，到 2020 年，我国工业机器人减速机需求将达到 60 万台，加上更新量，综合年增长率将达到 25%。预计 2020 年减速机市场规模约为 35 亿元。

---

① 雍黎. 我国机器人连续 6 年产量、安装量居全球首位 [EB/OL]. https://www.chuandong.com/news/news236809.html. [2019 - 12 - 10] [2020 - 1 - 20].

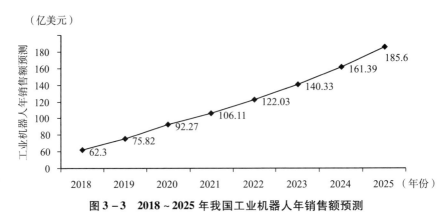

图 3 - 3 2018～2025 年我国工业机器人年销售额预测

资料来源：广东省机器人协会，2019 年。

控制器市场规模：作为机器人关键部件之一，控制器的市场规模随着机器人产业的需求而增大。2014 年，我国机器人控制器市场规模为 2.9 亿元，2017 年达到 4.8 亿元，2020～2025 年控制器年均增长率约为 20.8%，预计 2020 年市场规模将达到 10.3 亿元。

伺服系统市场规模：伺服系统在我国各行各业有广泛应用，市场需求量大。据统计，在机器人应用领域中，2015 年伺服系统市场规模约为 10.6 亿元，预计 2020 年市场规模将达 47 亿元，未来 5 年（2020～2025 年）复合增长率约为 35%。曾研咨询数据表明，我国伺服电机产量增速很快，但只占我国市场需求量的一半左右。如 2012 年我国伺服电机产量约为 172 万台，但市场需求量为 385 万台；2016 年我国伺服电机产量约 374 万台，需求量为 747 万台。中国有 20 多家大型伺服系统制造商，如伊斯顿、汇川、英伟腾、台达伺服、华中数控、广州数控等。

2012 年，广东省伺服产品消费市场规模约为 10.85 亿元；2017 年，广东省伺服电机产品消费市场规模增长至 20.30 亿元。广东省在工业机器人用伺服系统走在我国前列，有 4 家进入了前 10 行列，分别是深圳汇川、深圳英威腾、广州数控和深圳博美德。除此之外，广东省工业机器人用伺服系统企业还有昊志机电、固高科技、逸动智能、盈动高科、雷赛智能等。

由于工业机器人具有类型众多、应用功能和技术性能各异等特点，本体单台售价浮动大，十万元至百万元不等。从均价出发，以每年降价幅度 5% 计算，2017～2019 年我国工业机器人本体市场规模分别为 260 亿元、290 亿元和 340 亿元，累计规模达 900 亿元，复合增长速率为 15%。

根据 IFR 的数据，2013 年全球工业机器人系统集成市场价值约为 290 亿美元，大约是本体机器人的 3 倍。我国机器人厂商在系统集成方案报价上一般会采取比国外厂商更低的报价来吸引客户，以集成均价为本体价格的 1.5 倍计算，2017～2019 年我国工业机器人系统集成市场规模分别为 390 亿元、440 亿元和 510 亿元，累计规模达 1340 亿元。

以 2018 年为例，从应用工种来看，我国搬运上下料机器人市场份额第一，为 65%；第二为装配机器人占 15%，焊接机器人占比为 9%。从结构类型来看，首先关节型机器人占比最大，超 60%；其次为 SCARA 型机器人和直角坐标型机器人。从应用行业来看，据中国电子学会《中国机器人产业发展报告（2018）》统计，我国连续 6 年成为工业机器人应用市场的世界第一，工业机器人应用范围越来越广，包括汽车、电子、食品包装、新能源电池、环保设备、高端装备、仓储物流、线路巡查等领域。

总体上，工业机器人的新产品均出现智能化、柔性化、轻量化等特点，工业机器人加速与人工智能等技术融合发展成为趋势。

2. 区域分布

在我国，机器人产业已聚焦形成若干产业集群，形成了六大集聚区域，它们分别是：以上海、南京、昆山、常州为代表的长三角地区；以广州、深圳、东莞、佛山为代表的珠三角地区；以北京、天津、唐山、保定为代表的京津冀地区；以沈阳、哈尔滨、抚顺为代表的东北地区；以长沙、武汉、洛阳、芜湖为代表的中部地区；以重庆、西安、成都为代表的西部地区（见表 3-1）。各区域机器人企业数量见图 3-4。从产业规模效益、结构水平、创新能力、集聚情况和发展环境等方面对六大机器人区域进行评价可知，长三角地区的机器人产业发展水平基础相对最为雄厚，排名第一；第二为珠三角地区；第三为京津冀地区；第四是东北地区；第五中部地区和第六西部地区基础相对薄弱，但有潜力。

表 3-1　　　　　　　　　　　2017 年我国机器人产业集聚区

区域	主要城市	备注
长三角地区	上海、南京、昆山、常州	基础雄厚，产能规模占全国 50% 以上
珠三角地区	广州、深圳、东莞、佛山	基础雄厚，广东省拟打造最大的机器人产业集聚区
京津冀地区	北京、天津、唐山、保定	—
东北地区	沈阳、哈尔滨、抚顺	—
中部地区	长沙、武汉、洛阳、芜湖	—
西部地区	重庆、西安、成都	—

资料来源：笔者根据公开资料整理，2019 年。

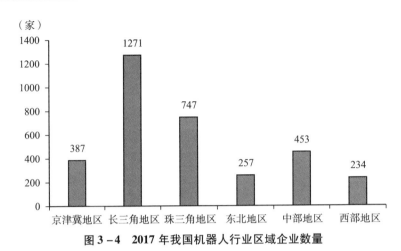

图 3 - 4　2017 年我国机器人行业区域企业数量

资料来源：广东省机器人协会，2019 年。

　　长三角地区：长三角地区工业基础好，是我国机器人起步较早、产业规模最大、应用比例最高的地区，形成了我国功能比较完善、系统健全、具有国际竞争力的产业集群，无论是产业链的构成，还是创新的布局，都走在了我国前列。长三角地区机器人企业数量最大，占我国总数的 35.68%，以上海、昆山、无锡、常熟、徐州、南京为代表，上海实力最强，代表企业有能力风暴、沃迪智能、科大智能、埃夫特智能、汇博股份等。长三角地区机器人产能最大（2017 年销量超 103 亿元），但利润率不高（平均利润率仅 14%，为我国中等水平）。

　　珠三角地区：珠三角地区制造业发达，企业众多且分布集中，有很多与电子制造、食品包装、陶瓷生产相关的劳动密集型产业，随着人力成本的提高、机器人技术的发展成熟与自动化设备成本的下降，为"机器换人"提供了广阔的应用市场。珠三角地区产业发展环境好，基础技术强，注重创新，使得机器人产业链较为完备，创新力与影响力处于我国前列，产业平均利润率最高。目前珠三角地区数控设备、无人物流、自动化控制器、无人机等领域优势明显，培育了一批优秀的本土机器人企业，拥有多项自主知识产权。形成了以深圳、广州、佛山、东莞为代表的产业集群，其中深圳实力最强，我国机器人 50 强企业中，深圳就有 8家，居我国之首，销售收入占珠三角地区的一半以上。以 2017 年为例，珠三角地区机器人总收入 90.4 亿元，其中深圳 55 亿元，代表企业有广州数控、瑞松科技、固高科技、优必选科技等。

　　京津冀地区：以北京、天津、河北为代表，京津冀地区形成了快速发展、各具特色、错位竞争、优势互补的产业集群格局，各自发挥自身独特的技术优势与产业专长。北京重点关注机器人创新和产业生态环境，河北围绕系统集成及特种机器人领域，天津重视机器人整机及相关零部件生产，三地产业发展各有侧重。2017 年京津冀地区机器人相关公司 387 家，销量 54.2 亿元，处我国中游水平，但产业利润率为 16%，仅居珠三角地区之后。

东北地区：东北地区制造业实力较强，具有良好的资源优势，在机器人产业发展方面已积累了相当基础，形成了以哈尔滨、沈阳、抚顺为代表的产业集群，有一批我国知名机器人龙头企业（如新松、博实股份、哈工大等），有多所机器人技术研究机构，推动了东北地区工业机器人行业的壮大。2017 年东北地区机器人量产规模达 72.3 亿元，居我国第三。

中部地区：机器人产业在中部地区起步较晚，但地方政府高度重视，战略上宏观把控，政策和专项资金支持企业创新和推广方面，重点关注机器人本体和关键零部件的研发和应用，以芜湖、洛阳、武汉、长沙、湘潭为代表的应用示范工程和服务平台建设，机器人产业链日趋完善合理，具有后发优势。2017 年中部地区机器人销售额近 52 亿元。

西部地区：西部地区机器人市场规模相对较小，集聚效应处于培育中，机器人园区和企业主要集中在重庆、成都、西安等地。2017 年西部地区机器人销量 42.2 亿元，利润率 10%，排名处于靠后位置。

3. 企业与投资

《中国传动网：行业动态》提供的信息显示，截至 2018 年，我国已有机器人产业园 30 多个，机器人概念的上市公司超 100 家，其中工业机器人企业超 25 家，净利润增幅为 5%～26%，平均增幅 15.5%，平均研发经费占营业收入的 6% 左右，如富士康将在珠海建厂，砸 90 亿美金造"芯片"。

2018 工业机器人企业 50 强分布地域特点为：广东 20 家，占比为 40%，排第一；江苏 6 家，占比为 12%；上海 5 家，占比为 10%；北京 4 家，占比为 8%；沈阳 3 家，占比为 6%；西安 2 家，占比为 4%；其他 10 家，占比为 20%。

截至 2018 年，国内机器人相关企业数量达到 8399 家，其中广东省聚集的机器人厂商最多，达到 1610 家；其次是江苏 1291 家，位列第二；其他地区如上海、浙江、山东、北京、安徽和湖南分别达到 706 家、604 家、572 家、283 家、280 家和 213 家。[①]

---

① 前瞻产业研究院. 中国工业机器人行业产销需求预测与转型升级分析报告［EB/OL］. https：//www. chuandong. com/news/news236643. html. ［2019－11－29］［2020－1－20］.

4. 产业分工

从应用领域来看，高端应用市场仍被国外企业所垄断，如汽车、半导体、硬盘、电子产品等行业领域；国产工业机器人主要应用于中低端市场，如陶瓷、玩具生产、小电器、机械零部件加工等行业领域。有竞争力的高端产品较少，同类型的机器人产品与国外相比，只有价格优势，而在重复定位精度、运动速度、使用寿命、重量、体积等关键指标上仍有待提高。同时，我国工业机器人软件系统研发能力弱，重大创新少，软件系统的落后是制约我国机器人企业发展水平的重要因素之一。

我国工业机器人核心部件（减速器、伺服电机、控制器）主要来自国外厂商，一是因为我国机器人厂商大多习惯进口国外核心零部件；二是因为我国工业机器人技术研究晚，缺乏技术积累，技术相对薄弱，短期内无法超越国外相关产品。关键零部件的进口化，造成了机器人整机成本难以降低，且受进口企业限制，进而影响国产机器人的发展和在国际上的竞争力。

工业机器人中高端市场大多被国外品牌垄断，高端主流市场被国外品牌垄断，中端、低端市场竞争激烈，利润空间狭小。在伺服系统领域，中国的机器人公司基本上采用国外（境外）品牌，其中日本品牌占50%，欧美品牌占30%，我国台湾品牌占10%，内地品牌占10%。日本的安川、三菱、欧姆龙等公司以中小功率见长；大型伺服一般是欧美系，如西门子、博士力士乐、施耐德等公司；中国主要是中小型伺服系统，如汇川、台达、埃斯顿等公司。在本体领域，据工业和信息化部资料，我国200多家机器人本体制造公司主要以组装和代加工业务为主，技术含量不高，位于产业链低端。以广东省为例，大多数工业机器人企业集中在中低端领域，国外品牌占据了80%的工业机器人市场，本土企业竞争力薄弱，核心技术的缺乏是影响广东省自主品牌工业机器人产业发展的决定性因素。《广东省工业企业技术改造三年行动计划（2018~2020年）》实施了以电子、汽车、机械、家电、民爆等产业为突破点，推广机器人应用的机器人产业发展专项规划，采取溢价补贴、事后奖补等形式支持鼓励应用企业采用广东省自主品牌机器人，各方使力解决机器人核心技术缺失难题。

中国机器人发展趋势SWOT分析见表3-2。

表 3 – 2 中国工业机器人发展趋势 SWOT 分析

	优势（S）市场需求高速增长；市场空间很大；企业用工转向机器人；高端产品后发优势	劣势（W）人才匮乏；国产化产品科技含量不高；软件系统研发能力弱；中高端市场多被国外垄断；核心零部件依赖进口
外部环境内部环境		
机会（O）人口结构变化"一带一路"倡议国家政策扶持政府引导资金扶持	鼓励企业应用智能化设备，减小人力成本和人口老龄化的影响。政府扶持工业机器人智能装备产业发展，让更多工业机器人企业脱颖而出，让科研单位能取得一批领先的研究成果。引导和继续保持一批企业在高端产品的优势	通过政策鼓励，引导科研单位与企业开展机器人核心技术、关键零部件、特殊传感器、集成应用、软件系统及中高端产品等方面的研究与开发。高等院校或职业技术学院开设机器人学院、专业或课程，培养一批机器人专业人才；各企业或培训单位开展机器人技术培训，解决机器人技术人才匮乏问题
威胁（T）中美贸易战影响和贸易壁垒四大家族等强势企业通过并购方式占领中国市场	政府在税收、工程补贴方面给予机器人企业鼓励支持，大力推进工业机器人应用中小型企业建立自己的低端机器人优势产品，大力推广应用，抢占市场。依托科研院所科研优势和企业设计加工优势，建立产、学、研联盟，实现优势互补、资源共享。降低机器人产品成本，提高机器人可靠性	依靠自主创新，突破核心技术研发，打破发达国家在关键零部件技术方面的垄断地位，把工业机器人关键技术掌握在自己手中培养和吸引高级机器人人才，为工业机器人技术的攻坚储备人才开发工业机器人新功能，提升软件研发能力

资料来源：广东省机器人协会，2019 年。

3.2 广东省工业机器人产业概况

根据广东省经济和信息化委员会发布的《战略性新兴产业发展报告》显示，2018 年上半年，广东省工业机器人产量增长了 54.9%，达到 13621 台（套），占我国产量的 22.67%。广东省机器人重点企业 188 家，其余相关企业 1500 多家。目前全省正在支持 38 家骨干企业和 28 家培育企业。广东省机器人企业年增长 300 家，2014 ~ 2018 年广东省工业机器人企业增长数目见图 3 – 5。广东省知名的工业机器人本体厂商有广州数控、启帆、格力智能、嘉腾、拓斯达、佛山隆深等。根据《南方都市报》的统计，佛山的机器人本体产量有望位居我国第二。据佛山市经济和信息化局提供的数据，到目前为止，佛山的机器人研发和生产企业约100家，工业总产值超过700亿元。截至2017年底，佛山规模以上的工业企业有50%以上完成了新一轮技术改造，其中420家规模以上的工业企业开展了"机器换人"业务，7000多家工业企业应用机器人，涌现出嘉腾公司、隆深公司、华数公司、迈雷特公司、固高公司、广东省埃华路公司、中南机械公司等多家知名企业。

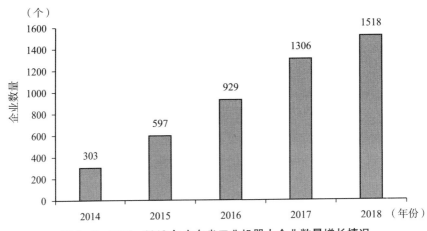

图3－5　2014～2018年广东省工业机器人企业数量增长情况

资料来源：广东省经济和信息化委员会，2019年。

广东省工业机器人产业链完整，几乎涵盖了从上游到下游的所有行业，涌现了大批优秀的减速器、伺服系统及控制器的关键零部件企业、本体及系统集成企业。同时，广东省多家高校和科研院所积极参与机器人技术研究，如高校成立机器人学院或开设机器人技术专业；广州、深圳、东莞、佛山等地纷纷建立了多个工业机器人产业园，形成了以广州、深圳、东莞、佛山四大区域工业机器人产业集群，珠海、中山为补充的产业格局，其侧重点有以下六点。

第一，广州：基地为"一区两带多园区"的产业发展格局已经在广州经济技术开发区、黄埔区逐步形成，基地建设围绕广州市机器人产业优势行业发展需求，开发以焊接、装配、搬运、检测等为应用需求的工业机器人及其成套系统，打造产业发展聚集化、水平国际化的工业机器人和智能制造产业体系。

第二，深圳：致力于培育和引进多个机器人研发、生产企业，以宝安、龙岗和坪山为主要基地，在智能焊接、柔性装配和重载搬运等领域，逐渐形成了特色鲜明、竞争力较强的机器人及智能装备产业集群，并将逐步建立完善的机器人研发、设计、试验、检测、验证、认证等公共服务认证和检测体系。

第三，东莞：松山湖高新区建成工业机器人产业园，促进 3C 机器人、高端消费类型机器人、六自由度工业机器人等，以及飞行控制系统、云平台系统、多旋翼飞行机、小型多旋翼一体机等无人机。东莞的高科技产业聚集包括全球百强企业中的十几家，以及我国台湾的十大 IT 制造企业。该行业年产值超过 600 亿元，具有提供 95% 的 PC 配件的生产能力，其中许多 IT 产品在全球市场占有很大份额。

第四，佛山的顺德：主要载体是佛山顺德高新区核心区，在高新区建成了广东省机器人产业发展示范区，旨在促进机器人技术和智能装备关键技术的进一步发展，并已在重点行业推进工业机器人应用方面达到示范效应。

第五，珠海：珠海高新技术产业开发区引进我国外知名机器人企业，并与多家智能装备制造龙头企业合作建设机器人科技园。以格力电器为应用示范龙头，进一步强化产业园孵化器的作用，打造了"一条龙、一站式服务"平台和"孵化"为特色的科技园综合性服务平台。

第六，中山：在板芙镇和火炬高技术产业开发区，依托于中山市智能改造服务平台，以制造装备产业智能化为核心，重点发展智能制造与数控技术、光电一体化装备、医疗机器人等相关技术，打造智能制造基地。

从产品的角度来看，广州和佛山两地侧重于工业机器人和系统集成技术，深圳和东莞等地侧重于机器人的关键零部件配套，珠三角地区已经形成了从关键零部件至整机和应用的设计、研发、检测的完整机器人产业链。此外，珠江西岸先进装备制造区投产亿元项目 335 个。目前，由产业带中的科技企业主导并参与制定的国际、国家、地方、行业标准共有 167 个，已获得的国家发明专利授权 1.2 万件、年均增长达到 77%。珠海的海工装备，佛山的智能制造设备，已成为年产值超过 100 亿元的巨大产业聚集地。珠三角地区的机器人产业链建设较为成熟，基础技术实力较强，尤其在数控装备、无人化物流、自动化控制、无人机领域中处于领先地位，涌现出一批拥有自主知识产权、优秀的本土机器人企业。统计数据表明，2018 年珠三角地区机器人的总销售收入已超过 90.4 亿元。其中，深圳销售收入占比超过一半，达到 55 亿元；佛山销售收入为 15 亿元；广州销售收入为 15 亿元；东莞销售收入为 5.4 亿元。

从机器人应用角度来看，广东省机器人的应用市场逐年增大。根据广东省经济和信息化委员会的统计数据看，截至 2018 年 5 月，广东省已有超过 1085 家企业开始应用机器人，其中占比最高的是汽车制造业，共计 4335 台、占比为

25.85%；其次是通信行业、计算机行业和其他电子设备制造业，计2988台，占比为17.82%；金属制品行业1407台，占比为8.39%；其余橡胶、塑料制造行业1206台，占比为7.19%；电气机械和器材制造行业830台，占比为4.95%。以上统计中，搬运上下料机器人占32.38%，为5430台；焊接和钎焊机器人占20.56%，为3448台；加工（包括切割、抛光、打磨等）机器人占16.5%，为2767台；装配及拆卸（包括固定、压装、装配、安装、嵌入、拆卸等）机器人占12.45%，为2087台；涂层与胶封占10.65%，为1786台。

从产业培育的角度来看，为了把广东省建设成为我国乃至全球机器人制造业的重要基地，《广东省机器人产业发展专项行动计划（2015～2017年）》规划机器人全行业产值达到600亿元，所带动的智能装备产值为3000亿元；建成机器人技术产业基地3～5个，机器人产业技术（应用）研究院3个以上，工业机器人及关键零部件标准、检测、认证、培训平台10个左右；培育机器人骨干企业50家以上，知名自主品牌10个以上；制造业企业开展工业机器人示范应用在1950家规模以上。在《广东省智能制造发展规划（2015～2025）》中，规划广东省未来10年将完成智能制造领域六大主要任务；到2020年，智能装备产业将增加值达4000亿元；到2025年，将涌现出一批拥有自主品牌、掌握关键核心技术、具备承担高层次分工任务的国际化企业；到2025年，广东省将要建成我国智能制造发展示范引领区、国际竞争力较强的智能制造产业集聚区。这些规划和项目的实施将为广东省机器人产业开拓良好的发展前景。

广东省作为我国重要的工业机器人应用市场，广东省工业机器人的比重不断提高。据广东省经济和信息化委员会2016年统计，广东省工业机器人保有量占我国存量的23%，为6.69万台，占世界工业机器人的2.49%。2017年，广东省的工业机器人保有量占我国24%，为9.77万台，占全球保有量的2.52%。2018年，广东省工业机器人保有量约占我国的1/4，为14.27万台；销量为3.82万台，市场规模达到11.2亿美元，占我国工业机器人销量的27.6%。

从需求角度来看，广东省作为我国制造业大省和全球制造业基地，近年来机器人和智能装备产业呈现爆炸式增长。机器人和智能装备深度渗透到制造业的各个环节，政策、资金等许多资源都倾向于机器人产业，促进了机器人和智能装备制造业的快速发展。2017年对工业机器人的需求是3.08万台，2018年工业机器人需求量为4.5万台。按照目前5年平均增长率为17%推测，预计2025年广东省工业机器人保有量将达114.11万台，工业机器人需求量将达21.83万台，产量为5.1万台，保有量和增长量趋势见图3-6和图3-7，广东省机器人的供需量对比见图3-8。

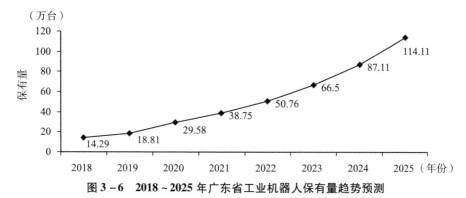

图3－6 2018～2025年广东省工业机器人保有量趋势预测

资料来源：广东省经济和信息化委员会，2019年。

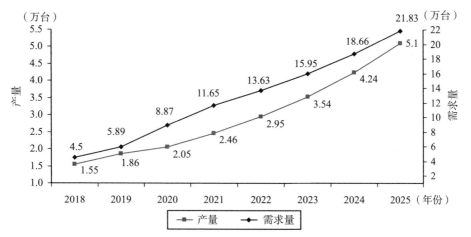

图3－7 2018～2025年广东省工业机器人需求量和产量预测

资料来源：广东省机器人协会，2019年。

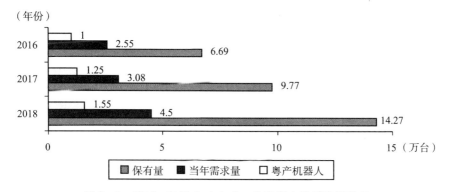

图3－8 2016～2018年广东省工业机器人供需增长情况

资料来源：广东省机器人协会，2019年。

　　从竞争力看，通过 GEM 模型计算，广东省工业机器人产业竞争力 GEM 总分为 465，模型显示广东省工业机器人产业具有一定的竞争力，但离领先位置还存在很大距离，广东省工业机器人产业竞争力还有很大的提升空间，广东省工业机器人的竞争力如图 3 – 9 所示。

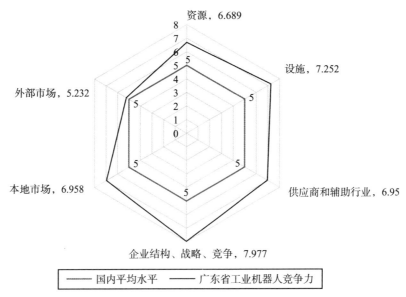

图 3 – 9　广东省工业机器人竞争力蛛网

资料来源：广东省机器人协会，2019 年。

　　根据广东省《2018 年国民经济和社会发展统计公报》公布的数据，2018 年我国工业机器人产量同比增长了 6.4%，共生产 14.8 万台（套），广东省工业机器人产量同比增长 28.3%，共生产 3.21 万台（套）。广东省工业机器人产量增速高于我国平均水平，约占我国总量的 21.69%。[①]

　　广州、深圳、佛山、东莞等地在政府支持规划下已拥有竞争力较强的机器人示范区；东莞松山湖高新区依托我国香港科技大学机器人研究所，松山湖国际机器人协同创新研究院和松山湖机器人产业孵化基地建设初见成效；佛山致力于机器人技术的创新突破，与中国工程院、华中科技大学合作，成立了中国（广东省）机器人集成创新中心，对佛山机器人相关企业进行扶持，促进机器人技术发展。2018 年，世界领先的机器人制造商——德国库卡公司，在顺德建立了一个

---

　　①　广东省统计局 . 2018 年广东国民经济和社会发展统计公报［EB/OL］. 中国统计信息网，2019 – 2 – 20.

约 80 公顷的智能制造基地；同年，投资 800 亿元、占地 10 平方公里的机器人谷项目落地顺德，该项目计划引进 10000 名全球顶级机器人专家及研究人员，打造机器人全产业链价值高地。

3.3　广东省工业机器人产业发展的人才需求情况

3.3.1　广东省工业机器人产业发展的人才需求总况

新兴工业机器人产业的人才短缺反映在工业机器人产业链的各个环节，包括零部件企业、机器人生产企业、系统集成商和终端用户，随着工业机器人产业的发展，工业机器人产业的专业人才非常短缺。工业机器人、自动化生产线和智能化设备需要大量的专业技术人员来支持。工业机器人不仅需要大量高学历（博士、硕士）和高职称（教授、副教授）的高端人才，同时更迫切需要大量的一线操作、维修、生产技术人员（工程师、技术员、操作员等）。

第一个主要的人才缺口是在工业机器人制造领域。控制器、伺服驱动电机和减速器是工业机器人的三个核心部件，占机器人生产总成本的 70% 以上，这三个关键部件的制造技术也是我国机器人工业产业的主要瓶颈，在短期内很难突破，打破瓶颈需要大量的精力和投入。

应用人才的缺乏是机器人产业第二个主要缺口，这方面的人才缺乏可以通过结合现有的技术，对在校学生及产业工人进行一定时期的培训来缓解。根据工业和信息化部发展规划预测，到 2020 年，高技能人才缺口将逐年加大，国家的机器人发展产业规划已把"加强人才队伍建设"作为发展机器人产业的重要保障措施之一。

第三个主要人才缺口是机器人系统集成技术方面的人力资源缺乏，这涉及工业机器人产业的转型改造技术。一般来说，约需要平均经过 5 年时间的岗位实践和经验积累，一个本科毕业生才可以基本上具有工业机器人系统集成的能力，进而解决大部分系统集成中的问题。

工业机器人产业对人才的需求可以用金字塔结构表示，第一层（顶层）是研发人员和项目经理，占总人数比例为 2%，一般要求具有硕士学位及以上水平。这类人才的需求大部分来自机器人零部件供应商、本体制造商，从事机器人关键零部件的研发工作、三大核心零部件及工控机系统软件设计领域，需要掌握控制论、机械电子、计算机、材料和仿生学技术等相关知识，要在本行业有多年工作经验、从事过系统集成开发工作。

第二层为系统集成开发工程师，需求来自系统集成商，占总人数的15%，要求具有大学本科水平，通过掌握产品制造流程及生产工艺，从事自动化生产线的设计、升级和改造工作，为了实现工业机器人的智能制造和应用设计与集成，需要进行工业机器人工作站系统仿真辅助设计、主控系统程序辅助设计、自动化生产线的机构设计和电气系统设计。

第三层为售前和售后技术支持工程师，需求来自机器人本体制造商和系统集成商，占总人数比例为33%，要求具有专科水平，从事自动化生产线、工业机器人的安装调试、编程、运行、维修和管理等方面的工作任务。这一层所需人才的比例较大，要求能够进行电气系统的安装调试，进行工业机器人程序编制，工作站及作业系统的维护，工作站总控系统编程、调试（PLC，人机界面，总线通讯等方面），需要进行工业机器人离线编程，机械与电气控制的装配调试，工业机器人的检测与维修，自动化生产线机构及电气系统调试与检修，强调工业现场的动手能力。

第四层是工业机器人的应用操作员，需求来自工业机器人的使用商，这一部分的比例最大为50%，要求具有中高职业教育水平，能够进行机器人和数控机床的日常操作、教学、编程、调试和维护，要求掌握机械电子的基本知识，了解工业机器人的工作原理，并能阅读机电图纸，懂工业机器人生产线的工艺规范，有PLC编程能力，能够根据规范掌握多种机器人操作技能，动手能力强。

当前工业机器人产业面临的挑战是中国相关机器人产业人才的整体短缺。据金智创新统计，2018年我国工业机器人应用人才短缺达到20万人，并以每年20%~30%的速度增长。未来5年，工业机器人产业链上的相关企业对专科毕业生的需求量约占企业人才总需求的50%。2016年12月，教育部、人力资源和社会保障部、工业和信息化部三部委共同编制的《制造业人才发展规划指南》（以下简称《指南》）发布，《指南》强调了要"推进制造业人才供给结构改革""精准对接重点领域人才需求"，对制造业十大重点领域人才需求进行了预测，其中高档数控机床和机器人2020年人才需求总量达750万人，人才缺口达300万人；2025年人才需求总量达900万人，人才缺口达450万人。

本书根据企业调研和网上公开信息的调研分析，以工业机器人在机器人领域占比56%、广东省工业机器人产业在我国占比22%、高职人才需求在总人才中需求中占比约70%以上计算，假设人才数量占比与产业占比成对应关系，国家领域人才总缺口 2020 年按 300 万人、2025 年按 450 万人计，预测 2020 年广东省工业机器人产业人才总量缺口为：$300 \times 56\% \times 22\% = 36.96$（万人），其中，高职类人才缺口为：$36.96 \times 70\% = 25.872$（万人）。预测 2020 年广东省工业机器人行业对高职院校培养的技能人才缺口 26 万人。预测 2025 年广东省工业机器人产业人才总量缺口为：$450 \times 56\% \times 22\% = 55.4$（万人），其中，高职类人才缺口为：$55.4 \times 70\% = 38.8$（万人）。预测 2025 年广东省工业机器人行业对高职院校培养的技能人才缺口 39 万人。

广东省机器人产业的人才需求层次、需求岗位、需求缺口见表 3 - 3。

表 3 - 3　　　　2020 年、2025 年广东省工业机器人的人才需求层次、
需求岗位、需求总量缺口

需求层次	需求企业	需求岗位	人才占比（%）	人才需求总量缺口（万人）	
				2020 年	2025 年
				36.96	55.4
硕士及以上	机器人零部件供应商、本体制造商、系统集成商	研发人员与项目经理	2	0.7392	1.108
本科	系统集成商	系统集成开发工程师	15	5.544	8.31
专科	机器人本体制造商和系统集成商	售前售后技术工程师	33	12.1968	18.282
专科、中专	工业机器人使用厂商	应用操作人员	50	18.48	27.7

资料来源：广东省机器人协会，2019 年。

3.3.2　广东省工业机器人产业人才需求企业及岗位

广东省人才市场的工业机器人人才需求主要集中在机器人的制造、系统集成及应用三类企业，具体岗位需求包括：第一，机器人制造厂商，需要的人才在机器人组装、销售、售后服务、技术维护和营销方面；第二，机器人系统集成商，需要的人才为机器人工作站的开发、安装调试、技术支持；第三，机器人应用企业，需要的人才为机器人工作站调试维护、编程操作等技术人才。公开的调研数据显示，三类企业从业人员中高职毕业生占比为：工业机器人本体制造企业占 28%；机器人系统集成企业占 34%；机器人应用企业占 45%，主要机器人工作站现场编程操作、调试维护等综合素质和动手能力较强的技术人才。

从机器人产业的整体需求来看，存在众多岗位需求，成为未来较长时间内的

就业吸纳量大的产业之一，产业链中人才需求的岗位群见表3－4。

表3－4　　　　　　　　　　工业机器人产业链岗位群

工业机器人产业链：控制器、减速器、伺服系统、工业机器人本体、工业机器人系统集成

岗位	人才层次	岗位要求
机械应用工程师	本科、专科	能够承担有关机器人、自动化项目的方案设计与可行性评估；相关项目外围设备选型、变成与调试工作；在机械、电气、软件的协同开发中参与专用机器人或智能装备的研发过程
机器人机械工程师	本科、专科	丰富的机械设计经验；了解常见材料的特性；熟练掌握负载分析及电机选型；掌握绘图软件和软件编程技术
机器人电气工程师	本科、专科	对电气标准规范、伺服电机工作原理及控制方法有了解；具有电气系统的设计经验。熟悉工业机器人的控制技术、集成系统仿真、机器人高级编程、机器人离线编程、集成项目的电气设计方法、机器人视觉应用、能看懂电气设计图纸
机器人视觉工程师	本科、专科	所学专业为计算机、自动化、机电一体化等，本科以上学历；在非标机电一体化设备或机器人应用的相关领域具有设计、制作及现场调试经验；具有深厚的数学功底，熟悉常用编程技术，图像处理基本算法
机器人算法工程师	本科	学习过计算机视觉或定位及导航技术的基础理论和算法，熟悉SLAM算法、C/C++编程，了解数据结构、人工智能技术涉及的算法
机器人系统集成应用工程师	本科、专科	有工业机器人工程应用经验；熟悉机器人原理及相关技术，对电气控制、电子技术有了解，熟悉PLC、伺服电机驱动系统，熟练掌握一种主流机器人产品的编程方法
机器人售前工程师	本科、专科	建立客户关系；具有策划并完成政府相关项目的申报工作的能力；具有工业机器人产品应用售前工作经验；熟悉跟踪项目流程、能够处理项目的相关商务需求
机器人软件开发工程师	本科及以上	所学专业为数学、物理、机械、计算机等；了解机器人的运动学和动力学特性；熟悉几何和图形引擎；熟悉软件开发流程并熟练掌握一种编程语言；具备规范的编码风格
机器人硬件工程师	本科、专科	能承担项目方案总设计及机械结构设计，了解机器人项目可行性评估流程，能进行机械加工对象的工装夹具及辅助设备设计，了解工业机器人选型及外围结构设计方法

工业机器人产业链：控制器、减速器、伺服系统、工业机器人本体、工业机器人系统集成

岗位	人才层次	岗位要求
PIC 工程师	本科、专科	了解客户需求、根据图纸整理点位，完成程序流程图、接口变量表等相关文档，熟练编写程序、现场调试、准确采集实时数据，控制功能实现客户需求
调试维修方向	专科、中专	具有安装调试工业机器人和自动化生产线维修维护经验，掌握工业机器人的编程操作、有自动化生产线相关元器件的应用调试工作经验，具有包含外围自动化、机器人相关技术的综合能力
技术营销方向	专科	集成销售工业机器人项目，制订工业机器人集成系统方案，完成机器人项目招投标、商务谈判、客户开发等

资料来源：广东省机器人协会，2019 年。

　　由于机器人产业是新兴产业，与此相应产生了一些新职业，国家人力资源和社会保障部 2019 年 1 月 25～31 日发布的《关于拟发布新职业的公示通告》中公示了人工智能工程技术人员等 15 个拟发布新职业，明确了职业定义和应该承担的主要工作任务，其中与工业机器人技术相关的职业和岗位见表 3 - 5。

表 3 - 5　　　　　　　　工业机器人领域相关新职业工作内容与能力要求

职业名称	工作内容	工作任务与能力要求
人工智能工程技术人员	人工智能算法、深度学习等技术的开发，分析、研究，人工智能系统设计、优化，运行维护、管理和应用	1. 研究和分析人工智能算法、深度学习技术等及应用； 2. 研究和应用人工智能指令及算法； 3. 设计规划和开发基于人工智能算法的芯片； 4. 研发、应用语言、语义识别、图像识别、生物特征识别等人工智能技术； 5. 设计和集成管理、部署人工智能软件、硬件系统； 6. 设计人工智能系统解决方案
工业机器人系统操作工	使用示教器、操作面板等人机交互设备及相关机械工具对工业机器人、工业机器人工作站或系统进行装配、编程、调试、工艺参数更改、工装夹具更换及其他辅助作业	1. 按照工艺指导文件或相关文件的要求完成作业准备； 2. 按照装配图、电气图、工艺文件等相关文件的标准和要求，使用工具、仪器等进行工业机器人工作站或系统装配； 3. 使用示教器、计算机、组态软件等相关软硬件工具对工业机器人、可编程逻辑控制器、人机交互界面、电机等设备和视觉、位置等传感器编制程序，调试功能单元和生产联调； 4. 使用示教器、操作面板等人机交互设备对生产过程的参数进行设定与修改，进行菜单功能的选择与配置，程序的选择与切换； 5. 进行工业机器人系统工装夹具等装置的检查、确认、更换与复位； 6. 观察工业机器人工作站或系统的状态变化并做相应操作，遇到异常情况执行急停操作等

职业名称	工作内容	工作任务与能力要求
工业机器人系统运维员	使用工具、量具、检测仪器及设备，对工业机器人、工业机器人工作站或系统进行数据采集、状态监测、故障诊断与分析、维修及预防性维护与保养作业	1. 对工业机器人本体、末端执行器、周边装置等机械系统进行常规性检查、诊断； 2. 对工业机器人电控系统、驱动系统、电源及线路等电气系统进行常规性检查、诊断； 3. 根据维护保养手册，对工业机器人、工业机器人工作站或系统进行零位校准、防尘、更换电池、更换润滑油等维护保养； 4. 使用测量设备对工业机器人、工业机器人工作站或系统运行的参数、工作状态等数据进行采集和监测； 5. 对工业机器人工作站或系统出现的故障进行分析、诊断与维修； 6. 能编制工业机器人系统运行维护报告、编写维修报告

资料来源：中国人力资源和社会保障部，2019年。

　　从具体企业的人才需求来看，岗位、专业、层次的需求与产业发展基本一致，根据广东省规模以上的工业机器人企业的人才需求情况的调研进行汇总和分析，给出企业对岗位的需求及对应的能力和学历层次需求见表3-6、大学毕业生的主要岗位需求和要求见表3-7。

表3-6　　　　　　广东省工业机器人企业对人才岗位总体需求情况

岗位	工作描述	专业需求	技术技能与能力	学历要求
软件工程师	DSP软件、机器人路径算法、软件编程等	机器人、软件工程或相关专业	1. 掌握C/C++、Matlab/Simulink；2. 在数学、物理、计算机编程等相关学科上成绩优异，对软件编程与机械控制有强烈的兴趣；3. 对工业机器人控制模型技术有基础	本科以上CET4
机械工程师	机器人本体硬件开发等	机械设计、机械电子工程、自动化或相关专业	1. 熟悉机械结构设计，具有全面整机研发设计理念；2. 熟悉CAD、Solidworks、pro/e计并制图，常用办公软件；3. 思维灵活，沟通能力强	本科、专科
电气工程师	PLC设计、电气安装	电气专业、自动化等	1. 熟练西门子828D/840D、三菱、贝加莱、Fanuc发那科系统等两种或以上PLC软件应用；2. 熟练使用电气作图软件；有一定的电气柜、电路设计经验；3. 工作认真负责，严谨细致，积极主动，有较强责任心与良好的沟通能力和团队精神	本科、专科

续表

岗位	工作描述	专业需求	技术技能与能力	学历要求
机械设计工程师	设备及产品的改进设计、新产品设计开发工装夹具设计	机械制造专业	1. 熟悉机械加工工艺；2. 精通 Solid works、Auto CAD 等相关计算机辅助设计软件和办公软件，能机械计算 2D、3D 的设计；3. 工作认真负责细致严谨，有良好的沟通能力和团队精神	本科、大专
视觉应用工程师	承担视觉设备的电气、机器人、视觉等部分的调试工作	机电专业	1. 了解机电专业相关知识、对机器人、视觉技术感兴趣；2. 抗压能力强，有较强的团队合作精神	大专及以上
机械装配技术员	机器人本体硬件开发等	机械、气动液压专科	熟悉机械制图，掌握气动、液压动力原理，熟悉常用工具、电动工具的使用	中专及以上
技术服务工程师	电焊、电阻焊、埋弧焊售前售后工作	机械制造、电气技术	1. 必须持有相关焊接上岗证；2. 能看懂相关机械图纸；3. 对二氧化碳气体保护焊熟悉；4. 售前/售后技术支持	中专
电气装配工程师	硬件开发、电源开发	自动化、仪器仪表、控制理论与控制工程、计算机等专业	1. 根据图纸要求配线，负责工房电柜、机器人电气柜等；2. 能看懂电路图，有电工资质证书者优先；3. 能够指出问题，并且有跟进解决问题的能力	本科、大专
机械装配工程师	机械设计、机械安装	机电一体化、机械类专业等	1. 根据图纸要求，对夹具及机器人工作站进行机械零件安装；2. 根据图纸要求，对夹具及工作站进行气路、油路的配管和调试；3. 对产品的质量和精度把关	大专以上
机加工工程师	机械加工应用	数控或机加工相关专业	1. 遵守安全操作规程，能够完成对模具和设备的零件加工；2. 具有承担机加设备进行维护和保养的能力	大专以上
销售工程师	设备销售	机械、电气、机器人等自动化专业	1. 非标行业、机器人应用、焊接装备行业的客户开发；2. 有一定英语或日语基础	大专
项目管理	项目管理	机械、电气、机器人等自动化专业	1. 负责非标系统项目管理工作，包括项目人员体制的建立、组织管理项目计划的编制；2. 可承担项目实施过程中的进度、成本、质量等问题的协调沟通和处理任务	大专
机器人算法	硬件、软件、算法研发、多自由度运动算法建模、设计与开发工作	计算机、自动化、控制或者信息技术相关专业	产品设计、软硬件团队合作，参与总体方案设计	本科、硕士

续表

岗位	工作描述	专业需求	技术技能与能力	学历要求
品牌建设与市场营销	负责公司品牌营销与推广	负责拟定公司品牌建设策略和品牌推广策略；对公司产品进行宣讲；进行市场调研	具有品牌管理和维护能力、产品宣传营销策划能力、良好沟通能力、团队合作能力	本科、大专
视觉技术软件工程师	负责软件项目的总体设计和关键模块开发、视觉系统的维护和升级	机械设计、图形处理、机械、自动化等相关专业	1. 计算机、图像处理、自动化、电子、光学、机械等相关专业，本科及以上学历、3 年以上相关工作经历；2. 熟悉 halcon visionPro 或 opencv 图像处理算法库；3. 精通 C++ 语言，编程功底扎实，熟练掌握 MFC 或 QT 设计；4. 熟悉图像处理各种算法原理，能灵活运用算法进行图像匹配定位、测量、分割和识别；5. 具备良好的沟通能力和英语读写能力；6. 具备较强的逻辑思维能力和学习能力	大专及以上
伺服技术支持工程师	伺服系统售前售后技术支持	电力电子技术、电气自动化等相关专业	3 年以上行业工作经验，具有伺服驱动器产品的行业工作经验	本科、大专
机器人结构设计工程师	制订工业机器人研发技术方案；整机结构设计、分析和优化	机械设计、自动化相关专业	1. 3 年以上非标自动化机械设计经验，有四六轴工业机器人本体结构设计经验较优；2. 熟练掌握 Solidworks 软件系统，具有良好的工程图设计经验和零件加工工艺理解能力；3. 思维严密敏捷，动手能力强，沟通协调能力良好	本科、大专
工艺工程师	利用 SAP 编制工艺过程和拆分工艺用图、维护工艺数据	机械设计与制造	1. 大专及以上学历，机械设计或机械制造专业；2. 2 年以上机械零件加工同岗位工作经验；3. 熟悉 CAD 和 Solid-Works 软件操作	大专及以上
设备维修工程师	机械设备技术管理、诊断和处理设备故障、设备维护及保养设备维修人员技术培训	电气专业，机械专业	1. 具备 3 年以上相关工作经验，持有电工证；2. 熟悉 CNC、注塑机和周边设备维修，熟悉企业控制线路；3. 熟悉制冷系统安装与维修保养；4. 敬业、负责的工作态度	大专
五轴抛光机技术员	五轴抛光机操作与调试、维修	机械、电子、数控技术专业	1. 有数控抛光编程工作经验；2. 从事过五轴抛光机编程调试；3. 有叠加机编程和调试经验；4. 能够熟练判断引起数控加工过程中出现异常的因素，有处理品质问题的经验	中专及大专

续表

岗位	工作描述	专业需求	技术技能与能力	学历要求
表面产品开发工程师	跟进新项目表面产品开发、夹具制具评估、打样等	机械设计及制造专业	1. 有 3C 电子产品结构件研发工作经验；2. 能承担新产品表面工艺评估能力；3. 熟练使用 CAD/UG 等办公软件	大专

资料来源：广东省机器人协会，2019 年。

表 3 - 7　　　　工业机器人企业对大学毕业生的主要岗位需求

岗位	工作描述	专业需求	技术技能与能力	学历要求
软件工程师	DSP 软件、机器人路径算法、软件编程等	机器人、软件工程或相关专业	1. 熟悉 C/C++、Matlab/Simulink；2. 对软件编程与机械控制有强烈的兴趣，在数学、物理、计算机编程等相关学科上成绩优异；3. 了解工业机器人控制模型，要求有机器人控制器研发经验	本科及以上，CET4
机械工程师	机器人本体硬件开发等	机械、自动化或相关专业	1. 机械设计、自动化、机械电子工程相关专业；2. 熟悉机械结构设计，具有全面整机研发设计理念；3. 熟悉 CAD、Solidworks、Pro/E 独立设计并制图，常用办公软件	本科、专科
电气工程师	PLC 设计、电气安装	电气专业、自动化等	1. 熟练西门子、三菱、贝加莱等常用两种或以上 PLC 软件应用；2. 熟练使用电气作图软件	本科、专科
电气装配工程师	硬件开发、电源开发等	自动化、仪器仪表、控制理论与控制工程、计算机等专业	1. 根据图纸要求接线，负责工房电柜、机器人电气柜等；2. 能看懂电路图，有电工证优先；3. 能发现问题，并进行跟进，改修以及确认工作	专科及以上
机械装配工程师	机械设计、机械安装	机电一体化、机械类专业等	1. 根据图纸要求，对夹具及机器人工作站进行机械零件安装；2. 根据图纸要求，对夹具及工作站进行气路、油路的配管和调试，3. 对产品的质量和精度把关	专科及以上
销售工程师	设备销售	机械、电气、机器人等自动化专业	1. 非标行业、机器人应用、焊接装备行业的客户开发；2. 有一定英语或日语基础	专科
项目管理	项目管理	机械、电气、机器人等自动化专业	负责非标系统项目管理工作，包括项目人员体制的建立、组织管理，项目计划的编制，项目实施过程中对项目进度、成本、质量等问题进行协调沟通	专科

资料来源：广东省机器人协会，2019 年。

3.3.3　工业机器人产业的职业资质

2017 年，"工业机器人产业职业技能标准发布暨工业机器人竞赛启动大会"发布了《工业机器人装调维修工》和《工业机器人操作调整工》两个职业技能标准，为工业机器人行业进行职业技术技能培训教育、职业技能鉴定和企业人力资源管理提供了科学和规范的依据见表 3 – 8。

表 3 – 8　　　　　　　　　　　工业机器人执业资质

标准名称	职业功能	职业等级
《工业机器人装调维修工》	机构机械装置装配； 电气装置装配； 整机装配； 整机调试； 校准； 标定； 维护与保养； 维修； 培训与管理	中级、高级技师
《工业机器人操作调整工》	编程与调试； 关节机器人操作与调整； AGV 操作与调整； 直角坐标机器人操作与调整； 机器人系统调整； 培训指导； 管理	中级、高级技师

资料来源：广东省机器人协会，2019 年。

2015 年教育部发布的《高职院校工业机器人专业最新教学标准要求》，明确了工业机器人专业专科层次大学毕业生应具有以下职业能力（见表 3 – 9）。

表 3 – 9　　　　　　工业机器人专业专科层次大学生的职业能力要求

序号	职业能力	备注
1	具备探索学习、分析问题和解决问题的能力	学习能力
2	具备良好的口头、文字表达能力和沟通能力	基础能力
3	具备本专业岗位必需的信息技术应用和维护能力	专业能力
4	能够充分理解工业机器人系统机械结构图、液压、气动、电气系统图	专业能力

续表

序号	职业能力	备注
5	能够熟练使用电工电子常用工具和仪表，能安装、调试工业机器人机械和电气系统	专业能力
6	会熟练选用工业机器人外围部件，能从事工业机器人及周边产品销售和技术支持	专业能力
7	熟悉工业机器人应用系统电气设计，能进行工业机器人应用系统三维模型构建	专业能力
8	掌握了用视觉系统完成尺寸和位置检测等	专业能力
9	掌握了工业机器人进行现场编程、离线编程及仿真技能	专业能力
10	掌握组建工控网络，编写基本人机界面程序的技能	专业能力
11	具有按照工艺要求，进行工业机器人典型应用系统的集成、编程、调试、运行和维护技能，会编写工业机器人及应用系统技术文档	专业能力
12	对 MES 系统有认识	专业能力

资料来源：广东省机器人协会，2019 年。

3.3.4 工业机器人产业企业员工培训需求

工业机器人产业企业需要对员工不断地进行培训，其需求见表 3 - 10。

表 3 - 10　　　　　　　　　工业机器人企业员工培训需求

培训内容	培养目标
PLC 基本理论和编程实验	工业机器人电器控制技术人员
机器人基本理论及应用实验	工业机器人电器控制技术人员
PLC 和机器人项目集成	工业机器人电器控制技术人员
工业机器人伺服系统	工业机器人电器控制技术人员
工业机器人控制器及控制网络	工业机器人电器控制技术人员
电气绘图与接线板拆装	工业机器人在线编程及调试
流水线现场调试	工业机器人在线编程与调试
PLC 基础应用	工业机器人在线编程与调试
机器人离线仿真	工业机器人在线编程与调试
职业素养培训	行业从业人员

资料来源：广东省机器人协会，2019 年。

3.4 广东省工业机器人产业发展的高校人才培养情况

工业机器人产业是新兴产业，代表未来的产业方向，人才需求量大、面广，我国各地高校都拿出最强师资力量进行人才培养。从 2019 年我国各省（区、市）高校在粤招生情况来看，本科专业为"机器人工程"，专科专业为"工业机器人技术"，基本上对研发和应用进行了分类教育，但本科、专科招生数量不相上下，专科数量略多，具体情况见表 3-11。

表 3-11　2019 年广东省及外省（区、市）高校在粤招收机器人专业情况

专业	学校（所）	层次	招生数（人）	属地	备注（招生人数前 3 位）
本科：机器人工程	15	本科	50	外省（区、市）	电子科技大学招生 9 人；北京邮电大学招 8 人；三江学院招 7 人
	10	本科	1023	广东省	广东技术师范学院招 204 人；北京理工大学珠海学院招 178 人；华南理工大学广州学院招 151 人
	25	本科合计	1073	—	机器人工程
专科：工业机器人技术	22	专科	64	外省（区、市）	广西蓝天航空职业学院招生 9 人；湖北国土资源职业学院招生 9 人；南通职业大学招 8 人；湖南网络工程职业学院招生 7 人
	32	专科	1346	广东省	广东理工职业学院招 133 人；广东科贸职业学院招 80 人；广东机电职业技术学院招生 80 人；广州科技贸易职业学院招 76 人；广州科技职业技术学院招生 54 人
	54	专科合计	1410	—	工业机器人技术
	79	本专科总计	2483	—	机器人工程、工业机器人技术

资料来源：广东教育考试院. 广东 2019 年普通高等学校志愿报考指南［M］. 广州：广东高等教育出版社，2019.

从机器人产业对人才的需求总量和人才培养数量来看，广东省的机器人产业人才培养远远不能满足机器人产业的人才需求，还要积极加强软

件、硬件和师资的投入，不断满足产业发展对人才的需求，以促进产业的持续发展。

3.5　工业机器人产业发展的人才培养方向和培养方案

工业机器人的广泛应用改变了劳动力市场对人力资本的需求。工业机器人的技术进步会加大对工业机器人对低技能劳动力的替代，但同时会提升对中、高技能劳动力的互补性需求，进而能够促进一国的劳动力结构转型，随着智能化方向不断提高劳动者自身素质。广东省工业机器人在汽车制造、机械加工、焊接、磨削抛光、码垛、喷涂等作业中得到越来越多的应用，企业使用机器人替代低端劳动力的趋势也初见端倪。经过对企业调研，珠江啤酒公司在新生产基地投产后的 2015～2017 年，生产人员数从 3711 人削减到 2414 人。广州浪奇公司在 2013～2017 年间营业收入增长了 189%，但生产人员数却下降了 17%，至 317 人，且高中以下学历的职工人数从 465 人下降到 365 人。

工业机器人的应用显著地提高了劳动生产率，加快实现了工业转型升级的步伐，但也引发了"结构性失业"现象，具体表现为：部分就业岗位由于对人力资本的要求高，劳动力的需求大于供给，出现"招工难""人才荒"等现象；而部分岗位对于人力资本要求低，对技能水平要求低的岗位，劳动力"供过于求""就业难"问题加剧。高技术高技能产业人才的缺乏将成为广东省企业工业机器人应用的关键制约因素。掌握机器人应用和制造、研发的人才，以及附加在人才身上的技术成为推动产业发展的动力。

在整个机器人产业链中，很少有企业在核心部件制造领域（减速机、伺服电机、控制器等）集中垄断产业链的中上游，这些领域已经有了行业标准，生产流程和工艺几乎完全固定，因此对工程师的需求有限；面对中国庞大的制造业转型升级计划和"机器换人"计划，处于下游的机器人系统集成需要相应的系统集成商来完成升级和转型。因此，机器人系统集成是相关专业人才需求的主体，培养技术技能人才的定位应以系统集成商领域为主，经调研和资料收集整理，各级、各类人才培养方向如表 3－12 所示。

表3-12　　　　　　　　各级、各类人才培养方向与职业资格

类别	职业岗位	主要工作任务	应获得的职业资格证书
低端	工业机器人设备的操作工	工业机器人使用操作	维修电工中级、高级职业等级证书，工业机器人装调维修工中级、高级等级证
	机器人维护与管理	工业机器人设备调试与维修	
中端	工业机器人工作站的设计与安装	工业机器人工作站设备的设计、安装与调试	维修电工中级、高级职业等级证，工业机器人操作调整工中级、高级职业等级证
	销售客服工程师	妥善解决售后服务中的各类技术问题	维修电工中级、高级职业等级证，工业机器人操作调整工中级、高级职业等级证
高端	机器人技术领域高级工程师	工业机器人生产线的开发和设备设计	高级技师等级证，维修电工技师、高级技师职业等级证，工业机器人操作调整工技师
	项目经理	工业机器人系统集成	维修电工技师、高级技师职业等级证，工业机器人操作调整工技师、高级技师职业等级证

资料来源：笔者根据调研及相关资料整理，2019年。

　　根据国家文件要求、结合企业实地调研中所获取的工业机器人产业对人才的需求和企业需求情况，本书的分析结论为：高职院校设立工业机器人专业所培养的专业人才和职业技术技能人才，应掌握现代工业机器人安装、调试、维护技术技能，制订对应的人才培养方案、设置合理的课程体系、培养合适的工业机器人产业人才，工业机器人专业技术、技能人才培养方案如表3-13所示。

表3-13　　　　　　　工业机器人专业技术、技能人才培养方案

课程设置	课程内容	培养目标	职业技术技能	就业岗位
专业课程	计算机绘图（AutoCAD）、机械制图、工程力学、机械制造基础、机械设计基础、机械产品设计软件、液压传动与气动、传感器检测技术、电工电子技术、工业机器人技术基础、电气与可编程控制技术、C语言、单片机应用技术、工业机器人离线编程、机器人工艺应用、工业机器人视觉技术应用、工业机器人系统集成与应用、综合实训和生产实习等	学生应掌握现代工业机器人的安装、调试和维护方面的专业技术	电气控制系统安装、调试、运行维护、技术管理；自动生产线安装、调试、运行维护；工业机器人控制、调试及维护；智能小型机器人设计与开发。具备机械结构设计、传感技术、电气控制、智能控制等专业技术能力	工业机器人以及相关联的设备制造企业、应用工业机器人设备的企业。从事工业机器人系统的编程、模拟、操作、销售，以及工业机器人应用系统维护、维修与管理的岗位

续表

课程设置	课程内容	培养目标	职业技术技能	就业岗位
主干课程	电机及机床电气控制、电工电子技术、工业机器人技术基础、传感器技术与应用、液压与气动技术、组态软件及其应用、变频器实训操作、可编程控制器技术及应用、工业机器人应用与维护、工业机器人系统集成、工业机器人专业课程综合实训。 电气控制技术与 PLC、微机原理与接口技术、工业机器人现场操作编程、单片机应用技术、工业机器人离线编程及虚拟仿真、工业机器人工作站系统集成	学生应掌握现代工业机器人的安装、调试和维护方面的专业技术	电气控制系统安装、调试、运行维护、技术管理；自动生产线安装、调试、运行维护；工业机器人控制、调试及维护；智能小型机器人设计与开发。 具备机械结构设计、传感技术、电气控制、智能控制等专业技术能力	工业机器人以及相关联的设备制造企业、应用工业机器人设备的企业。 从事工业机器人系统的编程、模拟、操作、销售，以及工业机器人应用系统维护、维修与管理的岗位

资料来源：广东省机器人协会，2019 年。

机器人技术是集数理、设计、机械、电子、计算机和其他学科于一体的新工科建设中具代表性的交叉学科，也是建设新工科的重要突破口，利用科学方法进行深入的课程及教学改革，继而结合创新创业实践，持续优化和改进，机器人技术人才培养和职业教育，将成为高职院校专业建设新方向和培养创新人才的突破点，未来机器人专业人才培养以更好地对接产业发展还需要考虑以下三点。

（1）在学科建设方面，建立机器人专业动态调整机制，主动适应新材料、新装备、新技术、新工艺的发展需求，增设紧缺技术和专业。

（2）高职院校在教学内容安排中围绕工业机器人先进制造业所需的关键能力和素质，强调工匠精神进校园、进课堂，向学生开设学科前沿、研究方法、创业基础、就业创业指导方面的必修课程和选修课程，在相关专业教学中强化人工智能技术、信息化、质量管理等内容。

（3）学生培养模式应强调生产和教学融合，鼓励制造业领域相关企业深度参与教学相关专业制定标准、开发课程教材、实施教学等工作，以推动高职院校探索跨院系、跨学科、跨专业的人才培养新机制。

第4章 广东省汽车产业发展的人才需求与培养调查情况

中国汽车产业自 1990～2017 年一直处于连续增长态势，保持了 28 年的持续增长态势，中国汽车市场已经连续 10 年蝉联全球冠军。2018 年中国汽车产销分别完成 2780.9 万辆和 2808.1 万辆，虽然 2018 年出现增长率首次下降，但新能源汽车市场继续保持高速增长态势。到 2018 年中国汽车后市场容量已高达 1.6 万亿元，成为仅次于美国的全球第二大市场。预计到 2020 年，新能源汽车、智能汽车及网联汽车市场规模将达 7000 亿元，汽车后市场及服务业在价值链中的比例达到 45% 以上。中国汽车产业发展经历了"进口整车—到技术引进—到完全自主生产"的过程，自主生产时间还只有十多年，未来汽车产业依然是支柱产业，尤其是小汽车产业，按人均家庭拥有两辆小汽车量计算，中国的汽车产业将迎来强劲发展的 30 年。因此汽车产业依然是促进经济增长和就业的引擎，需要更多接受过高等教育的人才提供产业发展及创新的动力。

4.1 广东省汽车产业发展概况和特点

汽车产业同样是广东省的主导产业，现在和将来均会为众多劳动者提供就业岗位和生存机会。广东省汽车产业布局呈现出以"广州、深圳、佛山"为汽车集聚基地，辐射粤东西北区域发展格局，以汽车整车制造为主带动零部件产业发展，发展配套服务，并以新能源汽车为主体产业、智能网联车为新兴产业发展趋势的产业格局，发展情况和特点如下。

4.1.1 广东省汽车产销量整体增速高于全国

广东省汽车产销量增速高于我国平均水平。2018 年，广东省共有规模以上汽车制造业企业 833 家，全年完成增加值 1859.70 亿元，与 2017 年相比增长 7.4%，增幅比全省规模以上工业平均水平高1.2%；全省生产汽车322.04万辆，占比达到我国汽车产量（2796.80万辆）的11.5%，但全年增速为0，各汽车细分类型生产情况见表4-1。2018年，广东省规模以上汽车制造业完成产值7997.40亿元，与2017年相比增长9.0%，其中，整车生产产值占汽车制造业生产总产值的52.0%，整车生产增加值占汽车制造业总增加值的47.9%；汽车零部件及配件制造业产值占汽车制造业总产值的45.7%，增加值占比达50.2%，广东省汽车制造业及其细分行业增加值见表4-2。2018年，广东省汽车销售量达到329.39万辆，与2017年相比增长6.94%（见图4-1），其中轿车销售324.35万辆，增长7.7%；汽车出口量虽然达到2.83万辆，但下降了50.5%，其中轿车出口量虽然达到1.65万辆，但下降了31.0%。全年汽车销售值达到8412.29亿元，与2017年相比增长8.4%；出口交货值完成506.85亿元，增长5.2%。①

表4-1　　　　　　　　**2018年广东省汽车市场产量情况**

汽车总产量	汽车细分类型	产量（万辆）	产量占比（%）	增长率（%）
322.04万辆	轿车	174.09	54.05	8.9
	运动型多用途乘用车（SUV）	124.81	38.8	-17.7
	生产多功能乘用车（MPV）	18.42	5.7	143.4
	新能源汽车	13.27	12.85	206.1

资料来源：广东省统计局，2019年。

表4-2　　　　　　　　**2018年广东省汽车制造业及其细分行业增加值及增速**

行业名称	增加值（亿元）	增速（%）
汽车制造业	1859.70	7.4
其中：汽车整车制造	890.83	7.5
汽车用发动机制造	0.11	-26.6
改装汽车制造	17.45	10.0
低速汽车制造	0.00	0.0
电车制造	0.23	-24.3
汽车车身、挂车制造	18.18	19.5
汽车零部件及配件制造	932.90	7.0

资料来源：广东省统计局，2019年。

①　广东省统计局，2019年。

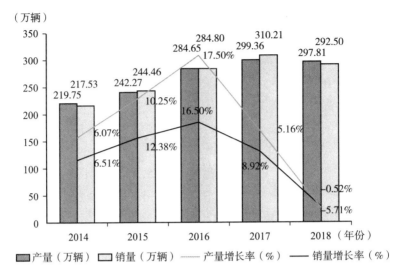

图 4 - 1　2014~2018 年广东省汽车产销量及增长率

资料来源：广东省统计局，2019 年。

4.1.2　"广—深—佛" 整车制造的区域格局已形成

广东省是我国最大、最重要的汽车生产基地之一，省内汇集了东风日产、广汽本田、广汽丰田、北汽绅宝、广汽乘用车、长安 PSA（深圳 DS）、比亚迪、北汽福田、一汽大众、长安标致等知名整车厂商约 20 多家，2018 年全省汽车整车制造产能达 339 万辆，已形成广州、深圳、佛山三大整车制造产业集群。广州汽车产业板块基地已经逐步发展成为我国五大特大型汽车产业基地之一，佛山早期依托广佛经济圈形成了 "广州整车，佛山汽配" 的格局，拥有较为完善的汽车零部件生产布局，近年 "佛山汽配" 有向 "佛山整车" 发展态势，总体上，"广州、深圳、佛山" 三个整车制造产业集群的区域格局基本形成。

4.1.3　新能源汽车主导态势

2018 年 6 月，广东省发布的《关于加快新能源汽车产业创新发展的意见》中，明确提出要做大、做强新能源汽车产业集群。将以珠三角地区新能源整车基地为中心，推动新能源汽车整车集约化、规模化发展，引导关键零部件产业有序集聚，最终打造全球先进的新能源汽车产业集群。广东省新能源汽车产业将依托广州、深圳两大核心城市，依靠广汽、比亚迪两大汽车集团两大重点企业，带动整个产业链上下游高速发展，基本形成以广州、深圳、佛山为产业发展的核心区域，珠三角地区其他城市为相关配套产业的发展区域，带动粤东、粤西共同发展的产业空间格局。广东省新能源汽车企业已经实现了纯电动汽车、插电式混合动力汽车、增程式电动汽车的开发和产业化，实现了战略性的转型升级。

2018年，广东省新能源汽车产销均呈增长趋势，产量10.64万辆，同比增长15.6%；销量10.14万辆，同比增长11.1%（见图4-2）。2018年，比亚迪公司新能源汽车市场份额约为47%，已占据广东省新能源汽车市场近半壁江山。

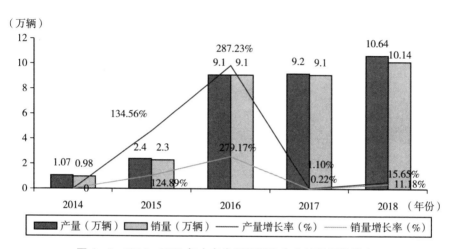

图4-2 2014～2018年广东省新能源汽车产销量及增长率

资料来源：佛山市汽车行业协会，2019年。

目前，广东省已在全省范围内进行新能源汽车的推广应用，其中，广州和深圳两市不仅是我国新能源汽车产业的重要集聚地，还是国家节能与新能源汽车应用推广的示范试点城市。珠三角地区各市以及汕头、湛江、韶关、梅州、潮州、茂名等市也先后进行了新能源汽车应用推广工作。汕头与正道集团签订的《共同推进汽车产业发展战略合作框架协议》，年产100万辆乘用车项目将落户汕头。云浮正在打造一条完整的氢燃料电池汽车产业链，吸引了飞驰汽车、东风特商、广东省国鸿、广东省重塑等企业相继落户，汽车产业链趋于完整。

4.1.4 汽车零部件产业基地业已形成

广东省汽车零部件工业主要包括广州东部、北部、南部三大汽车产业基地、佛山基地、深圳基地和惠州基地，广东省计划建立六大汽车零部件产业园区，空间布局分别在广州、惠州、肇庆、江门、清远、东莞等地。目前，广东省地区能够生产大部分主流汽车零部件种类，包括发动机动力系统、驱动及传动系统、悬挂及制动系统、电气系统、车身系统、新能源汽车零部件等，但少量的高端发动机及自动变速箱、电子车身稳定系统、四驱系统等零部件还需从省外或者国外采购。广东省珠三角地区已有汽车零部件企业1000余家，整体发展形势不错，但与整车行业相比，零部件行业滞后于整车行业发展。

在智能网联汽车领域，汽车企业、互联网企业、电子信息企业、科研院所及相关机构将进一步形成产业融合协同机制，建立以企业为主体，以市场为导向的区域产业发展格局，大力推动新能源汽车与智能网联汽车产业发展。

总体上，广东省汽车行业正处于行业的成长期，集聚了大量整车制造品牌商，品牌市场认可度高，企业共同发展，产业链不断完善。但目前，广东省汽车整车生产和零部件生产之间的比例并不合理，2018年，广东省整车总产值与零部件总产值之间的比值为1∶0.598，国际经验显示，在较为成熟的汽车市场，整车总产值与零部件总产值比值达到1∶1.7，未来广东省汽车零部件制造业发展存在较大空间。

4.2　汽车产业链构成

汽车产品价值高，汽车产业是中国的支柱产业，是广东省的主导产业，是未来推动经济强劲发展的动力之一，汽车产业链长，能够为众多劳动者提供就业岗位，每一个细分产业均可以支撑区域经济的发展，保证就业，其重要性不言而喻。

按国民经济行业分类，汽车制造业（代码为36）包括：汽车整车制造、汽车用发动机制造、低速汽车制造、电车制造、汽车车身、挂车制造、改装汽车制造、汽车零部件及配件制造等。规模以上汽车制造业企业是指年主营业务收入2000万元及以上的汽车制造业法人单位。按物质和劳动的投入产出分为产业上游、中游、下游，对应的相关细分产业如图4-3所示，不同环节对应不同的人才需求和专业要求。

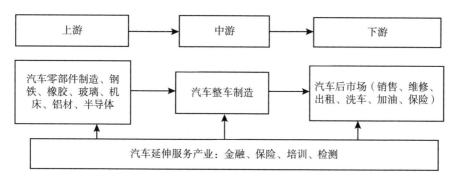

图 4 - 3　汽车产业链构成

资料来源：笔者整理。

4.3　广东省汽车产业主导企业

广东省零部件产业规模不断扩大，产业链不断完善，涵盖了大部分主流汽车零部件种类，相应代表性企业见表 4 - 3。广东省内汇集的东风日产、广汽本田等 20 多家知名整车厂商分布及产能情况见表 4 - 4。

表 4 - 3　　　　　　　　　**广东省汽车零部件产业链代表企业**

零部件类型	代表企业
发动机系统	比亚迪汽车工业有限公司、广州布特龙精密制件、广汽丰田发动机有限公司、东风本田发动机有限公司、英瑞杰汽车系统、广汽乘用车有限公司、广东鸿图科技股份有限公司、广东肇庆动力技研有限公司、佛山市南海蕾特汽车配件有限公司等
驱动、传动系统	比亚迪汽车工业有限公司、广东戈兰玛汽车系统有限公司、佛山富士离合器有限公司、加特可（广州）自动变速箱有限公司、高丘六和（广州）机械工业、广州昭和汽车零部件有限公司、中山日信工业有限公司、东风本田汽车零部件有限公司、本田汽车零部件制造有限公司等
悬挂、制动系统	广州戴卡旭铝铸件有限公司、广州华德汽车弹簧有限公司、广州中精汽车部件有限公司、大众一汽平台零部件有限公司佛山分公司、广州卡斯马汽车系统有限公司、广州曙光制动器有限公司、爱德克斯（广州）汽车零部件有限公司
车身系统	广州广汽荻原模具冲压有限公司、广州金纪铝业有限公司、广州福耀玻璃有限公司、申雅密封件（广州）有限公司、佛山三友汽车部件制造有限公司、广州市番禺盈力气弹簧制造、东洋佳嘉（广州）汽车零配件有限公司、广东福迪汽车有限公司等

续表

零部件类型	代表企业
电气系统	广州电装有限公司、广州三叶电机有限公司、广州斯坦雷电气有限公司、爱信精机（佛山）电子有限公司、广州小系车灯有限公司、深圳航盛电子股份有限公司、惠州比亚迪实业有限公司、惠州华阳通用电子有限公司、江门市基达汽车音响有限公司、惠州德赛西威汽车电子股份有限公司、中山精程电子科技有限公司等
内饰件及其他	广州广爱兴汽车零部件有限公司、广州李尔汽车部品有限公司、广州中新塑料有限公司、广州樱泰汽车饰件有限公司、广东时利和汽车实业有限公司、广州提爱思汽车内饰系统有限公司、佛山吉轻腾达阻尼材料有限公司、广州广爱兴汽车零部件有限公司、佛山正海汽车内饰件有限公司等
新能源汽车零部件	深圳沃特玛电池有限公司、深圳市比亚迪锂电池有限公司、中山大洋电机股份有限公司、深圳比克电池有限公司、深圳 ABB 新能源系统有限公司、广州力柏能源科技有限公司、TCL 金能电池有限公司、惠州市贝特瑞思新材料科技有限公司、广东广顺新能源动力科技有限公司、深圳市德赛电池科技股份有限公司、广东中研能源有限公司、惠州亿纬锂能股份有限公司、广东泰罗斯汽车动力系统有限公司、佛山市澳亚机电有限公司等

资料来源：根据佛山市汽车行业协会及网络资料整理。

表 4-4　　　　　　　　广东省汽车整车企业分布及产能情况

序号	企业名称	所在区域	产能情况（万辆）
1	广汽本田	广州	60
2	广汽丰田	广州	48
3	广州汽车集团	广州	43
4	东风日产	广州	55
5	广汽乘用车	广州	35
6	广汽亚特克莱斯勒	广州	16.4
7	北汽集团	广州	15
8	广汽日野重卡	广州	2
9	广汽比亚迪客车	广州	0.5
10	比亚迪	深圳	20
11	长安标致	深圳	20
12	比亚迪戴姆勒	深圳	4
13	陆地方舟	深圳	20

续表

序号	企业名称	所在区域	产能情况（万辆）
14	五洲龙	深圳	3
15	一汽大众	佛山	60（一期产能 30 万辆，二期产能 30 万辆）
16	北汽福田	佛山	3
17	陆地方舟	佛山	20 万套电动汽车关键零部件
18	飞驰	云浮	0.5
19	珠海银隆	珠海	0.6（电动客车）
20	珠海广通客车	珠海	0.5
21	比亚迪	汕尾	0.5
22	兴宁云山	梅州	0.3
23	宏远新能源客车	东莞	0.8

资料来源：佛山市汽车行业协会，2019 年。

4.4　广东省汽车产业发展的人才需求情况

人才需求属于引致需求，依靠汽车产品及延伸产品的需求才能带动人才需求。近年广东省汽车制造业一直高速增长状态，因此用工人数也一直处于增长态势。2014 ~ 2018 年，广东省汽车制造业销售产值和出口交货值增加一直处于增长趋势，因此企业用工也一直呈现增长趋势，企业平均用工人数由 2014 年的 34.57 万人提高到 2018 年的 43.56 万人，增长率 4.9%，增长较为平稳（见图 4 - 4）。据广东省人社厅报告显示，截至 2017 年底，广东省汽车产业技能人才缺口达 16.4 万人，2018 年底汽车产业人才需求总量达到 25 万人。

汽车产业对人才的总量需求包括汽车制造、维修、汽车后服务人员，其中，整车制造主要分传统燃油车和新能源汽车的人才需求，以及对应的售后服务人员需求、二手车交易需要的人才等。按汽车工业发达国家的就业惯例看，汽车产能与汽车制造从业人员比例为 1∶0.6，汽车保有量与直接从事汽车技术服务人数之比约为 30∶1，汽车制造人员与汽车后市场服务就业人员之比大约为 1∶5。截至 2018 年 12 月，广东省千人汽车拥有量为 186 辆。而美国每千人汽车拥有量是 810 辆，约为广东省的 4.3 倍，德国和日本的千人汽车拥有量分别是 572 辆和 587 辆，是广东省的 3 倍之多。从发达国家的经验看，广东省汽车市场空间依然巨大，由此引致的就业需求依然强劲。取上述发达国家的保有量中值 656 辆/千人，按广东省现有常住人口 1.1346 亿人次计算，广东省的未来汽车保有量可达 7442 万辆，汽车需求量和人才需求量空间巨大。

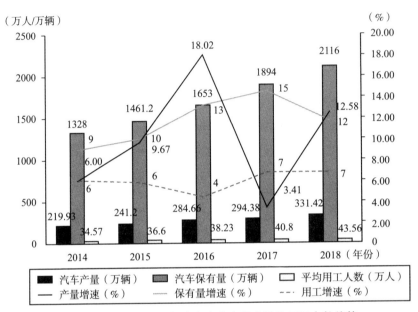

图 4 - 4　2014～2018 年广东省汽车行业平均用工人数趋势

资料来源：佛山市汽车行业协会，2019 年。

4.4.1　广东省汽车产业人才需求总量

（1）传统燃油车的人才需求总量预测：按上述标准预测，2018 年我国传统燃油车的汽车保有量超 2 亿辆，对传统燃油车的售后服务人才的需求数量估计达到 600 万人左右。2018 年，广东省汽车整车制造产能达 339 万辆，按 8% 年增长率增长，预计 2020 年广东省汽车产能达 395 万辆，汽车产能增量 56 万辆，对应新增就业需求 33.6 万人，引致的汽车后市场服务人员需求量为 168 万人。

2018 年，广东省汽车保有量达 2116 万辆，按 8% 年增长率增长，预计 2020 年广东省汽车保有量达 2467 万辆，新增 352 万辆，对汽车技术服务人才需求量为 12 万人。①

---

① 广东省统计局，2019 年。

（2）新能源汽车的人才需求总量预测：预计至2020年，珠三角地区新能源汽车的产能达到100万辆（2018年新能源汽车产能为13.27万辆），而相对应的从业人员也将达到60万人左右，新增就业人口近52万人，新能源汽车保有量将超过500万辆，直接从事技术服务的就业人数约17万人，人才需求量大。

（3）我国二手车评估交易专业人才：缺口逐年扩大，当前人才缺口数量达10万人以上。

综合而言，预计到2020年，广东省对以上人才需求直接需求总量大约为114万人，引致的延伸需求量为168万人，是一个非常重要的就业领域。

4.4.2 广东省汽车产业人才需求方向

从专业来看：（1）高级管理人才需求，是适应汽车产业"新四化"（电动化、网联化、智能化、共享化）趋势下的相应高级管理人员，主要是懂企业经营管理、懂信息管理的综合性人才，要求人才具备对数据的挖掘、处理和分析能力，如首席信息官（CIO）和首席数据官（CDO）等高级管理岗位需求相应人才工作。（2）研发人才缺口大。（3）汽车维修、汽车营销、售后服务等人才，同样不能满足目前发展所需，汽车钣金工、维修工、焊工等专业技术人才需求量很大，企业最缺乏的是专业性售后服务人才，售后服务成为知名品牌汽车厂商的延伸服务从而成为竞争重点，大量人才需要集中在这一方面。（4）从事一线作业的维修人员需求有机电维修工、喷漆工、钣金工、汽车技术总监、索赔员、配件经理、车间主管等。还有就是能排除各种汽车故障的高级汽车维修技工、技师等人才缺口大。既懂汽车装配，又懂汽车维修，还懂汽车管理的高级复合人才更是各招聘单位高薪争抢的对象。各种汽车新工艺、新技术的采用要求汽车维修人员有较高的维修水平和文化素质，大量现代化检测设备的运用，要求汽车维修人员既要掌握传统的机械维修技术，还要掌握现代电控汽车维修技术，拥有机电一体化维修技术的"汽车医生"需求量呈现"井喷"趋势。

从学历来看，汽车行业对人才学历的要求主要集中在大专和中职、中专，最低学历为中职以下的学历占比也较高。企业招聘毕业生对学历要求以大专、中职中专的学历比例较大，占比分别为63%和47.8%。样本企业当中，硕士及以上学历占总人数4.34%；本科学历占总人数17.05%；大专学历占总人数41.6%；中职中专学历占总人数58.4%；初中及以下学历占总人数22.95%。总体上，汽车企业高学历人才的占比都不高，高学历人才稀缺（见图4-5）。

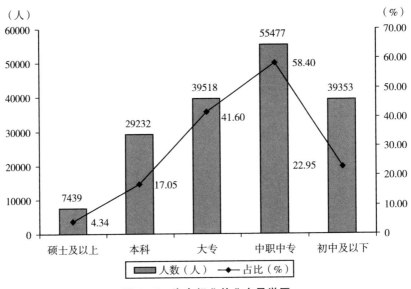

图4-5 汽车行业从业人员学历

资料来源：佛山市汽车行业协会，2019年。

从人才梯队来看：2018年中国汽车行业整体的人才结构为企业领军人才约占从业人数的0.1%；设计研发人才约占从业人数的20%；生产制造人才约占从业人数的60%；营销服务人才约占从业人数的10%；其他专业人才约占从业人数的10%。按人员的资历、职称、学历、收入维度分为高层、中层和基层三个层次，呈现为高层（领导者）人数最少，中层（白领）人数居中，基层（蓝领）人数最多的梯队结构。

从岗位需求来看：汽车研发人员总量少。在所调查的企业当中，企业管理人员占比为5.56%，研发人员占比为1.65%，营销人员占比为7.92%，技术人员占比为21.99%，其他人员占比为15.28%，研发人员投入占企业总人数不到3%（见图4-6）。汽车产业人才主要以体力工人和蓝领阶层为主，技术人员需求较多，研发人才缺口大，而汽车营销、汽车维修、售后服务等人才同样不能满足现状。

从岗位技能来看：高级技能人才比例低。样本企业当中，具有职业技能等级证书的汽车从业人员占比为77%，没有具有职业技能等级证书的汽车从业人员占比为23%，其中，拥有中级资格证书和初级资格证书的人数较多，分别占32%和21%，技师及技师以上职业技能等级的占比仅为9%（见图4-7）。汽车维修及相关行业的突出矛盾体现为从业人员素质远远满足不了行业发展需要。

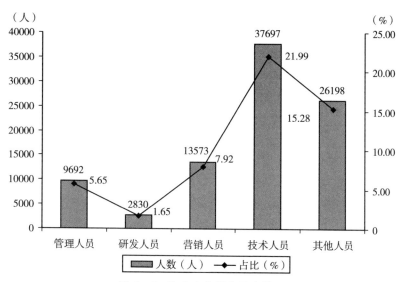

图 4 - 6　汽车产业岗位需求情况

资料来源：佛山市汽车行业协会，2019 年。

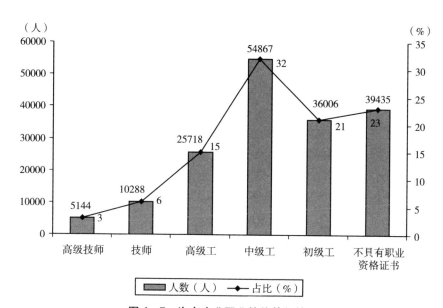

图 4 - 7　汽车产业职业技能等级情况

资料来源：佛山市汽车行业协会，2019 年。

　　从能力要求来看：调查显示，综合素质高和适应性强的毕业生更受企业青睐。汽车销售企业关注毕业生的素质，希望学生拥有良好心理素质能力、良好的社会责任感和团队合作意识、创新意识、职业道德，具有良好的就业观念。汽车零配件企业希望毕业生加强实践能力，自主动手和独立思考能力。

综合能力和多技能要求成为企业对毕业生的岗位需求和专业需求以外的要求，汽车维修检测、汽车钣金修复类岗位需求量较大，用人单位往往要求毕业生能够同时拥有多方面的技能，如驾驶证或汽车维修工技能证等。

从调查情况来看，随着汽车产业的快速发展而不断地变化，行业的人才需求已经形成较大的缺口，从市场营销到维修、从售后服务到管理，各环节都需要不同层次的人才。而在业务素质上，汽车行业高精尖、复合型、领军人才则更为紧缺，企业需要更多系统性、综合性人才。

人工智能条件下的能力要求：未来在人工智能的介入下，白领和蓝领的界限不再分明，高层（指挥人＋机器）和中层（指挥机器）的人数将扩大，基层人数将不断萎缩。未来人才应具备的能力包括：统筹协调能力、分析判断能力、工作创新能力、人际沟通能力、组织管理能力、独立工作能力、环境适应能力、系统思维能力、灵活应变能力和主动学习能力。

对应于人工智能的发展，未来人才应掌握的知识：既要掌握汽车的基础知识，包括汽车产业知识、汽车产品知识、传统动力总成知识、传统车辆底盘知识、传统车身造型设计知识、汽车电子电器知识、生产流程及工艺知识、机械化设备操作与维护知识、工业工程知识、汽车营销知识等，也必须具备应对未来发展需要的新知识，包括数据挖掘知识、处理与分析知识、新型商业模式运营知识、控制及系统工程知识、新材料知识、人工智能知识、物联网知识、网络安全知识、信息化设备操作与应用知识、平台控制知识、汽车金融知识、现代电子商务知识等。未来的汽车人才还必须掌握一定的管理知识，包括企业经营管理知识、企业发展规划知识、管理与维护知识等，并知晓国家政策。

4.4.3　典型汽车企业对人才的具体岗位需求

经过对广东省汽车行业百强企业中整车制造企业进行调研，主要包括广州汽车工业集团、广汽本田汽车有限公司、广州骏威客车有限公司、东风日产乘用车有限公司、广汽丰田汽车有限公司、广州广日专用车有限公司、广州羊城汽车有限公司、广东福迪汽车有限公司、深圳中集专用车有限公司、深圳东风汽车有限公司等企业的岗位需求进行共性析取，目前汽车企业的岗位需求主要集中在以下几个方面。

汽车企业对技术技能人才的需求集中在汽车维修工、新能源汽车维护技术（电动汽车保养与维护、车辆日常维护作业、高压系统一级维护、高压系统二级维护、新能源汽车的竣工检验），其中以新能源汽车的岗位需求量最大。

新能源汽车核心零部件企业、整车厂商、售后服务企业对技术技能型人才需求量极大的岗位有新能源汽车装调人员、试验维护人员、质量检验人员、检测维修人员等；各车企的4S店对新能源汽车故障的诊断、排除、维护技术人员需求量大。新能源汽车技术人才整体均处于供需失衡状态，缺口很大。新能源汽车产业对技术技能型人才的工作岗位主要集中在新能源汽车装配、运行与保养、售后服务、整车及配件销售和保险与二手车五个方面，具体岗位见图 4 - 8。

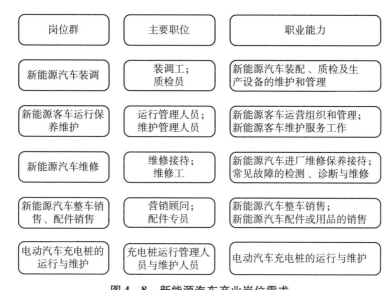

图 4 - 8　新能源汽车产业岗位需求

资料来源：佛山市汽车行业协会，2019 年。

4.4.4　智能网联汽车的人才需求

智能网联汽车融合了汽车技术、计算机技术、信息技术、通信技术的发展，代表着汽车产业的未来发展方向，智能网联汽车对多学科交叉融合人才需求迫切，典型的就业岗位见表 4 - 5，相应要求见表 4 - 6、表 4 - 7。

表 4 - 5   智能网联汽车的人才岗位需求

岗位名称	岗位内容	能力要求
智能网联汽车及核心零部件测试工程师（细分新能源零部件测试、新能源整车测试、ADAS测试）	负责智能网联汽车各种产品现场设备安装、调试和测试，能协助解决各种现场问题；参与智能汽车硬件需求分析和硬件方案设计；参与制定车辆线控底盘系统（线控转向、线控制动、电控驱动等）台架、样车及整车测试标定流程、计划、规范，参与设计测试用例，协助编制测试任务书，执行测试用例；参与制定智能网联汽车传感器系统（激光雷达、毫米波雷达、摄像头、超声波雷达、GPS等）的测试标定流程、计划、规范，参与设计测试用例，协助编制测试任务书，执行测试用例	掌握汽车电子技术、计算机编程技术、控制技术等基本知识；具备常规电子设备仪器使用和测量的能力；具有电子设备在车辆上的安装和调试能力；熟悉测试组装流程，会使用万用表、烙铁、示波器等工具；具备测试用例的协助编写能力并能够按要求执行测试用例；具备使用工具软件对算法、代码、控制器进行仿真测试的能力；专业英语知识扎实，计算机应用能力强；科学文化素质高、创新能力和职业能力强
智能网联汽车维修工程师	能对汽车高级驾驶辅助系统（ADAS）后装与调试负责；能对汽车高级驾驶辅助系统（ADAS）的故障进行诊断并解决问题；负责排除智能网联汽车和新能源汽车的故障及质检工作	掌握传统汽车和智能网联汽车（含新能源汽车）的结构、原理、工作流程及诊断维修的基本知识；具备能力检测整车及其零部件软硬件、诊断和修复汽车故障；专业英语知识基础扎实，计算机技术应用能力强；科学文化素质高，具有较强的创新能力和职业能力
智能网联汽车装调工程师	新能源与智能网联汽车装配、检测、质检工作；新能源与智能网联汽车生产一线班组管理工作	掌握新能源与智能网联汽车结构、原理、工作过程；掌握新能源与智能网联汽车生产一线的班组管理的基本知识
区域性智能网联汽车项目工程师（经理）	复合型人才	具有管理能力和汽车专业知识
区域性智能网联汽车技术运营工程师	复合型人才	具有信息技术和汽车专业知识及运营管理知识
区域性智能网联汽车营销经理等岗位	复合型人才	具有汽车专业知识和营销知识、数据分析知识

资料来源：佛山市汽车行业协会，2019年。

表 4 - 6   岗位需求与资格

序号	岗位	岗位描述	资格证书	能力要求
1	汽车维修工	是指使用专用工具和仪器仪表检测设备进行汽车的维护、修理和调试的人员	初级（国家职业资格五级）、中级（国家职业资格四级）、高级（国家职业资格三级）、技师（国家职业资格二级）、高级技师（国家职业资格一级）	—

续表

序号	岗位	岗位描述	资格证书	能力要求
2	汽车装调工	是指能使用专用工具进行汽车装备、设备的装配，能装配、调试汽车发动机、传动系统、车桥、变速器、离合器、转向系统、悬架、轮胎、车架及装配汽车整车，使用试车跑道调试汽车整车性能、维护保养汽车装配线等工作的人员	初级（国家职业资格五级）、中级（国家职业资格四级）、高级（国家职业资格三级）、技师（国家职业资格二级）、高级技师（国家职业资格一级）	见表4-5
3	机动车鉴定评估师	是指从事二手车车辆技术鉴定及价格评估的一种职业资格	中级/国家职业资格四级、高级/国家职业资格三级	能操作、调用MITCHELL软件；能洽谈业务，掌握汽车主要部件和整车技术状况；会估算价格；需掌握汽车相关英语

资料来源：佛山市汽车行业协会，2019年。

表4-7 　　　　　　　**汽车装调工高级技师（一级）工作要求**

职业职责	工作内容	技能要求	相关知识
汽车维修	编制汽车维修的工艺规程	能绘制较复杂的汽车零件草图及工具、量具、夹具图纸	具备编制汽车维修工艺规程的知识
	解决出现在维修过程中技术难题	能解决发动机、底盘、电器等部件出现的复杂技术难题	
汽车复杂疑难故障排除	诊断发动机使用故障	能诊断多气门发动机工作不稳定的原因；能使用发动机综检仪进行发动机性能的测试、检查；能诊断废气涡轮增压发动机不稳定的原因	多气门发动机的工作过程；自动变速器工作原理；电控差速器工作原理
	诊断底盘使用故障	能诊断自动变速器发生故障的原因；能诊断电控差速器使用过程中的故障；能诊断电子控制动力转向（EPS）使用出现故障的原因	具有计算机在汽车上应用的相关知识，熟悉发动机综合性能检测仪的结构、原理及使用方法

职业职责	工作内容	技能要求	相关知识
生产管理	质量管理	能依据相关技术文件，按 ISO 9000 质量管理体系要求指导维修	具有 ISO 9001 质量管理体系相关知识
	组织实施维修作业	能按具体部门的生产能力及技术能力确定维修作业的组织形式	汽车维修企业设计相关知识
	撰写技术论文和总结	能撰写技术类论文以及总结	计算机基础知识
技术改造技术革新	设备、车辆、工艺的改进	能对设备、工艺提出改进意见；能参与新设备、新技术、新工艺的引进、推广和使用；能借助字典等相关工具阅读有关汽车维修的外文资料	
培训	汽车维修培训	能对高级维修工和技师进行培训；能组织、主讲新知识、新技术、新工艺方面的专题讲座	——

资料来源：佛山市汽车行业协会，2019 年。

4.5　广东省汽车产业发展的高校人才培养情况

4.5.1　我国汽车人才培养总量与专业

教育部统计数据显示，2018 年我国高等学校共计 2956 所。其中，普通高等学校 2688 所（含独立学院 257 所），成人高等学校 268 所；本科院校 1243 所，高职院校 1388 所。截至 2018 年底，高职学校开设汽车相关专业的学校为 824 所，占比为 59.4%，每年合计毕业生数量约为 12 万人，约占当年高职毕业生总数的 3.6%。在汽车中职教育方面，2018 年我国中职学校总量为 10671 所；截至 2018 年底开设汽车相关专业的中职学校为 3316 所，占比为 31.1%。每年合计毕业生数量约为 30 万人，约占当年中职毕业生总数的 6.3%。总体人才培养情况见表 4 - 8。

表 4 - 8　　　　　　　　　　2018 年汽车产业人才培养情况

学校类别	学校总数	开设汽车专业的学校总数与占比	开设专业	开设专业的学校占比（%）	每年毕业生（万人）
高职	1388 所	824 所（占比为 59.4%）	汽车检测与维修	87	12
			汽车制造与装配技术	36	
			汽车整形技术	21	
			汽车营销与服务	79	
			汽车电子技术	45	
			新能源汽车技术	19	
			汽车改装技术	2	
中职	10671 所	3316 所（占比为 31.1%）	汽车运用与维修	93	30
			汽车整车与配件营销	44	
			汽车车身修复	35	
			汽车制造与检修	22	
			新能源汽车	16	
			汽车美容与装潢	13	
			汽车电子技术应用	8	

资料来源：根据教育部公开资料整理，2018 年。

4.5.2　广东省汽车产业发展的高级人才培养情况

按 2019 年的高考招生情况看，我国各地高等院校在广东省招生，以及广东省高校在广东省的汽车专业招生情况显示，人才培养方向以专科层次为主体，人才培养主体为省内高等院校；广东省内高等院校承担了 90% ~ 95% 的人才培养任务，招生类别以理科生为主，面向文科生的招生专业主要是"汽车电子技术"和"汽车营销与服务"两个专业，其他汽车专业基本只招收理科生；2019 年汽车产业人才培养计划见表 4 - 9 和表 4 - 10。数据显示，2019 年我国共有 199 所高等院校面向广东省招收汽车专业学生达 4222 人。其中，有 40 所本科院校在广东省招收"汽车服务工程（本科）"专业学生 500 人，而专科招生高达 3722 人，专业涵盖"新能源汽车技术""汽车检测（运用）与维修技术""汽车智能技术""汽车制造与装配""汽车电子技术""汽车营销与服务"。

表 4 - 9　2019 年我国 31 个省（区、市）汽车专业在粤招生计划总体情况

序号	招生专业	招生学校（所）	层次	招生数量（人）
1	汽车电子技术	19	专科	483
2	新能源汽车技术	36	专科	1089
3	汽车运用（检测）与维修技术	62	专科	1244
4	汽车制造与装配技术	6	专科	171
5	汽车营销与服务	33	专科	650
6	汽车智能技术	3	专科	85
	专科总计	159	—	3722
7	汽车服务工程	40	本科	500
8	本科和专科总计	199	—	4222

资料来源：广东教育考试院．广东 2019 年普通高等学校志愿报考指南 ［M］．广州：广东高等教育出版社，2019．

表 4 - 10　2019 年广东省及外省（区、市）汽车产业高等院校在粤招生情况

序号	专业	学校（所）	层次	招生数（人）	属地	备注（招生人数前 3 位）
1	汽车服务工程	23	本科	65	外省（区、市）	—
		17	本科	435	广东省	广东技术师范学院、深圳大学（坪山教学点）、岭南师范学院
	合计	40	本科	500	—	—
2	汽车电子技术	2	专科	8	外省（区、市）	广州科技职业技术学院、广东交通职业技术学院、广东机电职业技术学院、广东轻工职业技术学院
		17	专科	475	广东省	
	合计	19	专科	483	—	—
3	新能源汽车技术	16	专科	49	外省（区、市）	惠州工程职业学院、佛山职业技术学院、广东工贸职业技术学院
		20	专科	1040	广东省	
	合计	36	专科	1089	—	—

续表

序号	专业	学校（所）	层次	招生数（人）	属地	备注（招生人数前3位）
4	汽车运用（检测）与维修技术	17	专科	27	外省（区、市）	—
		45	专科	1217	广东省	广东机电职业技术学院、广州华立科技职业学院、佛山职业技术学院、广东交通职业技术学院
	合计	62	专科	1244	—	—
5	汽车制造与装配技术	2	专科	4	外省（区、市）	
		4	专科	167	广东省	广东理工职业学院、广东机电职业技术学院、广东交通职业技术学院
	合计	6	专科	171	—	—
6	汽车营销与服务	2	专科	2	外省（区、市）	
		31	专科	648	广东省	清远职业技术学院、广东轻工职业技术学院、广东科学技术职业学院、广州华立科技职业学院、广东农工商职业技术学院
	合计	33	专科	650	—	—
7	汽车智能技术	0	专科	0	外省（区、市）	
		3	专科	85	广东省	河源职业技术学院、广东轻工职业技术学院
	合计	3	专科	85	—	—

资料来源：广东教育考试院. 广东2019年普通高等学校志愿报考指南［M］. 广州：广东高等教育出版社，2019.

从招收的专业来看，"新能源汽车技术"专业成为招生主体专业之一，"汽车电子技术"成为新的热门专业，而"汽车制造与装配技术"专业的招生数量减少。从招生数量上看，广东省对汽车产业相关专业的人才培养数量尚难满足产业发展，每年需通过吸收其他省（区、市）的大学毕业生到广东省汽车产业就业来满足产业发展所需要的人才，缺口达数十万人，仅新能源汽车专业人才需求缺口量达16万人。

第5章 广东省旅游产业发展人才需求与培养调查情况

5.1 旅游产业链构成

旅游产业是现代服务业的支柱性产业,产业链长,涵盖交通、住宿、景区消费、产品销售、文化创意等诸多环节,就业人数众多,消费广阔,旅游名片直接反映城市、乡村的经济实力和文化底蕴。在互联网技术支撑下,旅游产业将成为跨界性产业,产业链构成见图 5-1。

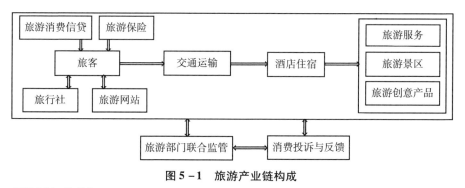

图 5-1 旅游产业链构成

资料来源:笔者整理。

广东省在全面参与建设粤港澳大湾区的历史机遇下,着力打造城市服务品牌,打造全域旅游产业链已成为推动全省经济社会发展的重要"抓手"。打造更多的精品旅游路线,加快旅游供给侧结构性改革,从单一景点建设向综合目的地服务转变,促进区域资源有机整合、产业融合发展、美丽共建共享,实现旅游业全区域、全要素、全产业链发展,更好满足游客多样化、个性化和不断升级的旅游消费需要,广东省旅游业迎来历史大机遇。

5.2 广东省旅游产业发展概况

5.2.1 广东省旅游资源概况

广东省属于东亚季风区，全省年平均气温21.8℃，四季常青，地域广阔，历史悠久，与福建、江西、湖南、广西相连，毗邻我国港、澳特区，是旅居海外华人的主要故乡之一，且是21世纪"海上丝绸之路"沿线重要省份，具有丰富的自然和人文旅游资源。广东省旅游业在我国占有重要地位，在"十二五"期间，广东省接待入境旅游人数高达52490.33人次，占我国入境旅游人数的79%，旅游外汇收入为807亿美元，占我国旅游外汇收入的25%。①

中共中央、国务院印发的《粤港澳大湾区发展规划纲要》（以下简称《纲要》）提出，构筑休闲湾区、打造世界级旅游目的地的发展目标，为粤港澳大湾区旅游产业发展指明了方向。随着港珠澳大桥及广深港高铁等大型基建落成通车，粤港澳大湾区交通网络逐步完善，旅游业大格局已经形成，公园、博物馆、体育、影视、交通、景区度假区、餐饮、娱乐、购物，以及由此连带的产业正加速集聚。旅游业和酒店业作为龙头产业，将在服务广东省居民文化需求，吸纳外地人才来粤商务、会议、展览、培训、落户等方面发挥着不可替代的积极作用，可带动广东省乃至粤港澳大湾区逐步转型升级、走向国际化和现代化、富有魅力和特色，成为宜居宜游宜业的乐土。

2018年，广东省人民政府办公厅印发了《广东省促进全域旅游发展实施方案》，提出从"三大一新"，即全域旅游大格局、大品牌、大产业、新体系四个方面，构建广东省全域旅游发展蓝图。通过"加强资金支持、用地保障、活用林地、扩大消费、解决办证痛点、鼓励创新创业、加强人才培养"等七项重要举措系统性、创新性推进全域旅游发展，打造包括"粤美乡村""风情岭南""毓秀山水""魅力都市""食在广东省""康养胜地"六个品牌体系。以"活力广东省"总体旅游形象为核心，形成"活力商都""岭南文化""黄金海岸""美食天堂"等四大旅游品牌。广东省拥有丰富的旅游资源，充分利用和发挥旅游优势，对我国其他地区旅游业的发展起到了示范和带动作用。

---

① 广东省文化与旅游厅，2019年。

1. 地处改革开放前沿，商品经济发达

广东省作为我国改革开放的"前沿阵地"，与我国港、澳特区毗邻，开放程度高，商业文化发达，会展商贸业发展源远流长，"一小时生活圈"的交通路网纵横。广州是千年商都，是我国重要的商品集散批发地，一年两季的广交会影响遍及全球，吸引国内外客商的到来；深圳、珠海、中山背靠我国港、澳特区，现代商业和高新技术产业发达；东莞、中山、佛山等地城镇经济发展水平较高，拥有不少高星级酒店和商贸会议展馆，是广东旅游酒店产业我国乃至全球影响力的重要支撑；汕头、湛江等则拥有商贸口岸城市的海洋经济优势。随着粤港澳大湾区"休闲湾区"建设步伐的加快，广东省与我国港、澳特区的旅游业融合程度日趋加深，更有望成为极具竞争力和影响力的世界级旅游目的地。

2. 民俗文化资源丰富

广东省拥有广府、客家、潮州三大民系，三大民系民俗文化丰富多彩，广东省人民生活当中保留了中原传统民俗文化的精髓，并借由侨民，影响遍及全球。

3. 海岸线长，海洋资源丰饶

广东省大陆岸线长 4114.3 公里，居我国首位；岛屿面积 1500 多平方公里，居我国第三位；海域总面积 41.9 万平方公里，拥有多样的海岸类型和丰富的滨海旅游资源，全省可供开发的滨海沙滩有 174 处，沙滩总长 572 公里。

4. 多样化的山川湖泊地貌环境

广东省拥有南昆山、罗浮山、鼎湖山、天露山、西樵山、阴那山、凤凰山、万绿湖等优质山地湖泊资源，暖冬避暑，气候宜人，生态宜居；广东省是温泉大省，全省几乎每个地级市都有温泉资源，拥有我国唯一地热国家地质公园，从化、龙门、恩平等温泉闻名于世，据广东省国土资源部门统计，目前广东共发现地热泉点 300 余处，总面积 1463 平方公里，仅次于我国的台湾和云南，与福建并列居我国第三。

5. 主题公园集聚

广东省是中国主题公园产业的主要发源地，主题公园产业发达。2015 年全球排名前 10 名主题公园集团中，华侨城、长隆、华强方特都是广东省企业。

6. 拥有深厚的体育休闲文化传统

广东省是我国最早开展高尔夫球运动的省份，并开创了中华人民共和国成立以来高尔夫球运动的多项第一。在大众体育方面，广东省是我国的体育强省，广州、深圳分别举办亚运会、大运会，运动场馆基础雄厚，足球、篮球、马拉松等体育休闲运动具有广泛的群众参与基础和丰富的办赛经验。

　　据《广东省旅游统计年鉴（2017）》统计，广东省拥有景区1279个，其中5A级景区12个、4A级景区174个、3A级景区139个、2A级景区16个、未评级的景区938个。从绝对数量看，珠三角地区以559个高于粤东的西北地区。广东省A级旅游景区总面积308320.38公顷，约占广东省面积的1.72%。截至2018年末，广东省A级旅游景区数量由2017年的341家增长至375家，较2000年增长53倍。其中，5A级景区13家，4A级景区186家，3A级景区160家，2A级景区16家。

　　从广东省A级景区的类型分布来看，2018年仍然是度假休闲、自然景观、历史文化类型的景区数量领先。环比增长率较高的类型有：工业旅游、历史文化、红色旅游，详见图5-2。

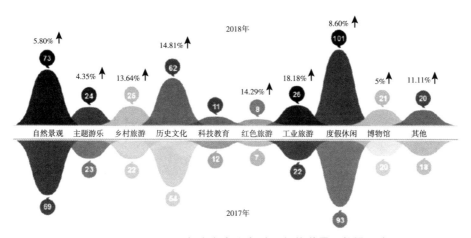

图5-2　2017~2018年广东省分类型A级旅游景区数量（家）

资料来源：广东省文化与旅游厅，2019年。

　　广东省分区域A级旅游景区类型分布情况是，自然景观、度假休闲类型景区集中分布在粤北区域，主题游乐、乡村旅游、历史文化、科技教育、红色旅游、工业旅游、博物馆类型景区都集中分布在珠三角地区。从区域分布来看，广东省休闲度假开发空间分布不均衡，珠三角地区开发程度远高于粤东地区、粤西地区、粤北地区。在区域品类上，珠三角地区全面开花，而粤东地区偏城市、人文类，粤西地区偏滨海类，粤北地区偏生态类，各有侧重，与优势旅游资源的分布情况基本吻合。

5.2.2 广东省旅游市场概况

1. 旅游市场结构

入境旅游：目前，广东省接待过夜游客人数仍然以我国游客为主，自 2014 年以来，占到全部旅客的 90% 以上，且一直处于上升的趋势。由于广东省毗邻我国港、澳特区，在非我国内地入境游客结构中，我国港、澳同胞尤其是香港同胞所占比例较大，约为 5%。近年来，我国内地游客、我国香港游客及外国游客数量稳步增长，我国台湾、澳门游客数量有所波动，但总体持平，我国台湾同胞所占比例稍高于澳门同胞（见表 5-1）。2017 年，广东省接待过夜游客人均停留天数为 2.07 天/人，略高于上年的 2.03 天/人，其中，入境过夜游客的人均停留天数为 2.25 天/人，略低于上年的 2.32 天/人；我国过夜游客的人均停留天数为 2.06 天/人，略高于上年的 2.01 天/人。

表 5-1　　　　　　　2013~2017 年广东省接待过夜旅游者人数　　　　单位：万人次

身份	2013 年	2014 年	2015 年	2016 年	2017 年
我国台湾同胞	285.24	275.48	277.70	275.71	282.13
我国香港同胞	2115.91	2046.37	2025.27	2129.57	2222.63
我国澳门同胞	236.24	242.31	252.03	296.00	279.20
外国人	760.51	773.29	761.28	825.27	863.60
我国其他省（区、市）游客	26753.13	29199.20	32078.50	36254.33	40739.78
合计	30151.03	32536.65	35394.78	39780.88	44387.34

资料来源：广东省旅游局网站，2018 年。

在外国游客中，2017 年以日本游客占比最大，达到 10.8%，美国、韩国游客次之，分别占 9.3% 和 6.9%。新加坡、马来西亚、泰国等东南亚国家也有一定占比，这与广东省在我国大陆最南端的地理位置有关。从各地市统计来看，接待国外游客数量较多的城市是广州、深圳、东莞、江门和珠海。

出境旅游：广东省作为中国经济最发达的省份之一，出境旅游也发展得如火如荼，2009~2016 年广东省团体出境旅游市场结构见表 5-2。2016 年广东省团体出境旅游人数是 2009 年的 2.86 倍。其中，2016 年我国港、澳游人数是 2009 年的 1.92 倍，2016 年去其他境外目的地的人数是 2009 年的 4.73 倍。广东省团体出境旅游人数呈上升趋势，其中赴我国港、澳游人数 2014 年达到高峰，之后几年有所下降；赴其他国家（地区）的游客人数呈上升趋势。

表 5 - 2 2009 ~ 2016 年广东省团体出境旅游人数　　　单位：万人

指标	2009 年	2010 年	2011 年	2012 年	2013 年	2014 年	2015 年	2016 年
团体出境旅游	356.78	426.52	523.64	663.2	774.19	860.54	899.53	1021.23
其中：1. 我国港、澳地区游	237.49	276.74	344.44	420.29	462.74	498.48	467.56	456.73
2. 其他	119.29	149.78	179.2	242.91	311.45	362.06	431.97	564.50

资料来源：笔者根据《广东统计年鉴（2017）》整理。

2. 旅游消费结构

根据历年《中国旅游统计年鉴》和广东省旅游局相关数据，2017 年广东省旅游总花费为 10727.06 亿元，占我国比重的 23.47%，且从 2009 ~ 2017 年的年增长率都在 20% 以上，具有先降后升的特点，旅游消费旺盛。2009 ~ 2017 年我国旅游的人均消费总体比入境旅游的人次平均消费要少。其中，2009 ~ 2010 年入境旅游的人次平均消费比我国旅游的人次平均消费高约 1000 元/人次；2011 年入境旅游的人次平均消费比我国旅游的人次平均消费高约 864 元/人次；2015 年入境旅游的人次平均消费比我国旅游的人次平均消费高 771 元/人次，差距缩小；2017 年入境旅游的人次平均消费比我国旅游的人次平均消费高 945 元/人次，差距扩大。旅游消费比重最大的是购物（26.88%）、住宿（19.38%）、餐饮（18.15%）和交通（17.35%），景点游览仅占 8.22%（见图 5 - 3）。近年来，

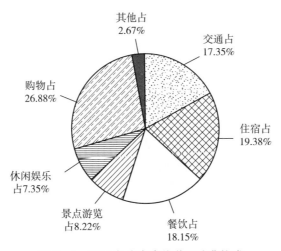

图 5 - 3　2016 年广东省旅游总消费构成

资料来源：广东省文化与旅游厅，2017 年。

广东省旅游的门票收入整体呈下滑趋势，2015 年门票收入占比 45.26%，2016 年为 43.26%，2017 年降低到 38.12%。未来的旅游增长空间主要在商品收入、餐饮收入、交通收入方面，住宿细分市场存在较大的增长空间。

3. 旅游贡献

《广东统计年鉴（2018）》显示，2018 年旅游收入 13610.65 亿元，旅游外汇收入 1357.35 亿元，我国旅游收入 12253.30 亿元，宾馆酒店 17086 个，星级宾馆 739 个，住宿餐饮就业人数 260.40 万人。2017 年广东省实现旅游总收入 11994.79 亿元，旅游收入占 GDP 比重为 13.34%，同比上升 0.22 个百分点。其中，旅游外汇收入达 196.69 亿美元（折合 1327.65 亿元），同比增长 7.63%，同比增长速度比 2016 年降低了 4.09 个百分点；我国旅游消费收入达 10667.17 亿元，同比增长 15.94%，同比增长速度比 2016 年提高 0.6 个百分点。[①] 总体增长态势平稳。

值得一提的是，广东省乡村旅游已经走在我国前列。全省 21 个地级市中，有 20 个市的乡村旅游营业收入在 1 亿元以上，其中 9 个市在 10 亿元以上，广州、梅州 2 个市超过 100 亿元大关。21 个市的乡村旅游接待量都在 100 万人次以上，其中广州、深圳、梅州、江门、湛江 5 个市超过 1000 万人次大关。根据广东省旅游局的统计，全省共有 57 个乡村旅游连片开发区，覆盖近 400 个乡村。2017 年，全省共接待游客约 2.1 亿人次，营业收入约 680 亿元，分别同比增长 10.5% 和 30.7%。培育文化、美食、康养等大品牌，促进乡村产业、文化、旅游、社区等多功能融合，将大大加快广大乡村尤其是粤东西北欠发达地区的工业化、信息化、城市化、农业现代化，助推乡村振兴。

从旅游收入的区域分布来看，广州旅游业收入 3614.21 亿元位列第一，深圳以 1485.45 亿元位列第二，佛山以 710.84 亿元位列第三。所有地市旅游业收入均超过 100 亿元。按区域经济划分，珠三角地区旅游业收入体量远超粤东西地区的，达到 8194.60 亿元，东翼、西翼及山区的旅游业收入分别为 1102.55 亿元、1017.36 亿元和 1680.28 亿元，详见表 5-3。

---

① 广东省统计局，国家统计局广东调查总队. 广东统计年鉴（2018）[M]. 北京：中国统计出版社，2018.

表 5 – 3　　　　　　　　　2017 年广东省各市旅游业收入情况

地区	收入合计（亿元）	比上年增长（%）	其中			
			旅游外汇收入（亿元）	比上年增长（%）	我国旅游收入（亿元）	比上年增长（%）
广东省合计	11994.79	14.96	1327.65	7.63	10667.14	15.94
广州	3614.21	12.35	426.32	2.37	3187.89	13.83
深圳	1485.45	8.53	336.64	7.26	1148.81	8.91
珠海	367.70	15.96	81.70	17.77	286.00	15.46
汕头	445.34	25.87	10.76	39.74	434.59	25.56
佛山	710.84	13.78	102.27	6.63	608.57	15.08
韶关	390.12	20.06	1.63	1.24	388.50	20.16
河源	272.87	14.77	1.06	-6.19	271.80	14.86
梅州	445.18	18.16	10.43	16.54	434.75	18.20
惠州	439.29	20.64	65.48	6.45	373.80	23.52
汕尾	130.23	6.87	2.42	35.20	127.81	6.45
东莞	488.90	9.77	107.75	4.44	381.15	11.37
中山	287.40	16.36	23.85	32.06	263.55	15.12
江门	492.53	20.16	87.13	20.03	405.40	20.19
阳江	267.61	25.02	2.87	2.87	264.74	25.31
湛江	421.42	20.43	7.27	28.67	414.16	20.30
茂名	328.33	35.50	1.47	53.13	326.86	35.42
肇庆	308.28	7.88	23.59	8.51	284.69	7.83
清远	314.50	16.60	11.27	5.03	303.23	17.08
潮州	234.76	29.51	19.02	24.23	215.74	30.00
揭阳	292.22	17.64	1.31	29.70	290.90	17.58
云浮	257.61	10.42	3.41	6.56	254.20	10.48
按经济区域分					10667.14	—
珠三角地区	8194.60	12.57	1254.73	7.00	6939.86	13.64
东翼	1102.55	21.78	33.51	29.83	1069.04	21.55
西翼	1017.36	26.18	11.61	23.51	1005.76	26.21
山区	1680.28	16.49	27.80	8.51	1652.48	16.63

资料来源：广东省统计局，国家统计局广东调查总队. 广东统计年鉴（2018）[M]. 北京：中国统计出版社，2018.

广东省各市国际旅游外汇收入方面，达到或超过10亿美元的地市有广州（63.14亿美元）、深圳（49.86亿美元）、东莞（15.96亿美元）、佛山（15.15亿美元）、江门（12.90亿美元）、珠海（12.10亿美元）。其中，仅广州、深圳两市旅游外汇收入占全省比重超过50%，除韶关、河源外，各地市较上年均实现了增长。

从国际旅游（外汇）收入构成来看，首先长途交通（尤其是民航）占到旅游总外汇收入的30.6%，其次是商品销售（占23.0%），住宿（占14.6%），以及餐饮（9.8%）。

根据《广东省旅游统计年鉴（2016）》统计数据的测算，广东省旅游业对GDP的直接贡献为5153.26亿元，占全省GDP总量的6.48%，占全省第三产业增加值的12.32%；旅游业对GDP的综合贡献为11902.65亿元，占全省GDP总量的14.97%。旅游业已经成为广东省国民经济的重要产业部门，并且成为第三产业的重要支柱（详见表5-4）。

表5-4 　　　　　　　　　　2016年广东省旅游业对GDP的贡献

广东省旅游业直接增加值		广东省旅游业间接增加值		广东省旅游业完全增加值	
总量（亿元）	占全省GDP比重（%）	总量（亿元）	占全省GDP比重（%）	总量（亿元）	占全省GDP比重（%）
153.26	6.48	6749.39	8.49	11902.65	14.97

注：2016年广东省地区生产总值为79512.05亿元。
资料来源：笔者根据《广东省旅游产业经济运行监测报告（2017）》整理。

在旅游增加值构成上，直接产出最高的是住宿业和餐饮业，分别达到2240.82亿元和2098亿元，其增加值分别达到1021.81亿元和854.08亿元，紧随其后的是批发零售业、公共设施管理业、娱乐业、商务服务业，以及文教、工美、体育和娱乐用品业。从旅游酒店业对社会就业贡献来看，2016年广东省旅游业创造的直接就业人数为562.44万人，对广东省从业人数直接贡献的比重为8.96%。通过产业波及效应，广东省旅游业创造的完全就业人数（含直接就业、间接就业人数）为1216.37万人，对广东省从业人数综合贡献的比重为19.37%。广东省旅游业就业贡献水平大大高于GDP贡献水平，详见表5-5。

表 5 - 5 **2016 年广东省旅游业对就业的贡献**

广东省旅游业直接从业人数		广东省旅游业间接从业人数		广东省旅游业完全从业人数	
总量 （万人）	占广东省从业 人数比重（%）	总量 （万人）	占广东省从业 人数比重（%）	总量 （万人）	占广东省从业 人数比重（%）
562.44	8.96	653.93	10.41	1216.37	19.37

资料来源：笔者根据《广东省旅游产业经济运行监测报告（2017）》整理。

从就业的直接贡献和间接贡献的产业分布情况来看，直接就业贡献集中于第三产业，而间接带动就业的以第一产业（农业）和第二产业（工业）为主，详见表 5 - 6。

表 5 - 6 **2016 年广东省旅游业对就业的贡献结构** 单位：万人

广东省旅游业对就业的 直接贡献		广东省旅游业对就业的 间接贡献		广东省旅游业对就业的 综合贡献	
合计	562.44	合计	653.93	合计	1216.37
第一产业	9.77	第一产业	300.3	第一产业	310.07
第二产业	38.41	第二产业	199.74	第二产业	238.15
工业	38.41	工业	198.41	工业	236.82
建筑业	0	建筑业	1.34	建筑业	1.34
第三产业	514.27	第三产业	153.88	第三产业	668.15

资料来源：笔者根据《广东省旅游产业经济运行监测报告（2017）》整理。

5.3 广东省旅游产业发展的人才需求情况

5.3.1 广东省旅游产业发展的人才现况

根据广东省文化与旅游厅统计，2018 年全省旅游酒店各行业的固定从业人员 60.93 万人，其中旅游饭店业规模最大，达到 38.59 万人；旅行社 2962 个，旅行社从业人员 9.36 万人；旅游景区 11.98 万人；其他旅游企事业单位 0.45 万人；从事旅游相关的行政管理部门职员 0.55 万人。

旅游饭店业中，管理人才仅占比 6.45%，员工仍以服务员（52.31%）及其他工种（30.95%）为主；旅行社行业中，管理人才占比 13.3%，略高于饭店业，导游人员以 66.82% 占绝对多数；旅游景区中，管理人员仅占 7.01%，景区中的服务员占比最大，达到 47.2%；旅游行政部门的层级分布较为均衡，详见表 5 - 7。

表 5 - 7 2018 年广东省旅游产业从业人员数量

指标名称	总计（人次）	占本产业比例（%）
总计	609346	—
一、旅游饭店	385894	—
正副总经理	3496	0.91
部门经理	21382	5.54
主管	39732	10.30
服务员	201856	52.31
其他人员	119428	30.95
二、旅行社	93642	—
正副总经理	4483	4.79
部门经理	7973	8.51
导游人员	62569	66.82
其他人员	18617	19.88
三、旅游景区	119756	—
正副总经理	2359	1.97
部门经理	6055	5.06
讲解员	10588	8.84
服务员	56529	47.20
其他人员	44225	36.93
四、其他旅游企事业单位	4525	—
五、旅游行政部门	5529	—
局级干部	973	17.60
科级干部	2337	42.27
其他人员	2219	40.13

资料来源：广东省文化与旅游厅，2018 年。

从景区类型来看，2018 年休闲度假、自然景观、其他类景区就业人数较多，其余类型的景区就业岗位发展平稳。其中，广东省 A 级景区导游数量呈螺旋式发展态势，但全省星级酒店的员工流失率较为严重；1 年流失率为 11.71%，3 年流失率为 36.3%，5 年流失率高达 70.38%，10 年流失率高达 88%。据 2017 年广东省星级酒店抽样调查结果，星级酒店员工占总员工数量的 81%，但月平均薪酬仅为 3998 元，占工资总额的 68%；管理层占员工数量的 19%，月平均薪酬则高达 16540 元，占工资总额的 32%。一线员工薪酬待遇普遍偏低，且认同感缺失，成为员工高流失率的重要原因。

根据《广东省酒店业统计年鉴》，2013～2017 年广东省内星级酒店的从业人数整体呈下降趋势；2013～2016 年的年增长率维持在 - 5.5%～ - 7.3% 水平；2017 年降幅明显，达到 15.2%。一方面，与其他行业相比，星级酒店行业薪酬提升相对较慢，工资吸引力不足、工作强度大，造成整体从业人数减少；另一方面，则是由于酒店自身人员结构的调整。

2017 年，广东省从业人员年平均人数在 50 人以上的旅行社共有 38 家，年平均总人数 5336 人。其中，大专以上学历 3081 人，占比 57.74%；导游 1251 人，占比 23.44%；领队 855 人，占比 16.02%。

分区域来看，2018 年珠三角地区景区就业人数呈逐步增长态势，粤东地区景区就业人数呈梯形发展态势；粤西地区和粤北地区的就业人数没有明显的趋势。

如果按年替代率 10% 计算，广东省旅游产业每年需要新增加人数 6 万人。

5.3.2 广东省旅游产业发展的岗位需求

2019 年广东省旅游酒店业人才招聘岗位为 8 个大类 173 个岗位，其具体岗位和薪酬待遇情况见表 5 - 8。

表 5 - 8   2019 年旅游酒店业招聘岗位及薪资

行业类别	岗位	薪资（元/月）
酒店	五星级酒店总经理	15000～30000
	三星级酒店总经理	8000～15000
	经济型酒店总经理	6000～8000
	市场经理/活动策划经理	6000～8000
	酒店大堂经理	5000～8000

续表

行业类别	岗位	薪资（元/月）
	餐厅经理/餐厅副经理	4500～6000
	客房经理	5000～6000
	酒店销售经理	6000～8000
	安保经理	4000～6000
	宴会销售经理	6000～10000
	酒店营销总监	15000～20000
	前厅主管	3000～4500
	酒店前台	2000～6000
	酒店客房领班	3000～4500
	客房服务员	2000～3000
	客房保洁员	2000～4500
	客房预订员	3400～6000
	酒店行李生	2000～3000
	宾客关系主任	3500～5500
酒店	客服主管	4500～6000
	客服专员	3000～4500
	客服跟单	3000～4500
	中/西餐厅主管	3000～6000
	宴会领班	4500～6000
	中西餐厨师	5000～10000
	饼房厨师	3700～5000
	甜品师	4000～7000
	中餐厅服务员	2000～4500
	咖啡师	3500～4500
	星级酒店洗碗工	3200～3600
	传菜员	2000～3000
	餐饮文员	3000～4500
	采购员	4500～6000
	酒店仓管员	3300～4500

续表

行业类别	岗位	薪资（元/月）
酒店	会务及项目策划专员	3000～4500
	酒店康乐员	2000～3000
	按摩沐足师	6000～8000
	棋牌室收银员/服务员	3000～3500
	保安主管	4500～5000
	保安	3000～4500
民宿公寓	民宿店长	7000～12000
	连锁酒店公寓总经理	5000～11000
	民宿运营经理	6000～10000
	民宿运营	5000～10000
	公寓管家	4500～6000
	公寓前台接待	3000～4500
旅游景区	旅游景区总经理	30000～40000
	景区招商经理	6000～8000
	景区管培生	3500～5000
	票务员	3000～4500
	景区导游/服务员	2000～3000
	电玩城服务员	3500～4500
	主题乐园设备管理员	2000～3000
	店长（主题乐园直营店）	6000～8000
	店面营业员	3000～4500
	旅游景区销售员	5000～10000
	演艺总监	25000～30000
	杂技演员	6000～8000
	花坊运营主管	3000～4500
	园艺经理	4500～6000
	园艺师	6000～8000
	花艺师	4000～4500
	绿化施工员	3000～4500

行业类别	岗位	薪资（元/月）
旅游景区	花卉技术员	3000～4500
	兽医	4000～5000
	鱼池	3000～4500
	育苗育种技术员	3000～4500
	户外拓展教练	3000～4500
	救生员	3000～4500
旅行社	旅游行业分公司负责人	7000～13500
	城市经理	10000～15000
	公关经理	6000～8000
	业务拓展经理	5000～9000
	外联经理	4000～10000
	策划经理	6000～8000
	策划主管	5000～7000
	旅游定制师	6000～8000
	高级旅游顾问	4000～8000
	旅游顾问	3500～8000
	旅游行政/保险助理	4500～6000
	旅游产品专员	4500～6000
	旅游业务员	4000
	旅游计调经理	6000～8000
	酒店计调经理	6000～9000
	旅游计调	3400～6000
	计调助理	2500～6000
	市场开发经理	6000～10000
	市场专员	3000～4500
	销售经理	6000～10000
	旅游产品销售	3000～8000
	出境旅游销售	4500～6000
	团体销售	3000～10000

续表

行业类别	岗位	薪资（元/月）
旅行社	行销业务	6000 ~ 8000
	门店销售	3000 ~ 8000
	客户销售代表	4500 ~ 6000
	销售协调员	3000 ~ 4500
	旅游顾客维护	3500 ~ 6000
	导游	3000 ~ 10000
	讲解员	3000 ~ 6000
	旅游事业合伙人	5000 ~ 5000
	粤英双语客服	8000 ~ 9000
	旅居生活秘书	8000 ~ 10000
	天猫运营主管	15000 ~ 20000
	旅游电商销售总监	5000 ~ 25000
	电商经理	6000 ~ 8000
	电商专员	3000 ~ 15000
	淘宝运营店长	5000 ~ 6000
	淘宝客服	3000 ~ 4500
	旅行社线上产品业务经理	7000 ~ 9000
	在线旅游顾问	4000 ~ 10000
	在线旅游运营	4500 ~ 6000
	在线旅游客服	3500 ~ 6000
	市场推广专员（APP）	4000 ~ 8000
	微信公众号运营	3000 ~ 7000
	在线客服专员	4000 ~ 5000
	数据库开发工程师	8000 ~ 13000
	PHP 开发工程师	5000 ~ 7000
	NET 开发工程师	5000 ~ 9000
	C#开发程序员	5000 ~ 8000
	网络管理员	3500 ~ 3800
	网页设计师	3000 ~ 6000

续表

行业类别	岗位	薪资（元/月）
旅行社	平面设计师	3000～6000
	摄影师	3000～6000
	视频制作/美工视频编辑	4500～6000
	美工设计专员	3000～8000
	软装设计师	6000～8000
	会展销售	3500～8000
	品牌策划专员	5000～9000
工程技术	电工、网络管理员	4500～6000
	消防工程施工管理员	4000～8000
	机修主管/机修工	3000～4500
	土建工程师	6000～8000
	安全工程师	10000～15000
	高压电房电工	2000～3000
	技术检验员	3000～4500
	游乐设备维修工程师	6000～8000
	建筑设计总监	16000～25000
	景观设计师	6000～12000
	开发规划专员	8000～10000
	开发报建主管	10000～15000
	开发报建工程师	8000～10000
	成本主管	5000～7000
	成本造价师	4500～6000
	房屋托管专员	4000～6000
	房地产内勤文员	2500～3500
	房务中心文员	2000～3000
	合同管理及报建专员	3000～5000
	精装工程顾问	8000～10000
	物业客服	4000～5500

续表

行业类别	岗位	薪资（元/月）
交通	高铁贵宾厅接待	3000～4500
	机票岗	4500～6000
	司机	3500～5000
金融财会及 其他行政事务	财务经理	6000～15000
	财务会计	3000～6000
	财务出纳/助理	3000～5000
	招商经理	6000～12000
	金融客户经理	6000～8000
	融资专员	4500～6000
	采购经理	8000～10000
	成本主管	5000～7000
	督导经理	6000～8000
	人事经理	4500～6000
	人事总监/主管	4000～6000
	行政人事	3000～4500
	行政文员	2800～4500
	行政助理	3000～4500
	行政专员	2500～6000
	签证专员	4000～6000
	行政前台	2000～3000
	客服文员	2000～3000
	档案管理员	4500～6000
	行政司机/商务司机	4000～5000
	仓库文员	3000～4500

资料来源：根据前程无忧平台整理，2019 年。

　　表 5-8 显示，总体上，各细分行业的管理岗位薪酬待遇普遍较高，且浮动范围较小，收入稳定，部分对从业者专业技能要求较高的工种，薪资待遇也较为理想。在酒店业中，总经理、市场经理、活动策划经理、大堂经理、餐厅经理、销售经理、营销总监等管理层薪资待遇领先于其他岗位，而厨师、甜品师、按摩

浴足等技能型服务岗位的薪资待遇也能维持在相对较高且稳定的水平之上。

民宿公寓作为近年来得到快速发展且受到资本青睐的领域，无论是店长、经理还是运营、管家，收入都在月均 5000 元的水平之上。

旅游景区方面，除景区的总经理、招商经理等高层管理外，景区演艺、园艺是为数不多待遇尚可工种，其他工种待遇普遍不理想。

旅行社方面，旅游公司负责人、城市经理、公关经理、业务拓展经理外联经理、销售经理等管理岗收入最高；旅游策划、旅游定制、旅游顾问、旅游计调和多语种客服的部分岗位收入也较高且稳定。导游薪资待遇波动较大，在 3000～10000 元/月水平，取决于导游具备的素质、公司规模及出游目的地等因素。

文化与电子商务也是近年来旅游酒店业发展较为蓬勃的领域。网店运营主管、销售总监、电商经理等具有市场创新力、开拓力的岗位待遇不菲，在线旅游顾问、电商专员、品牌策划员等岗位收入也较为理想。此外，与旅游电商相关的应用开发、数据库搭建等信息网络技术工种的平均月薪也达到了 7000 元。

与旅游相关的工程技术类工种中，建筑设计总监、景观设计师、安全工程师、开发报建工程师、精装顾问等岗位年薪待遇均超过 10 万元。

金融财会及其他行政事务岗方面，涉及金融、招商、采购、成本控制、项目督导的岗位待遇较高，其余如人事、财务、文员、前台等的收入均在较低水平。

5.3.2 旅游产业发展对人才的能力要求

目前，旅游酒店业在处于技术、业态、思维新旧交替的历史节点，以及国家和省战略的政策红利之上，旅游产业及延伸产业高速发展对人才的能力要求也在不断提高，具体见表 5-9 和表 5-10。

表 5-9　　　　　　　旅游产业发展对人才的能力要求

细分产业	产业发展特点	人才要求方向	人才能力要求	延伸需求
旅游景区	传统观光产品转向休闲度假、体验参与、自然景观、绿色康养、乡村观光	历史文化传承、乡村文脉资源挖掘、旅游路线规划、非物质文化遗产开发与利用、农村旅游产品销售、乡村民宿客栈经营管理等相关人才	文化积淀深厚，具有综合性能力，懂市场、懂经营，思维具有前瞻性和市场敏锐性	旅游演艺业、商品零售业、园区规划、园林设计、招商引资、水电管网、配套设施工程等相关的专业技术人才

续表

细分产业	产业发展特点	人才要求方向	人才能力要求	延伸需求
酒店住宿	城市商务型酒店、休闲度假型酒店和共享型酒店，非标准化住宿	能够整合住宿资源、进行供需互动、质量控制、定制服务的专业人才和经营管理人才，厨艺、SPA、健身等高技术类工种	多语种的语言能力、跨文化理解和交际能力、服务高端国际商务客户的能力	"互联网＋"产生的平台运营人才、营销人才、旅居生活秘书
旅行社	涉外旅行社；未来国际化、复合型的旅行社	出境游、入境游引致的旅游规划、个性化定制、计划调研、海外市场拓展、国际化导游、团体销售、多语种客服人才	多语种、跨文化理解和交际能力、服务高端国际商务客户的专业能力，懂市场、懂经营的策划能力	洞悉区域旅游资源、善于跟踪联系高端定制客户的策划管理类职业

资料来源：笔者整理。

表 5 – 10　　　　　　　　**旅游产业的延伸产业发展对人才的能力要求**

旅游延伸产业	延伸产业特点	人才需求方向和需求岗位	人才能力要求
文化创意	旅游主题策划、文化创意产品（纪念品、手信、美食特产）开发、旅游商品的开发	策划人才、形象设计、媒介推广、品牌营销、活动策划及运营管理人才；创意产品和旅游产品的开发设计、生产、销售人才；网店运营主管、销售总监、电商经理	综合能力、创新创业能力、创意设计能力
金融	小型微型旅游企业、乡村旅游信贷、景区金融基础设施建设、旅游保险、旅游消费信贷	金融人才、风险控制人才、营销人才	懂金融、懂旅游市场的综合能力
在线旅游	"互联网＋"，大数据、移动消费，在线旅游平台、旅游资讯、消费者信息查询、产品预订、服务评价	整合航空公司、酒店、景区、海内外旅游局资源、信息的综合性人才；互联网技术性人才、线上定制、网络销售、在线旅游顾问、电商专员、品牌策划员、APP与移动网络开发、用户兴趣识别的专业人才	综合能力、资源整合能力、互联网技术能力和市场预见能力

续表

旅游延伸产业	延伸产业特点	人才需求方向和需求岗位	人才能力要求
旅游工程技术	旅游体验、旅游业基础设施的完整与齐全	景区的规划、设计、开发报建、建筑装修、水电管网，以及安全管理、成本管理、物业管理等领域的专业化人才	具有跨专业和跨领域的专业知识，懂工程和经营管理的综合能力
智能化酒店	无人智慧饭店、酒店智能化、酒店机器人、智能手机门锁、全景实体地图、客房控制系统	无前台、免押金、刷脸入住，将预订、登记、呼叫打扫、退房实现全流程线上操作的智慧管理人才和后台操作的技术人才	懂物联网、大数据、云平台等技术开发和应用的专业能力，懂技术应用的管理能力

资料来源：笔者整理。

　　概括而言，旅游产业高端人才的专业能力要求主要体现为综合能力，其综合能力主要体现在对文化的理解和融会贯通上，专业技术能力体现在精通多种语言上，能够运用不同语言表达对不同国家（或地区）名胜古迹、风土人情、宗教信仰、意识形态、生活习惯、行为方式等的理解，以便在面向不同文化群体时能随时采取不同的交往策略，及时识别跨文化冒犯风险，拉近与服务对象的心理距离，避免不必要的文化冲突所导致的客户投诉，提升旅游行业的国际好评，从而提升旅游行业的国际竞争力。

5.3.3　广东省旅游产业整体发展趋势以及对人才的需求趋势

　　广东省因地理因素，未来旅游产业将受到"粤港澳大湾区"和"一带一路"倡议两大区域战略的影响，以及人工智能的技术影响，区域战略和智能技术的叠加影响，使广东省旅游产业迎来前所未有的发展，同时对人才提出了总体要求，见表5-11。

表5-11　　　　　广东省旅游产业的整体变化趋势及其人才需求特征

旅游产业变化趋势	变化因素	产业要求	人才要求	其他相关要求
产业国际化	区域战略影响	国际旅游目的地	标准化、规范化服务，国际化人才，多语言能力；海归背景、跨文化沟通技巧	高水平管理机制、高水平研发机构、产业合作机制、国际认证体系

续表

旅游产业变化趋势	变化因素	产业要求	人才要求	其他相关要求
产业智能化、服务网络化	人工智能技术因素影响	智慧化管理、服务便捷化	会运用人工智能和大数据进行旅游客户智慧化管理和营销,运用人工智能工具	AI技术再造流程、优化体验、客户画像、游客互动
消费需求个性化	消费者收入提升	精细化管理	旅游个性定制,理解旅客个性化需求	细分市场、资源整合
产业跨界	平台企业、资本介入	"旅游+"的产业跨界	综合型、创业型、资源整合型人才;跨界经营	大旅游、大交通、大健康、新零售的融合;电子商务、在线旅游运营
消费体验	旅客为中心、个性需求觉醒	品质和优质旅游	产品组合、个性化定制;精湛技艺和卓越服务能力	旅游产品品质提升、多样产品和特色产品提供;优化旅游资源
乡村旅游	回归大自然	乡村旅游潜力、原生态、特色文化	文化传播、乡村旅游服务和经营	创新创业、高素质、高技能的经营管理人才
主题旅游	品牌影响	品牌经营	服务能力、资源整合能力	旅游跨界、科技创新、邮轮旅游

资料来源:笔者整理。

5.4 广东省旅游产业人才培养情况

5.4.1 广东省旅游产业人才培养体系与总量

广东省开设旅游管理大类的普通高等学校 228 所,其中,本科院校 93 所,高职(专科)院校 135 所,旅游中等职业学校 71 所,主要培养博士、硕士、本科、专科、中职五个层次的旅游酒店专业人才,本科和专科层次成为人才主体,旅游管理、酒店管理、会展策划(经济)与管理是面向旅游行业的三大支柱专业,也是近年的就业热点。高级人才的培养能够提升整个行业就业人员素质,本科层次、专科层次招生人数均很多,2019 年各大高等院校对广东省的旅游大类招生数量高达 8098 人，但省内人才培养力量强大，招生总数达 7303 人，其中本科招生 3021 人，专科招生 4282 人；我国各大高等院校几乎均开设有旅游管理专业，专科与本科几乎平分秋色，专科数量略超过本科数量，见表 5 – 12 和表 5 – 13。

表 5 – 12   2019 年广东省及外省（区、市）高等院校旅游管理类专业在粤招生具体情况

专业	学校（所）	层次	招生数（人）	属地	备注（招生人数前 3 位）
旅游管理（服务）专科：包含旅游管理、景区管理、旅行社经营与管理、空中乘务、邮轮管理	99	本科	207	外省（区、市）	—
	57	本科	1869	广东省	广州大学招生 148 人；广东海洋大学招 78 人；吉林大学珠海学院招生 75 人；广东财经大学、电子科技大学中山学院分别招生 68 人
	156	本科合计	2076	—	旅游管理（服务）（本科）
	51	专科	220	外省（区、市）	—
	62	专科	1861	广东省	珠海艺术职业学院招生 108 人；广州涉外经济职业技术学院招生旅游管理和空中乘务合计 112 人；深圳职业技术学院招生 91 人；广东理工学院招生空中乘务 97 人；清远职业技术学院招 72 人
	113	专科合计	2081	—	旅游管理、景区（邮轮）管理、空中乘务、导游
	269	本专科合计	4157	—	—
酒店管理（西餐工艺、餐饮管理、烹调与营养）	42	本科	152	外省（区、市）	—
	21	本科	690	广东省	广东财经大学招 101 人；广东金融学院招 94 人；韩山师范学院招 88 人；吉林大学珠海学院招生 76 人
	63	本科合计	842	—	酒店管理、餐饮管理、西餐工艺
	42	专科	144	外省（区、市）	—

续表

专业	学校（所）	层次	招生数（人）	属地	备注（招生人数前 3 位）
酒店管理（西餐工艺、餐饮管理、烹调与营养）	47	专科	1586	广东省	顺德职业技术学院招 199 人；岭南师范学院招 106 人；广州华商职业学院招 99 人；广州科技职业技术学院招 86 人
	89	专科合计	1730	—	酒店管理、餐饮管理、西餐工艺、烹调与营养
	152	本专科合计	2572	—	—
会展策划（经济）与管理	20	本科	30	外省（区、市）	—
	15	本科	462	广东省	广东财经大学招生 96 人；电子科技大学中山学院招生 77 人；北京师范大学珠海分校招生 54 人；仲恺农业工程学院招 53 人
	35	本科合计	492	—	—
	14	专科	42	外省（区、市）	—
	26	专科	835	广东省	珠海艺术职业学院招生 136 人；广州涉外经济职业技术学院招生 94 人；广州现代信息工程职业技术学院招生 94 人
	40	专科合计	877	—	—
	75	本专科合计	1369	—	—
旅游大类	161	外省（区、市）本科	389	—	—
	107	外省（区、市）专科	406	—	—
	268	外省（区、市）总计	795	—	—
	93	广东省本科	3021	—	—
	135	广东省专科	4282	—	—
	228	广东省总计	7303	—	—
	496	本专科总计	8098	—	—

　　资料来源：广东教育考试院. 广东 2019 年普通高等学校志愿报考指南［M］. 广州：广东高等教育出版社，2019.

表 5 - 13　　2019 年广东省高等院校旅游管理类专业在粤招生计划总体情况

序号	招生专业	招生学校（所）	层次	招生数量（人）
1	旅游管理（服务）、景区管理、旅行社经营与管理、空中乘务、邮轮管理、导游	156	本科	2076
		113	专科	2081
2	酒店管理（西餐工艺、餐饮管理、烹调与营养）	63	本科	842
		89	专科	1730
3	会展策划（经济）与管理	35	本科	492
		40	专科	877
大类统计	专科总计	242	—	4688
	本科总计	254	—	3410
	本科和专科总计	496	—	8098

资料来源：广东教育考试院. 广东 2019 年普通高等学校志愿报考指南 [M]. 广州：广东高等教育出版社，2019.

据广东省文化和旅游厅统计，2017 年广东省旅游普通高等学校招生人数为 11220 人，在校生总人数为 33500 人，毕业生人数 10008 人。招生人数与毕业生人数之比为 1.12。2017 年各类院校招生人数、在校生人数、毕业生人数和专任教师（导师）人数见表 5 - 14。

表 5 - 14　　2017 年广东省旅游普通高等学校学生及专任教师情况统计　　单位：人

指标名称	当年招生人数	当年在校生人数	当年毕业生人数	当年专任教师（导师）人数
旅游普通高等学校	11220	33500	10008	1456
学历、专业类方向（代码）	—	—	—	—
（一）博士	42	110	19	50
旅游管理类（120901）	39	102	19	44
其他旅游相关方向	3	8	0	6
（二）硕士	599	1547	438	427
旅游管理类（120901）	275	699	172	195
其他旅游相关方向	324	848	266	232
（三）本科	4153	15387	3986	483
旅游管理（120901）	2187	8614	2419	257

续表

指标名称	当年招生人数	当年在校生人数	当年毕业生人数	当年专任教师（导师）人数
酒店管理（120902）	726	2871	610	71
会展经济与管理（120903）	577	2313	597	76
其他旅游管理类专业	663	1589	360	79
（四）专科	6426	16456	5565	496
旅游管理（640101）	2851	7242	2558	232
导游（640102）	441	908	251	27
旅行社经营管理（640103）	0	0	0	0
景区开发与管理（640104）	24	86	0	6
酒店管理（640105）	2336	5328	3195	175

资料来源：广东省旅游局，2018 年。

　　表 5 - 14 显示，不同学历层次毕业生人数，按博士（19 人）、硕士（438人）、本科（3986 人）、专科（5565 人）逐级递增，专科占比达 55.6%，高端人才培养依然占少数，全省旅游酒店业人才主力军为本科与专科，而毕业生人数最多的"旅游管理"专业、"酒店管理"专业，人数远远高于其他专业。此外，"酒店管理""导游""景区开发"等专业的高层次人才培养能力还需要加强。

　　2017 年，广东省旅游酒店业从业者成人学历教育人数为 33840 人，占比为5.55%，以管理人员为主，服务员、导游、讲解员等接受成人学历教育比例均较少。

　　根据旅游产业对人才需求和广东省对人才培养情况看，旅游产业是人才需求比较多的产业，产业链长，就业吸纳能力强，在目前的 10% 替代率情况下，人才缺口 5 万人，如果从文化素质要求看，未来对旅游人才的要求广度增加，对经过系统培养的学历、非学历人才及拥有一技之长的专业人才、管理人才、营销人才需求还会增大，但因为我国开设"旅游管理"专业的学校很多，如何打造具有特色的旅游专业是各大高等院校需要考虑的头等大事。

5.4.2　旅游产业人才培养标准

　　目前，旅游专业认可而可通用的国际教育认证与从业资格认证（见表 5 -15），旅游教育机构的质量认证和个人的从业资格认证成为旅游行业的规范标准，随着旅游产业的发展，国际化程度的深入，加入更多的国际认证将作为各大旅游专业和相关院校人才培养的基准，需要探索一系列人才培养和认证的路径。

表 5－15 旅游行业的资格认证

序号	名称	认证组织	认证内容	适用范围
1	联合国世界旅游组织泰德质量认证（UN-WTO）	联合国世界旅游组织Themis基金会（UNW-TO Themis Foundation）	全球一流旅游教育机构：评估教学体系的有效性；评估教学体系与实际旅游产业的契合程度；评估学生对该教学体系的认可度	全世界
2	英国品酒师认证（WSET）	葡酒与烈酒教育基金会（Wine & Spirit Education Trust，WSET）	葡萄酒、烈酒与清酒资格认证；葡萄酒、烈酒与清酒资格认证课程；葡萄酒教育认证	全世界
3	美国国际咖啡师认证（SCAA）	美国精品咖啡协会（Specialty Coffee Association of America，SCAA）	咖啡质量品鉴分级	全世界
4	美国饭店教育学院系列认证	美国饭店教育学院	注册饭店高级职业经理人（CHA）、注册饭店职业投资人（CLO）、注册饭店人力资源总监（CHRE）、注册饭店餐饮总监（CFBE）、注册饭店房务总监（CRDE）、注册饭店工程总监（CEOE）、注册饭店营销师（CHSP）、注册饭店收入经理（CHRM）、注册高级培训师（CHT）、注册饭店部门培训师（CHDT）、注册饭店督导师（CHS）等国际职业资格认证	全世界
5	导游人员资格证书	中华人民共和国政府旅游部门	导游职业	中国

资料来源：广东省品牌研究会，2019 年。

5.4.3 广东省旅游产业人才培养标杆

广东省因为地理位置的优越性，产业结构的齐全性，信息交汇的敏捷性，先进理念、先进教学方法往往会在旅游院校率先推行，形成了一批与产业结合并能发挥自身特色的旅游特色专业和旅游高等教育院校，目前广东省旅游管理专业行业标杆情况见表 5－16。

表 5 – 16　　　行业标杆专业设置、主干课程、国际化合作、业界合作情况

学校	中山大学旅游学院	广州大学旅游学院	香港理工大学酒店及旅游管理学院	澳门旅游学院	广东轻工职业技术学院
定位	国家一流重点大学重点专业	本科招生规模最大、中法教育部协作合办专业	酒店及旅游管理世界顶级高校、教育科研的先驱	旅游酒店业人才培养专门性高校、专业覆盖面广	广东省高职院校本专业第一梯队
培养层次	博士、硕士、本科	博士、硕士、本科	博士、硕士、本科	本科	专科
能力要求	高水平科研人才、教育工作者、大型企业高层次管理人才	国际高端专门人才、经营管理专业人才	国际科研、管理领域的尖端人才	产业链各环节的高层次人才、专业型工匠人才	一线服务技能型人才
核心课程	旅游酒店核心课程、外语、管理学、经济学、统计学、人力资源、会计学、文化产业、规划设计、研究方法、文化与社会、程序开发、信息系统	旅游酒店核心课程、外语、管理学、经济学、统计学、人力资源、会计学、营销学、地理交通、信息系统	旅游酒店核心课程、多国外语、历史文化、传播沟通、管理学、经济学、统计学、会计学、社会学、营销学、人力资源、科技技术、学术研究、职业规划	旅游酒店核心课程、多国外语、营养学、烹饪、工业卫生安全、会计学、管理学、经济学、文化产业、博物馆学、人力资源、研究方法、品牌营销学、人力资源、设计学、跨文化沟通	旅游酒店核心课程、外语、营养学、饮食文化、旅游地理、美学、公共关系、人力资源、电子商务、营销学
合作办学	与世界级重点大学建立联合培养关系	与法国高校深度合作办学	与世界三大顶级大学、内地一流大学合作培养博士、硕士	与 60 余所高校建立交换生联合培养关系	与国际知名大学建立交换生制度
业界合作	与我国、国际旅游景区、旅行社、酒店、会展中心、文化公司建立实训基地、共同开展科研攻关	与我国、国际政府、酒店、旅行社、高校、行业协会等合作成立理事会，实行产、学、研合作，有自建实训基地	重点与我国香港、澳门、内地以及海外知名酒店、度假村、会展中心、航空公司、旅行社建立合作关系，有自建实训基地	依托我国澳门的娱乐城、度假城、高星级酒店、文化艺术机构、政府机构建立人才培养实训基地；与我国知名度假村、酒店、文化机构、高校建立合作关系，有自建实训基地	与我国知名旅行社、酒店、会展机构，海外知名品牌在我国的酒店建立合作关系

资料来源：广东省品牌研究会，2019 年。

表 5-16 显示了旅游行业标杆的办学方向和可借鉴的经验。

1. 国际化合作办学

旅游行业的国际化首先表现为国际旅客的来源分散和范围宽广，需要满足不同国际背景的旅游人员需要，客观上需要产业员工具有国际化视野和服务国际化的能力、技能；其次表现为旅游教育国际化，教育机构之间的合作办学成为趋势，才能更加合理地共享资源和信息；再次是学生来源国际化，各大旅游高校不断面向世界青年学子的旅游专业培养国际化人才，国际化成为旅游产业发展和人才培养的内在需求和时代趋势，因此吸收行业标杆的国际办学经验、引进国际办学模式可以缩短与国际接轨进程。

2. 课程体系设置的柔性化

由于产业变化迅速，产业对人才需求同样呈现出多样性，客观上要求课程设置更加多元化和柔性化，以满足产业发展的快速变化。

首先要从观念上转变课程设置的固定化而转向设置柔性化课程体系，动态调整专业科目，增强课程的国际化、多元化、专业化水平才能更加精准输送行业稀缺型人才、高水平高技能人才、创新创业人才。

其次，根据国家和广东省的旅游酒店产业规划战略方向及企业经营管理的实际需求，邀请政界、商界、学界专家共同参与讨论、确定各招生年份的专业人才培养方案，提炼不同时期旅游酒店业人才需要具备的通用性核心技能，及时淘汰与发展趋势不相适应的陈旧课程及知识，补充前沿领域的知识技能。

最后，根据社会用人需求动态调整专业教学计划和专业课程体系，围绕"人文素养、专业素养、创新特质"三大能力目标，设置专业精品课程群和创新创业精品课程群，形成具有鲜明特色的旅游酒店专业课程体系。同时适应社会对人才的综合性需求，促进管理、金融、法律、语言、文化等学科知识的相互渗透，扩大旅游酒店核心专业的选修课范畴。根据市场需求，增设日语、韩语、东南亚小语种等多语种课程，设立相关国家和地区社会与文化选修课程，与"广告设计与制作""软件技术""食品营养与检测""装潢设计""通信工程""财务会计"等本校优势专业合作，打通教学壁垒，拓展营销、规划、设计及其他工程技术类课程的选修范畴，搭建多元化、复合型的学科教学体系。

5.4.4　旅游人才培养路径

规划和优化课程设计以防止知识老化、技能弱化，培养合适的旅游产业接班人，其路径如下。

1. 建立"定制＋创新工匠"培养体系

工匠精神是中华民族传统工匠技艺发展的源泉，并在继承的基础上，不断创造新技术、新工艺。因此应在旅游酒店技术性、实践性极强的专业范畴内，持续探索构建以传承创新为目标、以传统技艺为特色、以多样化教学为手段、以学生为中心的现代学徒制的培养体系，培养一批具有高素质高技术技能型的优秀专业应用型人才。

主动把握行业、企业对课程标准的要求，将岗位素质与技能需求、企业标准与职业资格证书的内容与课程相融合，联合广东省市场占有率较高的旅行社、酒店、旅游景区和互联网旅游企业，以"对接产业、合作企业"为先导，深化"招生即招工、入校即入店、学工交替、师徒结对、校企联合培养"的具有示范性作用的现代学徒制人才培养新模式。进一步从培养体系、教学机制、运行模式、课程标准及实施路径等方面，推动现代学徒制的体制机制突破。优化调整核心岗位能力课程，校企共同编制"岗课证"融通的课程标准，开发校企合作教材，加强校企合作课程资源建设，构建由"通识素养能力、专业实践能力、综合素质能力和创新创业能力"课程组成的课程体系，使优化调整后的课程体系更能满足业界需求，更适应培养文旅酒店高素质技术技能型专门人才。

掌握企业用人需求，搭建"前店后院、理实结合和工学交替"相互融通的三个环节体系，遵循"学生、学徒、准员工、员工"的人才成长路径，按照"学生→学徒，学徒→准员工，准员工→员工"的三段式育人机制，实施"单项专业技能训练→综合专业技能训练→岗位运营生产操作→多岗运营生产轮训"的四层递进教学模式，形成分阶段能力培养的产教融合式现代学徒制人才培养模式。

2. 推进"政、企、校"三方合作办学的协同机制

加快"政、企、校"三方合作办学的协同机制，加快与政府、企业合作建立校内、校外实训基地，充分发挥"政、企、校"三元育人主体作用，充分了解政府产业规划思路，通过"政府规划、企业先行、教育支撑"的产业发展思路和人才培养体系，使"产业发展＋人员就业"保持一致速度，达到人才支撑产业发展，产业发展吸纳人员就业的良性循环最终促进社会公平、幸福和稳定。

在办学经费、师资和场所有限的情况下，积极开发在线开放课程资源，挖掘和引进一批适合高职学情与教育特点的、具有国际化水平的高校公开课、国家精品课。借鉴国外先进经验，完善校内乃至校际在线学习支持平台，采用线上线下联动、互动、配合、支持的方式，加强师生联系，组建学习共同体，以试点方式在部分公共基础课或选修课加入在线开放课程形式教学。

尊重学生的职业兴趣及就业选择，在学生充分了解旅游酒店业人才需求的前提下，通过问卷调查、师生谈话等多种形式搜集学生未来职业规划设想，及时分流至不同的细分方向上去，引导学生选修各种必备职业技能，并推荐到校企合作单位实习锻炼。

3. 深化标准化人才培养体系

对接国外课程体系，达标国际认可的教学质量。与美国饭店协会合作，建立酒店专业课程国际标准。在中国、英国、澳大利亚、新西兰等国家学分互认的基础上，根据选修课程的科目数量和学分的累积，可以在不同的阶段，分别获得国外不同等级的职业资格证书，或者直接到国外就读进行学历提升，或者实习或者就业。

4. 搭建创新创业实训平台

随着《国务院关于推动创新创业高质量发展打造"双创"升级版的意见》颁布，"后双创"时代悄然来临。为充分适应我国的经济与社会发展中的创新创业现状趋势，应开发适宜高职院校学生的"创业学"必修课程，同时增设针对性和专业性更强的技术性选修课程，如创业机会识别、创办新企业、项目运作与管理、互联网创业、公司内创业、创业资本与企业成长、连锁经营管理等课程，形成学科课程和活动课程双重性质的一体化课程体系。

与校外企业特别是粤港澳大湾区知名企业加强合作，建立一批专业实践基地、有针对性的实训基地、素质养成基地、创新创业孵化基地、合作共建产业学院等"企中校""校中企"平台，制定"前店后校"的长远发展规划。

借助各种创新创业实训平台强化学生的外语、旅行社、旅游电商、导游、休闲、文化创意、信息技术专业相关的能力技能培养，加大实习学生与来自不同国家和地区群体的交流接触，形成"岗位需求＋行业发展＝理论课程＋实操技能"的专业创新发展方式，为市场精准提供能填补空缺的高技术人才。

5. 编制酒店管理专业（含燕岭订单班、唐宫订单班）精品课程体系

课程培养目标：面向酒店行业高星级酒店、餐饮企业，采用"七双一合多证书"的人才培养模式，培养培养以"就业＋创业"为导向，具有较强道德与文化素质；掌握酒店产品销售技巧、各部门运营与基础管理知识等知识；熟悉酒店一线岗位服务流程，具有专业服务技能及团队协作等技能；能从事（胜任）酒店前厅、客房、餐饮等岗位工作的高素质技术技能人才。

6. 增强粤港澳大湾区跨校合作

积极响应国家和广东省关于粤港澳大湾区高等教育深度融合发展的战略部

署，积极与我国香港、澳门高校相关院系搭建合作桥梁。从发达地区旅游院校发展经验看，建立一批关系密切的校际、校企合作伙伴，增强校外资源的对接整合能力，将成为未来职业学院提升人才培养能力最重要的基石。

与我国香港、澳门的旅游院校建立互访互学关系，定期开展教学科研调研、师生交流互访、先进经验分享等活动。

与境外院校合作成立旅游教育联盟，探索在跨校选课、师资共享互聘、学分互认、学历提升，教学资源共享、合办学术会议、标准对接、共建"产、学、研"实践基地等领域的合作可能。

加大职业技术学院在我国香港、澳门特区的招生宣传，吸引我国港、澳特区学子来校学习培训，丰富院系的跨文化氛围，培养我国港、澳特区的知名校友，拓展社会关系资源。

第6章 广东省高分子材料产业人才需求与培养调查情况

6.1 高分子材料产业链构成

高分子材料又称之为聚合物材料，主要是由无数个小分子化合物通过化学键聚合形成的大分子化合物。高分子材料性能优异：比重轻、强度高、耐磨性强等优越物理性能，具有性质稳定、耐腐蚀性能等优异特点的化学性能，因具"多功能、轻而强"的性能特点彰显其重要性而得到迅速发展。

高分子材料产业以石油化工为产业链上游，下游产业为汽车、电子等产业，直接面向市场需求，高分子材料按照特性可分为塑料、橡胶、纤维、黏合剂、涂料、功能材料和复合材料，高分子材料产业链见图6-1。

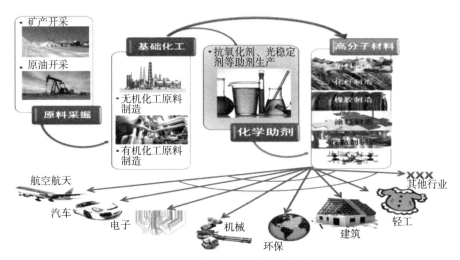

图6-1 高分子材料产业链构成

资料来源：广东省塑料工业协会，2019年。

　　高分子材料产业链上游的石油化工环节中，以生产丙烯为最重要的环节，聚丙烯（PP）是最轻的通用塑料，因其综合性能优异，生产成本低，广泛地应用于家电、包装、化工及汽车等领域，尤其是汽车领域的轻量化发展趋势使低密度的聚丙烯受到汽车厂家的超常青睐。

　　石油化工产业环节的特点是投入大，倚靠重型机械设备进行石油开采、存储、运输、提炼，属于资本和技术双重密集型产业，具有较强的议价能力。同时，石油化工产业技术较为成熟，市场比较成熟，产品需求增长缓慢。

　　石油化工产品丰富多样，从体积和价值看，大到太空飞船、飞机、轮船、火车、汽车，中到电脑、办公桌、服饰产品、建材产品，小到装潢用品、牙刷、毛巾、食品包装容器，以及多样多端的游乐器具等产品，都与石油化工有着千丝万缕的关系，直接与人们的生活密切相关。

　　目前，我国石油化工企业分成两大阵营：一是国内外知名石油化工企业，属于产业龙头企业，如中国石油化工集团公司、中国石油天然气集团有限公司、中国海洋集团石油集团有限公司、中国中化集团等，企业市场份额较大；二是中小企业，规模都不是很大，市场集中度低，竞争激烈，占据中低端市场，进行整个行业的市场补缺。

　　高分子材料处于整个产业链的中端，中游环节主要为塑料供应商。我国塑料制品行业经历了数十年的高速发展，经历了从无到有、从小到大的巨变，逐渐趋于平稳发展。我国塑料制品行业在"十二五"期间进行了产业结构调整、转型和升级。近年来，我国塑料制品行业保持快速发展态势，产量销量双双居于全球首位，尤其是塑料制品的产量占世界总产量的比例高达20%。2017年，我国塑料加工业规模以上企业由2011年的12963家增加到15350家，市场竞争程度虽然依然激烈，但行业集中度得以提升；同期，规模以上企业主营业务收入从15584亿元增长至22800亿元以上，年复合增长率达7.93%。目前，我国拥有改性塑料生产企业3000多家，年产量不足3000吨的企业占比较高，过万吨的生产企业比较少。我国在高分子材料的开发和综合利用方面虽起步较晚，但发展较快，我国目前已建立了完善的高分子材料研究、开发和生产体系。随着我国经济发展水平的提高，生活消费品制造、电子信息、汽车工业、机械制造、房地产、医疗器械、航天工业等行业保持持续高速增长，这些行业是高分子材料的主要应用领域，其高速发展促进了我国高分子材料产业的快速发展。①

---

　　①　资料来源：浙江省塑料行业协会，2018 – 11 – 7 https：//www.sohu.com/a/273882348_690749.

6.2　高分子材料产业市场规模

2016 年我国高分子材料产业市场规模 4.19 万亿元，2017 年我国高分子材料产业市场规模 4.17 万亿元；2018 年高分子材料产业市场规模有所下降，但依然达到 3.6 万亿元；2014～2018 年的高分子材料产业市场规模及增速见图 6 - 2。预计 2019 年，我国高分子材料市场规模将达到约 4.4 万亿元；2025 年，我国高分子材料市场规模将达到 5.1 万亿元。

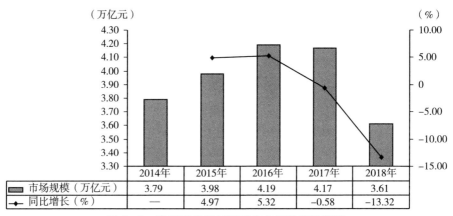

	2014年	2015年	2016年	2017年	2018年
市场规模（万亿元）	3.79	3.98	4.19	4.17	3.61
同比增长（%）	—	4.97	5.32	−0.58	−13.32

图 6 - 2　我国高分子材料产业市场规模及增速

资料来源：广东省塑料工业协会，2019 年。

2018 年，中国高分子材料产业市场规模达 3.61 万亿元，其构成见图 6 - 3。

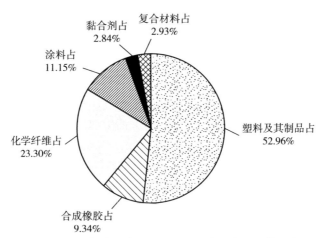

图 6 - 3　2018 年我国高分子材料细分产业市场规模及占比

资料来源：广东省塑料工业协会，2019 年。

高分子材料是现代工业和高新技术的重要基石，据 Eurostat 数据库等显示：2017 年，塑料、橡胶等五大高分子材料全球合计产量接近 5 亿吨；其中，我国产量近 1.7 亿吨，约占全球的 1/3；其中，塑料占比最大（见图 6－4）。发达国家高分子材料应用比例达 70% 以上，我国尚不到 40%，我国在应用领域和方向上存在着巨大的地区差异，生产品质和利用回收方面上都存在着巨大的发展空间。

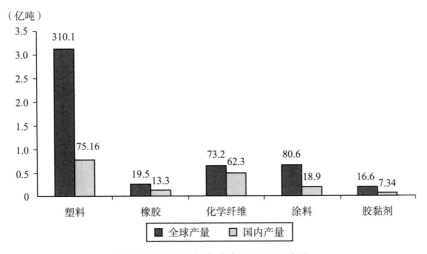

图 6－4　2017 年全球高分子材料产量

资料来源：Wind 数据库、Eurostat 数据库、国际人造纤维和合成纤维委员会（CIRFS）、世界油漆与涂料工业协会（WPCIA），2018 年。

塑料加工产业是高分子材料产业中的重要部分，2018 年我国塑料加工业规模以上企业由 2011 年的 12963 家增加到 15571 家。2018 年中国塑料制品产量为 6042.15 万吨，塑料制品产量排名前 10 的地区是广东省、浙江省、江苏省、福建省、湖北省、安徽省、四川省、河南省、山东省、河北省。

广东省是塑料制品大省，区域集中在珠三角地区，2018 年规模以上企业 3375 家，占我国的 21.67%，平均从业人员 69.21 万人；2018 年广东省塑料制品产量 1002 万吨，总产值 4511 亿元，出口交货值 1020 亿元，主营业务收入 18062 亿元，利润总额 202 亿元，利润率 5.26%，占我国产量的 16.59%。① 2018 年广东省塑料制品产量由 2017 年排名我国第二上升到我国第一。2018 年我国塑料制

---

① 符岸. 2018 年广东省塑料加工运营报告［EB/OL］. 广东塑料网——广东省塑料工业协会，http://www.gdpia.com/xt/gg/2019/0417/35498.html.［2019－4－17］［2020－1－21］.

品产量排名前三强的省份见表 6 - 1。

表 6 - 1　　　　　　　　　2018 年中国塑料制品产量排名前三强的省份

名次	省	产量（万吨）	备注
1	广东	1002.13	占我国总产量的 16.59%
2	浙江	803.47	占我国总产量的 13.3%
3	江苏	469.34	占我国总产量的 7.7%

资料来源：广东省塑料工业协会，2019 年。

对天然橡胶的需求 70% 来自轮胎产业，中国的轮胎消费占全球轮胎消费的 1/3，而中国的轮胎生产量超过了全球轮胎生产量的一半，其中广东省的橡胶生产量又占我国前列（见图 6 - 5）。

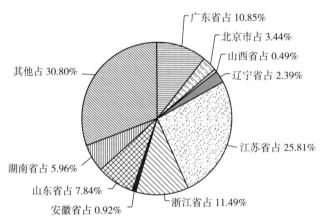

图 6 - 5　2018 年我国合成橡胶企业分布及其产量占比

资料来源：广东省塑料工业协会，2019 年。

6.3　高分子材料的应用现状及发展空间

6.3.1　高分子材料的应用现状

日常生产生活中常见的高分子材料主要有塑料、纤维、涂料、橡胶、黏合剂等，高分子材料在日常生活中得到了广泛应用。服装业、日用品，以及各种工业材料中均对高分子材料有所需求，未来高分子材料将会运用到航空航天领域，涉及纳米高分子材料复合应用、生物可降解高分子材料、高分子材料功能化等。

1. 军工业领域

由于高分子材料具有高耐热、高强度、耐腐蚀的特点，广泛应用于军工业领域、交通运输、海洋工程等重大领域，可用于制作防弹衣、抗高温保护罩等用途，成为相关领域不可或缺的原材料。随着对特殊性能高分子材料的研究深入，高分子材料的"轻而强"优势不断得到发挥和体现，开始部分替代金属材料的应用。军工业领域对材料的性能要求非常苛刻，要求耐受极高温度和极高受力等，能够承受极端恶劣的环境变化，而高分子材料的耐受性能及其可设计性使其在军工业领域内得到很好应用，发挥了非常重要的作用。

2. 建筑业领域

建筑业的发展离不开材料技术的发展，建筑业的发展史就是材料的发展史。材料领域的技术革新通常会促进建筑业的发展，尤其是高分子材料在建筑业领域的发展与应用更是日新月异。高分子材料在建筑业领域内一般应用于室内装修，用来制作所需要的涂料以及黏合剂等，高分子材料具有优异的耐磨性能及"轻而强"性能，可以提高材料的使用寿命，降低材料成本，还可以极大提高室内装修美感和居住质量。

3. 民用领域

高分子材料在生活中的应用极其广泛，例如，薄膜、容器、泡沫塑料等塑料制品；传送带、轮胎、电线的绝缘保护套、雨衣、胶鞋等橡胶制品；涤纶、腈纶等纤维制品，均离不开高分子材料的应用。高分子材料因低成本优势而备受民用领域的青睐，具有极高的关注度。但是，高分子材料在发展与应用中存在一些问题，高分子材料的不可降解性成为最突出的问题，高分子材料使用后需要及时回收，否则会造成严重的水污染、大气污染而危害人类及其他生物的生存环境。因此，现阶段高分子材料的不可降解性问题成为制约技术和产业发展的关键问题。

总之，高分子材料既具有使用量大的特点又具有应用面广的特点。使用量大是指全世界合成高分子材料的年产量如果按体积计算已超过了钢铁产量，应用面广是指高分子材料的应用范围非常广阔。随着国民生活水平改善和全面建设小康社会的进程推进，直接增加我国高分子产品消费量。随着我国经济发展水平的快速提高，我国汽车、电子信息、电子电气、建筑、机械等行业的加速发展，塑料因其可塑性、设计自由度大、生产效率高、轻质、节能等特点得到广泛应用，其中具有比普通塑料更高强度、耐热、耐磨、电绝缘性优良等性能的工程塑料和特种工程塑料等新材料市场需求更是以超常速度发展。我国涂料产业也在高速成长的汽车、船舶、运输、交通道路、房地产、家电等产业的带动下得以快速发展。随着全球人均生活水准的上升，高分子材料技术的不断进步，全球对高分子材料的需求较为稳定增长。

6.3.2　高分子材料的发展空间

1. 政策导向

各类高分子材料是我国化工产业和新材料产业发展的重点，国家已将各类高分子材料及其化学助剂作为优先发展项目，并制定了一系列扶持政策。2012 年，国务院发布《"十二五"国家战略性新兴产业发展规划》、工业和信息化部发布《新材料产业"十二五"发展规划》和《新材料产业"十二五"重点产品目录》；2013 年，国务院发布《国家重大科技基础设施建设中长期规划（2012～2030 年)》；2015 年，国务院发布《中国制造 2025》，将新材料列为大力发展推动的重点领域，要求"以特种金属功能材料、高性能结构材料、功能性高分子材料、特种无机非金属材料和先进复合材料为发展重点，……高度关注颠覆性新材料对传统材料的影响，……"其中，特种橡胶、工程塑料、高性能纤维材料和其他功能性高分子材料等列为材料领域的发展重点，在国家政策支持下，高分子材料行业将迎来巨大的发展空间。

2. 需求导向

面对更多的功能和更高的性能需求，高分子材料在未来的发展趋势主要有以下四个方向。

（1）绿色生态化。高分子材料的不可降解性会破坏生态环境，技术的发展应以保护环境为前提，研究发展绿色环保的高分子材料刻不容缓。首先要提高高分子材料的可重复利用性，减少污染和损耗，探寻可降解高分子材料的技术，提高其可降解性，从材料源头上杜绝环境污染问题发生；其次要拓展合成高分子材料的方法和途径，降低高分子材料对不可再生的矿石燃料的依赖性，才能实现产业可持续发展。

（2）高性能化与多功能化。高性能化是指通过改善材料制备、使用新型材料加工方法提高高分子材料的力学强度，提升其耐腐蚀性和耐磨性等高级性能，使高分子材料达到更高性能要求的应用标准。多功能化是指不断研究实验发现发展具有多种复合功能的高分子材料，做到"一材多用"以实现功能的多样化与复合化。

（3）智能化。智能化是指实现高分子材料拥有可随环境变化的生命功能，如具有记忆功能的高分子材料，可以感知并记忆周围环境温度和亮度的变化，其形状可根据要求做出调整，或根据外界条件的变化而改变；水溶性高分子材料能够自我溶解于水，并具有较好的黏合性和润滑性。智能化高分子材料成为目前材料领域内的新兴研究和发展方向。

（4）轻量化。目前，高分子材料的轻量化是该领域的又一个重要趋势。高分子材料轻量化一般通过采用工程塑料及各种复合材料实现。轻量化材料中，目前钢铁材料依然保持主导地位，但钢铁材料的占比逐年下降，铝合金、镁合金、工程塑料、复合材料等材料占比逐渐增加。目前，汽车行业的材料轻量化已经成为一种流行趋势，使用更多的铝合金、镁合金、工程塑料等不仅有助于降低车身重量，还可带来更好的燃油经济性，也不影响车身强度，工程塑料前景甚好。

6.4　广东省的高分子材料产业发展情况

6.4.1　广东省的高分子材料产业发展概况

2017 年，广东省高分子材料产业市场规模 4934.2 亿元；2018 年，广东省高分子材料产业市场规模达 4528.1 亿元；2014~2018 年，广东省高分子材料产业市场规模及其变化趋势见图 6-6；预计 2025 年广东省高分子材料市场规模将达到约 5449 亿元。

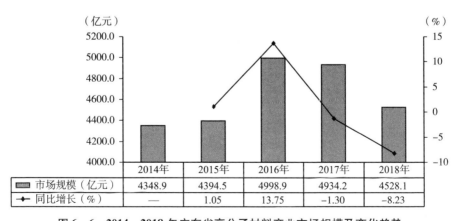

	2014年	2015年	2016年	2017年	2018年
市场规模（亿元）	4348.9	4394.5	4998.9	4934.2	4528.1
同比增长（%）	—	1.05	13.75	-1.30	-8.23

图 6-6　2014~2018 年广东省高分子材料产业市场规模及变化趋势

资料来源：广东省塑料工业协会，2019 年。

从高分子材料产业的细分产业来看，广东省是塑料大省，塑料产量及产值多年来连续位居我国首位。2018 年，广东省地区塑料制品市场规模占比约 68.9%（见图 6 - 7）。广东省是我国塑料相关产业新技术的摇篮，与高分子材料加工相关的产业均是广东省支柱产业，工业 4.0 和 3D 打印制造技术及生物材料制备技术等的蓬勃兴起为广东省的高分子材料相关产业提供了契机。同时，广东省政策为高分子材料产业的发展提供制度保障，2017 年 8 月，广东省人民政府发布《广东省人民政府办公厅关于印发广东省战略性新兴产业发展"十三五"规划的通知》，指出组织实施重大科技成果转化专项。依托国家高技术产业基地和省级战略性新兴产业基地建设，围绕新一代先进高分子材料等领域，推动一批关键核心技术和产品实现产业化，打造 20 个左右特色鲜明，大、中、小企业协同发展的优势产业集群和特色产业链。

广东省是我国最早的塑料制品规模生产地区，无论是居于珠江三角洲的广州、深圳、东莞、佛山、珠海、惠州，还是居于粤东地区的汕头、揭阳、潮州、汕尾等区域均聚集了一大批高质量的塑料制品加工企业，是我国塑料工业最发达的地区。2018 年，广东全省塑料制品产量居于前 5 位的城市分别是，佛山产量为343.68 万吨，占全省产量的 34.3%；东莞产量为 173.55 万吨，占全省产量的17.32%；广州产量为 113.12 万吨，占全省产量的 11.3%；中山产量为 83.14 万吨，占全省产量的 8.3%；深圳产量为 72.6 万吨，占全省产量的 7.26%。①

2018 年广东省高分子材料产业细分产业市场规模占比见图 6 - 7。

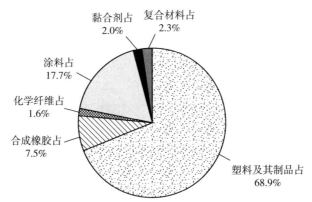

图 6 - 7　2018 年广东省地区高分子材料细分产业市场规模及占比

资料来源：广东省塑料工业协会，2019 年。

---

① 符岸. 2018 年广东省塑料加工运营报告［EB/OL］. 广东塑料网——广东省塑料工业协会 http：//www. gdpia. com/xt/gg/2019/0417/35498. html.［2019 - 4 - 17］［2020 - 1 - 21］.

从生产情况来看，2017 年广东省高分子材料产业产量为 1620.8 万吨，同比增长 9.09%；2018 年广东省高分子材料产业产量为 1530.1 万吨，同比增长 −5.60%；2014 ~ 2018 年广东省高分子材料产业产量及变化趋势见图 6 − 8；预计 2025 年广东省高分子材料产量将达到约 1721.2 万吨。

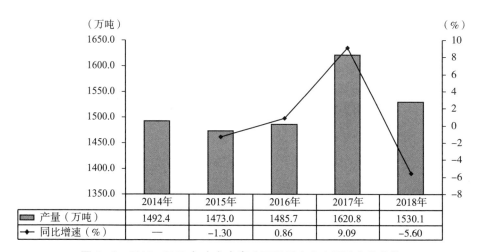

	2014年	2015年	2016年	2017年	2018年
产量（万吨）	1492.4	1473.0	1485.7	1620.8	1530.1
同比增速（%）	—	−1.30	0.86	9.09	−5.60

图 6 − 8 2014 ~ 2018 年广东省高分子材料产业产量及变化趋势

资料来源：国家统计局，2019 年。

从广东省高分子材料供求情况来看，目前，广东省高分子材料市场高端市场主要依赖于进口产品，广东省供给产量基本满足广东省中低端市场需求；市场整体情况是高端市场供不应求，低端市场产品却有所过剩。

广东省是世界第一橡胶线消费市场和进口市场，每年需要进口橡胶线几百万吨，天然橡胶线已成为广东省口岸最大宗进口产品。依托广东省强大的家具、地产产业链，广东省建筑涂料和木器涂料的占比较大。但化纤产量低，2018 年广东省的化学纤维产量在我国占比 1.02%，远低于占比第一的浙江省的 43.1%。

由于高分子材料化学助剂产业具有技术和资金双重密集特点，欧、美、日、韩等发达国家和地区的高分子材料化学助剂产业极其发达，聚集度高，但随着中国等发展中国家和地区技术水平和劳动力素质提升，以及基础设施条件的改善，承载力增强，化学助剂产业已开始从发达国家和地区向发展中国家和地区转移。中国也是产业转移承载地，并已形成了以环渤海区域为中心的高分子材料化学助剂产业优势集群，在长三角地区也形成了一定规模的"块状"经济产业密集区。

随着下游产业的需求增长及广东省经济环境的趋稳，都将会刺激广东省高分子材料产业的整体发展，呈现总体上升趋势，产销量都将有较大幅度地增长，初步预测 2019～2025 年的年增长率将会达到 1.3% 左右。预计 2025 年后，广东省高分子材料产业将呈现市场供需基本平衡状态，国产品牌市场份额逐步增大，增速逐渐趋缓，产业逐渐成熟。

从产业发展基础看，广东省高分子材料基础研发实力强，在某些材料领域达到国际先进水平，为自主创新提供了基础。广东省的高分子材料产业参与者，具备较为丰富的国际化经验，具有全球化的品牌影响力和国际号召力。在"一带一路"倡议的引导下，广东省高分子材料企业以丰富的国际化运营体系、完善的产品供应服务链、我国领先的产品技术为依托，借助全球知名的品牌影响力，具备了一定的与国际产业竞争优势基础。

从产业发展态势来看，广东省高分子材料产业的市场竞争程度依然处于较为激烈的状态，存在数量众多的相关中小型企业，各中小企业势力较弱。广东省高分子材料企业尽管发展历史较为悠久，但是在核心技术上，与国外还是存在一定差距，高分子材料产业发展滞后于制造业发展，高端材料依赖进口对于产品核心技术的掌控，整体上企业较为缺乏核心技术。

从外部环境看，国外高分子材料生产的跨国公司纷纷向我国转移，加紧在我国进行战略布局，通过兼并收购、直接投资等手段抢占我国有利资源、挤压我国企业的市场份额。国外在高分子技术领域存在较高的技术封锁与壁垒，制约先进技术的扩散与转移，这些产业势力成为制约产业发展的壁垒。但制约广东省高分子材料产业发展的主要瓶颈是人才，特别是专业人才的需求缺口问题突出，高分子材料产业所需的既具有良好的专业技术知识与实践能力，又具有较为良好服务能力的复合型人才较为匮乏。

6.4.2 广东省的高分子材料产业的企业数量及现状

2017 年，广东省高分子材料产业总企业数量为 5955 家；2018 年，广东省高分子材料产业的企业个数为 5881 家；2014～2018 年广东省高分子材料产业的企业数量及其趋势见图 6-9；2017 年是拐点，高分子材料产业经过多年调整，企业数量逐步稳定。

广东省是我国最大的高分子材料应用（塑料生产及制品制造）省份，高分子材料加工企业集中度非常高。从区域看，深圳是广东省高分子材料产业最发达、企业密集度最高、产业链配套最齐全的地区。截至 2014 年末，深圳高分子材料产业实现产值约2100亿元，占我国高分子材料产业产值的10%，企业数量超过万家。其中，产值10亿元以上的企业50家、1亿元以上的企业超过千家，上市公司、拟上市公司、国家高新技术企业超过百家。居于次位的是东莞，拥有高分子材料相关企业5000多家。高分子材料与金属材料、无机材料、复合材料等统称为新材料，属于国家战略性新兴产业，其应用涉及人类生活、工作及社会经济发展所有领域，各地市均在努力争取大力发展这一产业。

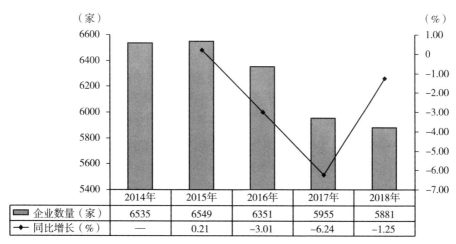

	2014年	2015年	2016年	2017年	2018年
企业数量（家）	6535	6549	6351	5955	5881
同比增长（%）	—	0.21	-3.01	-6.24	-1.25

图6-9 2014~2018年广东省高分子材料产业的企业数量及其趋势

资料来源：广东省塑料工业协会，2019年。

6.5 广东省高分子材料产业发展的人才需求情况

6.5.1 广东省高分子材料产业的人才现状

2017年，广东省高分子材料行业从业人数为197.5万人，同比增长3.08%；仅广州和深圳就有高分子材料产业从业人员100万人以上。2018年，广东省高分子材料行业从业人数为202.5万人，同比增长2.53%。2014~2018年广东省高分子材料产业从业人数及其趋势见图6-10，人员专业构成及占比见图6-11，学历层次构成及占比见图6-12。

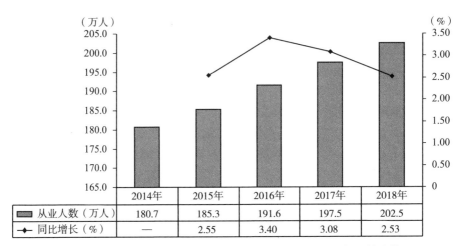

图6-10　2014～2018年广东省高分子材料产业从业人数及其趋势

资料来源：广东省塑料工业协会，2019年。

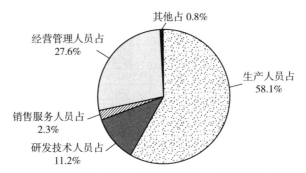

图6-11　2018年广东省高分子材料产业人员专业构成及占比

资料来源：广东省塑料工业协会，2019年。

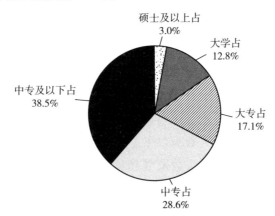

图6-12　2018年广东省高分子材料产业人员学历构成及占比

资料来源：广东省塑料工业协会，2019年。

图6-10显示广东省高分子材料产业就业人数2018年达200万人以上，属于就业吸纳力大的产业；图6-11显示广东省高分子材料产业的就业人员以生产人员较多，而研发技术人员较少；图6-12显示，广东省高分子材料产业高学历人数占比较少，整个产业对研发投入和高端人才的吸纳力不强，这正是制约产业核心技术缺失，产业难以转向高端制造、高端技术产业的重要原因。

2018~2025年，高分子材料产业技术发展要求培养的人才，能与高分子材料产业技术发展要求相适应，德智体全面发展，面向高分子材料的改性、加工应用等相关企业从事技术开发、工艺设计、生产、分析检测等工作，具备高分子材料加工、改性、测试的基本知识和技能，具有较强的实践能力，良好的团队合作、自主学习和创新能力，在生产、研发、销售、管理第一线的应用型技术技能人才。

6.5.2　2018~2025年广东省高分子材料产业发展对人才的需求

2018年，广东省高分子材料产业人才层次需求情况见表6-2。2018~2025年，广东省高分子材料产业链各环节对人才的需求方向以复合型、高端人才为主，见表6-3；高分子材料产业未来5年高职人才需求调查结果显示，企业高技能人才缺乏，产业人员队伍不稳定，尤其是企业一线人才更为缺乏，在很大程度上影响了新材料产业化进程。

表6-2　　　　　　　　　2018年广东省高分子材料产业人才层次需求情况

序号	学历	占比（%）
1	本科及以上	18.7
2	大专	23.4
3	中专以下	57.9

资料来源：广东省塑料工业协会，2019年。

表6-3　　　　　2018~2025年广东省高分子材料产业链各环节的人才需求方向

产业链	产业	人才需求方向
上游	石油化工产业	石油化工产业发展大环境严峻，产能过剩，这导致广东省的石油化工类企业在"十三五"规划期间对高校人才需求量不大。新时期的石油化工产业面临着更加复杂的工艺流程、技术改进、设备应用及管理问题，石油化工企业对于人才的需求朝着经济管理、技术研发、技术应用、生态平衡、知识技术集成的全方位发展

续表

产业链	产业	人才需求方向
中游	塑料改性、加工产业	高分子材料产业未来5年专科层次人才需求调查结果显示，需求量为1~5人的企业比例为11.11%；5~10人和10~80人的企业比例分别为44.44%和44.45%。其中，人才需求量中生产岗位占29.39%、技术岗位占23.26%、管理岗位占18.78%、营销岗位占28.57%，可见，高分子材料产业的大部分企业人才需求量比较大且呈增长趋势，生产及营销岗位需要较多专科学生
下游	医疗器械产业	1. 需求更多的复合型人才：医疗器械行业涉及各种专业知识的综合、交叉运用，产品涉及生物、化学、物理、材料、电子、计算机、良好作业规范/优良制造标准（good manufacturing practice，GMP）和质量管理等多种知识，因此，医疗器械企业招聘的人才以具备这些专业知识和实际操作技能的复合型人才为主； 2. 需求更多的高质量研发人员：医疗器械企业主要招聘化学、生物、药学、电子、计算机等专业的人员，一直没有针对性强的医疗器械相关专业毕业生，原因是目前我国多数高校还没有设立医疗器械的相关学院或者专业。多数高级研发人员的招聘专业不太对口，导致工作效率不高，研发成果少、进度慢。实际上，市场对高端仪器有着较大需求，但我国高端研发人才数量极少，制约了研究质量和效率提升，产业缺少人才支持和研发动力，无法向产业高端发展，只能做到低端产品的不断优化，这是我国近十多年主要集中对中低端的医疗器械进行研发和出售的主要原因
	汽车产业	1. 中西文化贯通的专业化人才：专业化4S店高级管理人才需要具备个人领导能力、人格魅力、先进的管理能力及高效营销策划能力等综合素质，能够将欧美日"百年老店"经典营销模式的精髓融会贯通地应用于本地文化的市场情景中； 2. 具备互联网思维人才："互联网＋"深度影响传统汽车产业，未来汽车产业将以互联网为载体对汽车产品、营销及售后等多方面开展智能而高效的服务，塑造全新的汽车生态圈，这需要培养具有互联网思维的专业性人才和专业化营销管理人才； 3. 创新型实践人才：企业转型升级更需要具有创新思维和创新能力的人才，能给传统产业注入新思路和理念、新业务流程、新商业模式、新盈利模式，并具有战略制定与执行能力； 4. 有工作经验的人才：汽车产业总体对人才的学历要求不高。从发布的招聘职位看，硕士及以上职位占比仅为0.89%；高中及以下学历要求的占比为19.41%；占比最高的是专科学历职位，高达36.73%。但汽车产业对经验水平有一定要求，要求3~7年工作经验占比达41.55%

资料来源：广东省塑料工业协会，2019年。

2018年，广东省高分子材料产业从业人数为202.5万人，高分子材料产业需求人才的细分产业或相应岗位来自石油化工、电子电器、建材、汽车、包装、军工、航空航天、轻纺及医药等领域的科研（设计）院所或企业，对应从事涂料、黏合剂、复合材料、塑料、橡胶、化纤的合成、加工、应用、生产、技术研发、技术管理、市场开发拓展等工作，高分子专业人才也可以在高新技术领域从

事研究开发工作，研发高性能材料、光电材料、功能材料、生物医用材料、精细
高分子材料和其他特种高分子材料，还可到高等院校从事教学、科研工作，其具
体的岗位需求见表 6 - 4。

表 6 - 4　　　　　　　　高分子材料产业的就业岗位状况

序号	产业类型	产业特点	相关岗位
1	塑料制品（特种工程塑料与普通塑料）	工程塑料业处在工业的前沿，在高分子材料产业里具有较高的科技含量，研究空间较大，收入较高，拥有工程塑料产业的技术或生产管理经验者，容易获得工作机会	技术品质岗位中的配方设计（研发、开发）人员的薪酬最高，其岗位任职（招聘）要求显示，大公司要求高分子硕士、高分子博士；小公司要求高分子本科、高分子硕士
2	塑料制品	细分产业包括：注塑、挤出、压延、吹塑等各种塑料成型加工业，其中注塑业是最大的细分产业	晋升通道：从技术员、助理工程师、生产计划员晋升到工程师、车间主任，再晋升到部门经理、副总经理、总经理等管理岗位
3	橡胶制品	橡胶制品业的 80% 是轮胎制造业，轮胎厂数量少，接收高分子专业毕业生太有限；只有 20% 的工业橡胶制品（橡胶杂件）生产企业可吸纳部分高分子材料与工程专业毕业生	从事橡胶工程师或车间主任、质量总监、橡胶工艺员、橡胶工艺工程师、模具设计工程师、品检员、试模员、成型技术员等岗位
4	纤维类	化纤新产品开发周期较长，企业市场份额小，对研发人员的需求少。但新型的碳纤维、超高聚乙烯纤维、玄武岩纤维等产业和技术的发展，催生许多新的工作机会	研发工程师、物检人员、包装人员、加料人员、打件人员、纺织工程技术员、纺织工艺工程师、织造技术员、染整技术员、棉纺技术员、面料工程师、轻编技术员等
5	涂料、胶黏剂、油墨等	产业技术革新快，新产品利润相对较高，研发和销售工作岗位和晋升机会多。但这些产业同类产品多，竞争相对激烈，新产品的利润空间大约为 5 年	涂料、油墨原材料区域销售主管，油墨、胶黏剂工程师，化工原料销售工程师等

资料来源：广东省塑料工业协会，2019 年。

6.5.3　高分子材料产业对应企业的人才需求岗位

通过对高分子材料产业的代表性企业，杜邦高性能材料事业部、沙特阿拉伯
基础工业（SABIC）公司等属于外资企业，金发科技股份有限公司、佛山佛塑科

技集团和联塑集团等大型企业，以及深圳市志海实业股份有限公司（塑料助剂）、广州维力医疗器械股份有限公司（医疗器械）、广州市振兴实业有限公司（塑料日用品）等六家广东省塑料加工产业领先企业，进行抽样调查和分析，并以企业的算术平均占比数代表整个产业的人才需求和岗位方向及比例（见表 6 - 5）。从所调研的高分子加工企业人员组成上分析，企业内部高层次人才比例博硕士、本科、高职、中专约为 1∶6∶6∶1，即本科和高职人员的组成比例相当。从各企业提供的最紧缺岗位的统计情况来看，仅有 17% 的企业紧缺生产工及操作工；83% 以上的企业紧缺研发人员，而对研发人员的需求本科和专科的比例约为 5 ~ 10∶1。从所调研的深圳市志海实业股份有限公司（塑料助剂）、广州维力医疗器械股份有限公司（医疗器械）、广州市振兴实业有限公司（塑料日用品）等六家广东省塑料加工产业领先企业人才需求分析，企业对研究生的需求占总需求人数的比例较小（6.02%），主要岗位为技术开发；企业需求较多的是本科及以下学历人才。

表 6 - 5　　　　高分子材料产业代表性企业的人才需求和岗位方向及比例　　　　单位：%

岗位方向		研究生	本科	大专/高职	中职
目前在岗人数	技术开发方向	0.49	10.36	7.54	1.74
	一线管理方向	0.20	2.14	3.88	1.64
	制造方向	0.05	0.85	1.79	10.56
	营销方向	0.12	2.18	1.45	0.42
未来五年需求人数	技术开发方向	0.92	1.52	1.37	1.07
	一线管理方向	0	0.57	0.94	1.43
	制造方向	0.05	0.66	1.87	4.56
	营销方向	0.09	1.61	0.27	0.095

资料来源：根据广东省塑料工业协会调查数据计算所得，2019 年。

从人才类型看，一般分为学术型、工程型（应用研究、技术理论研究型）、技术型（实用型、技术应用型）、技能型四种类型。人才需求情况调查显示，广东省高分子材料专业人才需求比例分别是，工程型人才需求占 50.3%，技术型人才需求占 32.8%，学术型人才需求仅占 5.6%（见图 6 - 13）。随着生产水平的提高、科学技术的进步，工程型、技术型人才的需求数量将不断增加，人才需求结构比例呈现出典型的"橄榄"形结构。

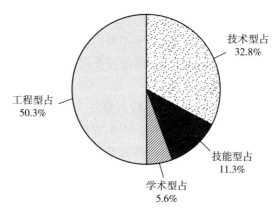

图 6 - 13　广东省高分子材料产业人才需求比例结构

资料来源：广东省塑料工业协会，2019 年。

广东省高分子材料企业对产业人才的关注因素主要体现在员工的道德素质、职业技能、综合素质和文化素质，分别达到 95.6%、90.6%、89.3%、72.3%（见图 6 - 14）。

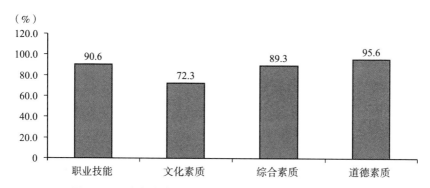

图 6 - 14　广东省高分子材料产业企业对人才的关注因素

资料来源：广东省塑料工业协会，2019 年。

高分材料加工技术专业毕业生优先从事高分子材料成型加工工程中相关的物料配制与制品成型等生产操作，原材料及产品检测、销售助理等工作。当具有一定工作经验或经过培训进修后，可从事高分子材料制品的配方设计工作，也可从事工艺革新、高分子材料的改性、生产管理、质量管理、产品营销或售后技术服务等岗位工作。根据毕业生职业生涯发展情况，通过一段时间的一线生产实践获得相应经验，以及自身综合素质得到提升后，晋升岗位主要有产品研发人员、销售主管及管理岗位的中高层领导。

专科毕业生在基层锻炼后优先经历生产类岗位；本科毕业学生在基层锻炼后优先经历技术类和管理岗位；销售及售后服务类岗位门槛相对较低，本科和专科毕业生在此路径上均同时经历。

高分子材料产业相关工作人员在塑料、橡胶、涂料等领域工作的岗位众多。由于广东省塑料工业在我国的重要地位，广东省高分子材料专业毕业生就业的主要行业为塑料加工行业，根据主要岗位的晋升情况具体划分为生产路径、技术路径、销售路径，其相应的学历和能力要求见表6-6、表6-7和表6-8。

表6-6　　高分子材料产业主要岗位学历和能力要求（对应生产路径）

岗位级别	岗位名称	学历要求	能力要求
高级	生产经理	本科及以上	1. 具备制定塑料材料和塑料制品生产目标和计划能力，协助上层执行相关政策和制度； 2. 能进行日常生产管理工作，能对下属员工进行管理、指导、培训及评估； 3. 能编制年度生产作业计划，进行生产调度、管理和控制； 4. 能组织生产、设备、安全检查、环保、生产统计等管理制度的拟定、修改、检查、监督、控制及实施执行； 5. 能设置并实施产品的进度、生产方法和流程； 6. 能与其他部门高效率协作
	品质经理	本科及以上	1. 具备全面负责公司品质部门管理、领导、培训、协调合作能力； 2. 熟悉产品的来料、生产和交付的品质标准； 3. 能构建工厂质量管理指标体系，制订工厂质量工作计划，并具有执行能力； 4. 能处理质量异常问题，牵头处理客户投诉与退货的调查、原因分析，并推动相关责任部门制定改善措施，跟进客户投诉问题并能及时、有效地解决问题； 5. 能对公司的质量成本进行分析和改善，预防潜在不良品的发生； 6. 能对公司流程体系进行建设、维护、改进，并对各部门的工作进行内部流程审计
中级	车间主任	专科及以上	1. 精通各种设备及周边辅助设备，对各种原材料的物性有一定的了解，熟悉产品生产工艺及流程，熟悉生产车间管理； 2. 能吃苦耐劳，有执着的敬业精神； 3. 工作严谨，遇事冷静，处理问题果断及时，讲求工作效率
	生产主管	专科及以上	1. 具备生产现场管理和生产质量控制能力； 2. 了解生产进度、生产安排和人员调配，能够对生产现场人员、机器、材料各环节进行强效管理； 3. 良好的沟通能力和技术支持协调能力，团队协作意识强； 4. 有强烈的工作责任心和敬业精神； 5. 能吃苦耐劳，工作抗压性和抗强度表现佳

续表

岗位级别	岗位名称	学历要求	能力要求
中级	QA 主管	本科及以上	1. 根据内部要求及时对产品的有关项目组织实验室测试; 2. 制订品质计划; 3. 统计、分析各阶段品质不良情况和原因,并推动各部门改善以达到目标; 4. 针对材料不良情况,辅导供应商分析并改善; 5. 做好品质记录,以便追溯; 6. 稽核评估供应商,并做好相应记录
初级	领班	不限	1. 负责生产车间机台的维护与调机; 2. 车间生产安排、管理,机械调机等相关工作; 3. 负责员工日常工作的安排
	工艺员	专科及以上	1. 能管理协调生产线各岗位的工作; 2. 能监控生产线各工艺点的运行情况; 3. 能监控设备的运行情况; 4. 能协助工程人员对设备进行维护、保养、维修
	注塑/挤出技术员	中专及以上	1. 熟悉国产注塑机/挤出机的调试和维护; 2. 熟悉机械手、热流道的调试,有一定的模具基础; 3. 对注塑中/挤出机出现的异常问题能够独立解决,沟通能力强; 4. 对常见塑胶原料有相当的认识; 5. 熟悉 ISO 9001 体系认证培训
	质检员	专科及以上	1. 能按照技术规格要求、标准检验方法,进行成品或半成品检查工作; 2. 能记录检验结果,协助对外提供检验报告和质量资料; 3. 能调查成品不合格品原因,协助处理不合格品和积压品; 4. 能对客户投诉和退货进行具体调查和确认,并出具调查报告; 5. 能对检验标准、检验记录、成品留样和来往资料进行归档管理

资料来源:广东省塑料工业协会,2019 年。

表6-7 高分子材料产业主要岗位学历和能力要求(对应技术路径)

岗位级别	岗位名称	学历要求	能力要求
高级	塑料制品研发经理	本科及以上	1. 具有深厚的塑料制品企业工作经验,对产业的技术情况和发展方向有较深入了解; 2. 具有组织开发新产品的能力和项目管理能力; 3. 具有较强的沟通、文字和社会活动能力
	新材料研发经理	本科及以上	1. 对改性塑料、高分子复合材料较为了解; 2. 能独立承担研发课题并实施; 3. 掌握改性塑料、高分子复合材料的最新市场动向; 4. 有较强的分析判断能力、沟通能力及良好的管理能力

续表

岗位级别	岗位名称	学历要求	能力要求
中级	高分子材料工程师	本科及以上	1. 对各种测试仪器操作熟悉； 2. 熟悉塑料的测试标准和流程，对相关的测试数据敏感； 3. 有团队合作精神，能够按时完成任务，协助新产品研发中的材料问题； 4. 配合上级完成计划内的任务，协调解决品质部、制造部提出的涉及材料应用的技术问题，配合品质部进行造粒车间的品控工作； 5. 熟悉改性工程塑料的基本理论知识并有一定的实践经验
	工程塑料研发工程师	本科及以上	1. 有相关产品开发的工作经验； 2. 熟悉工程塑料配方体系，对工程塑料改性有深刻认识； 3. 熟悉加工设备
	注塑工程师	专科及以上	1. 了解注塑模具和注塑机的结构与性能，能进行机器调试，熟练测试新产品，能改进工艺性能； 2. 精通并能改善注塑工艺，了解塑料材料性能，质量控制、检验方面的经验丰富； 3. 熟练操作 AUTOCAD、PRO/E 等绘图软件； 4. 责任心强，踏实，肯吃苦耐劳； 5. 熟练的英文读写能力，口语能够进行简单交流； 6. 注塑机操作熟练
初级	助理工程师	专科及以上	1. 能配合销售人员对客户出现的问题做出解决方案； 2. 对现有的原材料进行不同性能的复配调整； 3. 根据市场需要做新产品配方开发； 4. 熟悉产品制造及应用工艺； 5. 对原材料有一定的认识

资料来源：广东省塑料工业协会，2019 年。

表 6 - 8　　高分子材料产业主要岗位学历和能力要求（对应销售路径）

岗位级别	岗位名称	学历要求	能力要求
高级	销售总监	本科及以上	1. 丰富的产业销售、市场营销工作经验，熟悉产品应用，特别是产品重点应用领域，外语表达能力优秀更佳； 2. 受过战略管理、战略市场营销、管理技能开发、组织变革管理、合同法、财务管理等方面的培训； 3. 熟悉现代管理模式和业务，熟练运用各种激励政策和措施； 4. 有丰富的市场营销策划经验，能够识别、挖掘、确定潜在的商业合作伙伴，熟悉产业市场现状和发展规律； 5. 具有丰富的营销技巧，较强的市场策划能力和运作能力； 6. 良好的口头及书面表达能力； 7. 工作细致、严谨，并具有战略前瞻性思维； 8. 具有较强的判断、决策、计划、执行、管理能力，人际沟通协调能力； 9. 具有极强的市场拓展、项目协调、谈判能力； 10. 具有高度的工作热情和责任感

续表

岗位级别	岗位名称	学历要求	能力要求
高级	大区域销售总监	本科及以上	1. 负责销售和市场营销，阐明和执行在中国南方市场长远的战略目标； 2. 理解和定义市场的定位和应用，发现并建议销售发展的关键方向； 3. 制订和执行业务计划和战略举措，确保满足短期和长期的盈利增长目标； 4. 分析和持续评估销售计划和成本，预测并决定达到既定目标； 5. 发展和保持与现有客户和潜在客户的日常维护，与其建立信任关系，达到销售机会最大化； 6. 积极主动地管理客户的采购需求，负责主要客户的维护； 7. 关注可能影响战略和业务方向的关键因素和商业条件； 8. 确保向客户提供全方位的技术支持和质量控制
中级	销售主管（原辅料）	专科及以上	1. 熟悉工程塑料和弹性体产品性能和应用； 2. 形象和气质良好，沟通能力以及团队协作能力强； 3. 为人正直，性格开朗，热爱销售工作，能够吃苦耐劳； 4. 具有良好的沟通交流能力和英语水平
中级	销售业务经理	专科及以上	1. 具有塑料、高分子或塑料模具加工方面的知识基础； 2. 热爱销售工作，抗压抗挫折能力强，勇于接受挑战； 3. 性格开朗，善于沟通协调，具有较强的责任心和团队精神； 4. 拥有相关塑料、化工或高分子类产品销售经验或相关专业背景； 5. 能开发合作代理商，拓展新客户； 6. 能制订并实施销售计划和方案，完成公司的销售任务； 7. 了解竞争对手情况，汇总销售过程信息，分析并做出相应后续措施
中级	销售工程师（工程料）	专科及以上	1. 语言表达能力强，善于沟通； 2. 要求理工科背景，或文科市场营销专业或高分子工厂注塑经验； 3. 具备较强抗压抗挫折能力，以及一定的目标管理能力； 4. 环境适应能力强； 5. 有销售经验和驾照
初级	销售代表（特种塑料）	专科及以上	1. 具有塑料、高分子或塑料模具加工方面的知识基础； 2. 热爱销售工作，能够抗压抗挫折，勇于接受挑战； 3. 性格开朗，沟通能力强，具有较强的责任心和团队精神； 4. 具有相关塑料、化工专业背景或高分子类产品销售经验
初级	销售业务员（工程料）	专科及以上	1. 能及时掌握公司的产品和推广策略及其他销售工作要求； 2. 能在部门经理的带领或指导下，实现个人业绩目标； 3. 能通过各种途径寻找和接洽有塑胶原材料、改性工程塑料需求的生产制造型企业； 4. 能与其他部门同事团结协作，充分了解把握客户需求，完成售前、售后服务； 5. 能根据客户需求和市场变化，对公司的产品和服务提出建设性建议

资料来源：广东省塑料工业协会，2019 年。

除从事生产岗位的初级职称对学历要求相对较低外，其他岗位对学历要求均在专科以上，说明高分子材料行业总体要求在提高。对应生产路径的能力则注重流程控制与管理，主要在于掌握整个生产过程和相应程序化环节，对创新能力要求不高；对应技术路径的能力要求注重项目管理，需要根据项目要求做出反应，对研发、市场反应、协调、创新能力要求较高，需要具备跨学科的知识水平和复合能力；对应销售路径的能力要求掌握本专业基础还要具备市场反应、市场预见、客服管理能力、协调沟通能力和合作能力，属于复合型人才的能力要求。

6.6　高分子材料产业发展的高校人才培养情况

据广东高等教育出版社 2017 年 6 月出版的《广东中高本衔接专业教学标准研制调查与分析》对高分子材料专业的调研结果是：广东省开设高分子材料专业的本科院校每年可提供 900 人次左右的本科毕业生；高职院校每年可提供 300 人次左右的毕业生。整体而言，广东省高分子材料加工产业存在一定的人才供给缺口，生产一线急需补充大批专业技术与管理人才，高等职业教育以"高素质技术技能型专门人才"为培养目标，能够满足相关人才需求。高分子材料专业就业率达 92% 以上。其中，选择国有企业的占 26.34%，民营及私营企业占比达 13.17%，三资企业占比达 11.93%，科研设计单位占比只有 6.26%。

从各院校的专业设置看，本科阶段高分子材料相关专业是"高分子材料科学与工程"，而在研究生阶段一般分属于"材料学""材料加工"，以及"高分子化学与物理"等专业。普通高等学校高等职业教育（专科）专业目录（2015 年）与高分子材料相关的专业为"高分子材料加工技术""高分子材料工程技术（2015 年修订专业目录前为高分子材料应用技术）""材料工程技术"。其中"材料工程技术专业（硅酸盐方向）"主要对应职业类别为建材工程技术人员，接续本科专业"冶金工程""无机非金属材料工程"，与高分子材料相关度不高，广东省内高职院校设置的高分子材料相关专业为："高分子材料加工技术""高分子材料工程技术""材料工程技术"。

根据 2019 年普通高校招生情况来看，与高分子材料专业有关的相关专业是"材料科学与工程""材料类""复合材料与工程""分子科学与工程""材料化学""材料工程技术""精细化工技术""应用化工技术"，人才培养以本科层次为主，总计招生 2723 人次；专科只招收"高分子材料""材料工程技术""精细化工技术""应用化工技术"四个专业，总计招收340人次，本科招生人数为专科人数的8倍（见表6-9、表6-10）。

表6-9   **2019年我国普通高校在粤招收高分子材料专业情况**

序号	专业	学校（所）	层次	招生数（人）	备注
1	高分子材料与工程	49	本科	744	—
		4	专科	130	—
2	轻化工程	13	本科	46	—
3	材料科学与工程	44	本科	740	—
4	材料类	52	本科	713	—
5	材料工程技术	1	专科	20	深圳职业技术学院招生20人
6	复合材料与工程	6	本科	11	—
7	分子科学与工程	1	本科	2	—
8	材料化学	26	本科	467	—
9	精细化工技术	7	专科	121	—
10	应用化工技术	7	专科	69	—
11	本科合计	191	本科	2723	—
12	专科合计	19	专科	340	—
13	本科专科合计	210	—	3063	—

资料来源：广东教育考试院.广东2019年普通高等学校志愿报考指南［M］.广州：广东高等教育出版社，2019.

表6-10   **2019年广东省及外省（区、市）高校**
在粤招收高分子材料等专业的具体情况

专业	学校（所）	层次	招生数（人）	属地	备注（招生人数前3位）
高分子材料与工程	40	本科	119	外省（区、市）	
	9	本科	625	广东省	广东石油化工学院招138人；广东药科大学招128人；仲恺农业工程学院招90人
	49	本科合计	744	—	
	4	专科	130	广东省	广东轻工职业技术学院招72人；河源职业技术学院招40人；江门职业技术学院招8人
	4	专科合计	130	—	
	53	本专科总计	877	—	—

续表

专业	学校（所）	层次	招生数（人）	属地	备注（招生人数前3位）
轻化工程	13	本科	46	外省（区、市）	福建农林大学招10人；南京林业大学招10人；齐鲁工业大学招5人
	0	本科	0	广东省	—
	13	本科合计	46	—	—
材料科学与工程	32	本科	104	外省（区、市）	
	12	本科	636	广东省	佛山科学技术学院招158人；吉林大学珠海学院招79人；深圳大学招58人
	44	本科合计	740	—	—
材料类	48	本科	279	外省（区、市）	中南大学招35人；济南大学招15人；武汉理工大学招13人
	4	本科	434	广东省	广东工业大学招299人；中山大学招111人；华南理工大学招20人
	52	本科合计	713	—	—
材料工程技术	1	专科合计	20	广东省	深圳职业技术学院招材料工程技术20人
复合材料与工程	6	本科	11	外省（区、市）	—
	0	本科	0	广东省	—
	6	合计	11	—	—
分子科学与工程	1	本科	2	外省（区、市）	天津大学招生2人
	0	本科	0	广东省	—
	1	合计	2	本科	—
材料化学	18	本科	62	外省（区、市）	
	8	本科	405	广东省	佛山科学技术学院招157人；广东第二师范学院招78人；仲恺农业工程学院招59人
	26	本科合计	467	—	—
精细化工技术	1	专科	2	外省（区、市）	东北石油大学招2人
	6	专科	119	广东省	深圳职业技术学院招49人；广东轻工职业技术学院招43人；中山火炬职业技术学院招15人
	7	专科合计	121	—	—

续表

专业	学校（所）	层次	招生数（人）	属地	备注（招生人数前3位）
应用化工技术	2	专科	3	外省（区、市）	开封大学招生2人；漳州职业技术学院招1人
	5	专科	66	广东省	广州工程职业技术学院招25人；揭阳职业技术学院招17人；顺德职业技术学院招16人
	7	专科合计	69	—	—
总计	191	本科总计	2723	—	—
	19	专科总计	340	—	—
	210	本专科合计	3063	—	—

资料来源：广东教育考试院．广东2019年普通高等学校志愿报考指南［M］．广州：广东高等教育出版社，2019.

　　表6－10显示，与"高分子材料"专业名称完全一致进行招生的学校较少，多数以大类招生，招收材料类相关专业；招生层次以本科层次为主，专科招生总体量上偏少，只有本科招生量的1/9。广东省和外省（区、市）共同承担人才培养任务，量上不相上下。目前，广东省高分子材料相关专业的本科院校有：中山大学、华南理工大学、暨南大学、广东工业大学、深圳大学、广东石油化工学院、仲恺农业工程学院、东莞理工学院、广东药学院、佛山科学技术学院等，其中一些高校以专业大类招生，如中山大学材料科学与工程学院招收材料类（含材料物理、材料化学、高分子材料与工程专业）、化学学院招收化学类（含化学、高分子材料与工程专业）。目前，中职学校没有设置高分子材料加工相关专业，中职化工类毕业生或机械类毕业生经过企业培训后可以从事初级岗位工作。就"高分子材料"专业而言，有49所本科院校在广东省招收学生，只有4所学校招收"高分子材料"专业专科学生，而且招生数量相差6倍，究其原因，"高分子材料"专业涉及材料、化学、模具设计、控制工程，所需要的知识面较广，学科基础较宽，要求较高，因此以本科院校为主进行培养，专科人数较少，而且近年涉化工类专业出现高职类招生困难、学生报到率不高的问题，高职实际就读学生人数低于招生人数。

　　虽然专科层次招收"高分子材料"专业人数较少，但学校相对集中，广东省高职类高分子相关专业开设情况见表6－11。表6－11与表6－9、表6－10的招生数量略有差异的原因是专业相关性上考虑不一样所致，但3个表格均可以看到专科招生量上明显低于本科招生量，说明"高分子材料"专业是一个快速发展的专业，市场和社会对其要求越来越高，产生创新性技术需要更多跨学科知识，因此研发人才主要集中在高学历和高知识层次方面，相应专业技术的应用也下沉至本科生，本科生成为高分子材料专业的应用型主体，虽然企业依然对专科和中职毕业生有一定需求，但基本处于一线工作人员，而晋升空间和路径被本科和硕士及以上学历人员所拥有，这对高职专业的招生提出了警示，对其专业设置提出了新要求。

表 6 – 11　　　广东省开设高分子材料相关专业的高职院校及其招生情况

序号	学校	设专业	招生人数（人）		备注
			2018 年	2019 年	
1	广东轻工职业技术学院	高分子材料加工技术	111	181	—
2	深圳职业技术学院	材料工程技术专业	37	48	—
3	河源职业技术学院	高分子材料工程技术专业	50	82	—
4	江门职业技术学院	高分子材料工程技术专业和复合材料工程技术	53	169	2019 年分三个方向或特色培养班：高分子材料加工与应用、首饰材料技术与营销、再生资源加工与营销
5	广东职业技术学院	高分子材料加工技术专业（包含两个专业方向：新型纺织材料、塑料成型与贸易）	114	125	—
	合计		365	605	—

资料来源：广东教育考试院，2019 年。

　　根据上述情况，2018 年高分子材料专业就业人员 202 万人，按 2.53% 的人才增长率计算，预计 2020 年高分子材料专业人才需求总量为 5.23 万人，人才缺口达 4.9 万人。

6.7　高分子材料产业发展的前景与人才培养

6.7.1　高分子材料产业发展趋势与前景

1. 绿色高分子材料及其制品前景广阔

高分子材料加工领域的转型发展以生产过程的环保、节能及智能化为主要特征。绿色产品污染少，可应用到工业生产、食品包装等方面，绿色高分子材料及其产品已成为新材料产业发展的新趋势，高分子材料产业的长远发展，必须与低碳、绿色环保的生产方式和消费方式保持一致。因此，企业长远发展要注重节能减排、绿色生产，需要转变目前能耗较高的生产方式，尽快使用新设备、新技术，减少资源能源的浪费，进一步优化产品生产结构，提升产品质量，创立品牌以增强企业国际竞争力。同时通过强化管理、提高市场销售能力，转变贸易方式，减少高能耗高成本、初级制成品的出口量，增加高技术高附加值的智能产品的出口量，加大研发经费投入，加大高技术含量产品比重，为社会提供可节能减排的高性能高分子材料。在具备技术优势、原料优势和市场优势的基础上，开发高性能"绿色"高分子新材料，只有通过技术和市场同时占据微笑曲线的两端才能保证高分子材料产业的持续发展。

2. 我国高分子材料产业的可持续发展方向

（1）现有高分子材料的高性能化。将现有的高分子材料高性能化是产业可优先发展的方向。高性能化高分子材料包括：极性聚烯烃新材料，可热塑性加工的聚乙烯醇塑料，高速低成本 BOPE 薄膜专用树脂，用于电容器膜的高纯聚丙烯树脂，低含量 VOC、无增塑剂、抗菌防霉聚丙烯无纺布专用树脂，抗菌防霉塑料和纤维，更低可溶物的高抗冲透明聚丙烯共聚物，高结晶高抗冲聚丙烯树脂，高熔体强度高抗冲聚丙烯树脂，克服"魔三角"的节能汽车轮胎胎面用橡胶等。

（2）高性能"绿色"高分子新材料。需要开发高性能"绿色"高分子新材料以应对市场竞争，促进高分子材料产业可持续而健康的发展。这类材料包括：生物基聚酰胺等生物基高分子材料，含石墨烯等碳材料的复合材料，低成本、高强度可生物降解的农用地膜材料，高档润滑油脂用聚合物材料，3D 打印用聚合物材料、聚（1－丁烯）树脂，烯烃基均聚或共聚弹性体，导电、导热高分子新材料，节能型 LED 照明、显示用光扩散材料，高分子纳米复合材料、页岩油气开采用聚合物新材料等。

（3）"绿色"高端聚合物制品。"绿色"高端聚合物制品是我国高分子材料的新技术开发领域和产业高端。该类制品包括：超滤和反渗透膜等分离膜材料，锂离子电池用聚烯烃隔膜，低热传导系数、低成本建筑用外墙保温新材料，"聚烯烃机头拉伸"加工技术及材料和制品，高性能发泡聚烯烃材料，阻燃抗滴落 PET 纤维，高性能低成本抗静电纤维，抗菌防霉 PET 纤维，防霉、抗菌、阻燃、抗滴落"超仿棉"纤维等。

3. 高分子材料的循环利用值得高度关注

目前，我国的塑料、纤维和橡胶三大合成高分子材料，一方面消耗了大量的化石能源；另一方面其废弃物对环境产生越来越大的压力，甚至造成了严重的环境污染。如何减少高分子材料对化石能源的消耗，找到解决方案和途径以减少其废弃物污染环境，满足人们对高分子材料的巨大需求，对促进高分子材料产业的可持续发展具有十分重要的意义。如何有效地利用可再生的生物质资源制备高分子材料以减少对化石能源的依赖性？如何实现废弃高分子材料的高值化回收利用以达到可循利用？如何实现在难以回收应用领域使用的一次性高分子材料制品的可完全生物降解设计与制备，减少难以回收废弃物对环境造成污染等方面的相关工作和研究均具有极其重要的现实意义，需企业、研发单位和人才培养单位重点关注。

6.7.2 高分子材料产业人才培养对策

1. 高分子材料专业人才培养模式

培养高分子材料加工技术专业人才应结合实际需求选择合适的人才培养模式，在遵循绿色、环保、低碳、循环、可持续的产业发展方向上培养相关人才，适合高分子材料类专业的人才培养模式有以下三种。

（1）"通识教育＋专业教育"的齐头并进模式："互联网＋"和工业4.0时代的到来，迫切要求高校培养复合型人才，高校各专业之间应彼此相互渗透，在通识教育基础上推进专业教育，通过跨学科的渗透与融合，培养适应"互联网＋"和工业4.0时代的复合型人才。

（2）"多学科融合＋创新教育"的融合模式：科学逐渐分化为精细的专门学科，各学科之间界限分明，彼此难以融合，也难以创新，而现代科学技术发明成果大多产生于交叉或跨学科领域，因此需要通过交叉或跨学科的相互渗透来培养跨学科、复合型的创新人才。目前，综合性大学汇聚不同学科专家学者，更适宜进行学科交叉研究和跨学科人才培养，在高职院校内尚能达到要求和标准，需要增强相关方面的科研和教学实力。

（3）"产业链＋专业群"对接的教育模式：产业链的各个环节和节点涵盖各类相关专业，因此，高校应面向相关产业链的构成和发展来进行专业设置，增强专业群对产业链和产业群的贡献，同时利于提升专业群建设的整体水平，提高学生综合运用知识和技术的能力，培养出复合型人才。

2 高分子材料产业需求人才的分类培养定位及对策

高分子材料加工技术专业（群）人才定位主要分为技能应用型人才与创新研发型人才两大类。在目前高分子材料产业转型升级的影响下，产业对高分子材料加工技术专业（群）技术人才的要求逐渐提高，不再仅仅要求人才具有一定的动手实践能力，对人才综合素养要求逐渐提高，对创新研发型人才的需求增加，两大类人才需求和培养方向见表6-12。

表6-12　高分子材料加工技术专业人才能力定位与培养要点

人才类型	能力要求	培养课程设置特点
技能应用型	应用型人才培养应以高分子材料相关技能提升为基础，结合社会实际情况对学生的应用能力进行培养，使其具有较强的职业竞争力，其主要人才培养目标为具有较强的职业技能、重视技术运用、知识应用和创新，着重培养实操性技能，技术实践为其人才的主要特征	以技能型实操课程为主要特点，突出工匠精神，培养学生的动手能力，如注射、挤出、配混及测试实操能力
创新研发型	创新研发型人才的培养主要以知识教育及创新能力提升等为基础，结合教学目标，使学生具有较强的高分子材料相关专业知识基础，重视对专业技术的创新性研究，真正地体现知识的灵活性与系统性，着重培养综合能力，创新能动为人才的主要特征	将基础教学课程、专业课程、创新型课程等进行充分融合，突出探究事物本质的研究精神，以研促学，将科研项目融入课程教学中

资料来源：广东省塑料工业协会，2019年。

高分子材料加工技术专业（群）教学具有较强的综合性与较大跨度，以往职业教育在对高分子材料加工技术专业（群）人才进行培养时主要以技能应用型专业人才为基础，随着高分子材料产业的转型升级和最新发展，结合新形势下学生的个性发展情况，因此需要注重对学生综合能力的培养。以"产、学、研"为基础对应用型专业人才与创新型专业人才进行分类培养，在满足产业对人才各种需求的同时，也满足学生的个性化发展需求，从而全面提高专业技术人才质量。

应用型人才培养模式应以提升高分子材料相关知识技术技能为基础，结合社会实际情况对学生的应用能力进行培养和完善，使其具有较强的职业竞争力，其主要人才培养目标为具有较强的职业技能、重视技术运用、能够应用知识解决实际问题，在掌握高分子材料相关专业知识的基础上，应具备高分子材料注射、挤出、配混设备及材料测试仪器的操作技能，具有勤勉而坚韧的"工匠"精神。创新研发型人才培养模式主要以知识教育及创新能力提升等为基础，结合教学目标，将科研项目融入教学中，突出探究事物本质的研究精神，重视对专业技术的创新性研究，真正地体现知识的系统性、一贯性、传承性。

3. 专业设置调整建议及对策

人才培养途径和方式通过专业设置体现，是产业发展对应用型人才的层次、种类、技术技能结构、综合素养等要求的具体实现方式。职业院校专业设置是否合理、专业结构与产业发展方向是否一致，关系着职业教育人才培养与供给能否满足产业发展需要，对产业结构调整、优化、可持续发展产生深刻的影响。目前产业高质量发展趋势下，许多产业面临转型升级，许多落后产业和技术面临淘汰，随着产业结构的变化和新兴产业的出现，新的职业和就业方式将不断涌现，要求职业教育的专业不断根据要求和变化做出动态调整。产业转型升级方向引导职业教育专业设置方向，要求职业院校在专业建设上不断做到"优胜劣汰"。

一方面，"劣汰"是指果断处置不适应产业转型升级所需的落后专业，淘汰部分过时过旧专业，对未来产业发展还具有存在价值的专业进行调整并增加新内容。例如，当市场淘汰对环境污染较为严重的高分子材料制品产业，一次性不可回收且不能重复利用的塑料袋制品产业时，学校专业和课程体系也要做出相应调整。

另一方面，"优胜"是要科学准确研判我国的产业发展趋势，围绕国民经济中的支柱产业和新兴产业进行专业建设的谋篇布局，积极布局、拓展与智能制造业、现代服务业相关的专业，优化专业结构，形成与现代化生产、人工智能相适应，契合未来产业发展趋势的现代职业教育专业及其专业群。针对目前绿色高分子材料产业、高分子智能制造产业的发展趋势，高分子材料加工技术专业（群）要设置相应的课程体系进行人才培养，并在现有学科基础上进行专业方向和专业内容的调整。高分子材料加工技术专业要与代表产业先进发展方向的若干标杆性企业建立长效合作机制和双向沟通机制，学校根据产业发展方向培养企业所需人才，保持产业导向的人才培养优势和专业优势。

第7章 广东省工业设计产业发展的人才需求与培养情况

7.1 工业设计产业链构成

国际工业设计协会（WDO）［原国际工业设计联合会（ICSID）］2015年对工业设计的定义：是一种将策略性解决问题的过程应用于产品、系统、服务及体验的设计活动，旨在引导创新、促使商业成功及提供更好质量的生活，将创新、技术、商业、研究及消费者紧密联系在一起，共同进行创造性活动；将需解决的问题、提出的解决方案进行可视化，重新解构问题，并将其作为建立更好的产品、系统、服务、体验或商业网络的机会，提供新的价值及竞争优势。

广义的工业设计通常包括产品设计、环境艺术设计、视觉传达设计三大类，涵盖造型、机械、电路、服装、环境规划、室内、建筑、UI、平面、包装、广告、动画、展示、网站等应用领域方面的设计。狭义的工业设计一般专指产品设计，内容主要包括交通工具、设备仪器、生活用品、家具、电子产品、家电、玩具、服装等。从行业来看，工业设计可与各行各业相结合，尤其是要突出品牌价值和自主创新的产品，如轻工、纺织、机械、电子信息等行业。

从工业设计途径来分析，工业设计包含了产品、系统、服务及体验设计，其输出物——产品作为工业设计核心力的载体。发展工业设计和提升工业设计水平是提升产品附加值的重要手段；是创建自主品牌并提升工业竞争力的有效途径；也是转变经济发展方式，提升生活质量扩大消费需求的客观要求。工业设计产业既包含了从事工业设计服务的设计机构（公司）和专业研究院（所），也包括了生产制造型企业内部的设计部门或含有设计职能的研发部门。同时，因为设计存在科学技术与文化艺术的跨界，工业设计服务机构（公司）又与文化创意产业产生交集和跨界。我国工业设计产业上游主要是创意服务、工业设计服务等；下游

产业主要是手板制作、模具行业、消费电子、家用电器、婴童用品、照明产品、
家居用品等，产业链构成见图7–1。

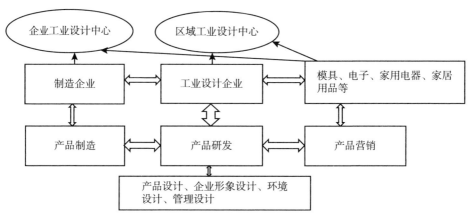

图7–1　工业设计产业链

资料来源：笔者整理。

2013～2018年比较常见的工业设计项目类型统计数据情况见图7–2，消费
电子、家用电器、婴童用品、照明产品、家居用品、个人护理、机械设备、医疗
器械等八类产品成为广东省比较常见的工业设计项目类型，占所有工业设计项目
最大比例的产品类型前三位分别是消费电子产品、家用电器和照明产品，说明广
东省的工业产业结构偏重于高科技的家电、电子等轻工业产品。2011年以前，
广东省的工业产业是以家用电器为主。2013年开始，消费电子类的项目代替家
用电器的主导地位，逐渐成为广东省工业的支柱产业，广东省的工业产业也开始
向多元化发展，逐渐覆盖婴童产品、个人护理、医疗器械等方向的产业。

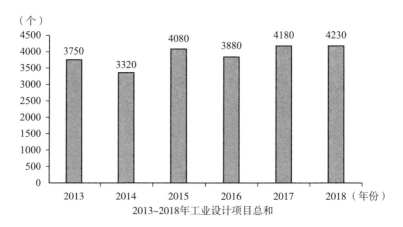

2013~2018年工业设计项目总和

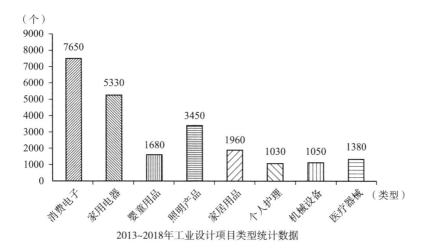

2013~2018年工业设计项目类型统计数据

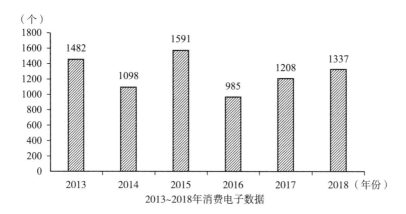

2013~2018年消费电子数据

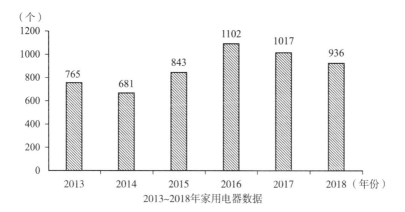

2013~2018年家用电器数据

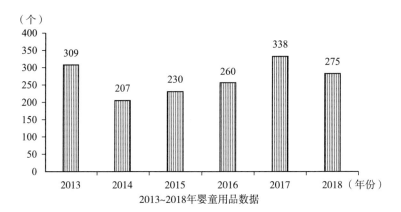

2013~2018年婴童用品数据

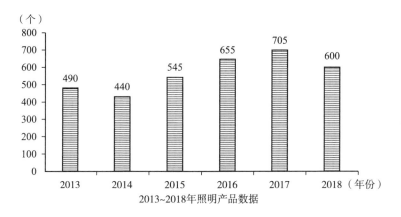

2013~2018年照明产品数据

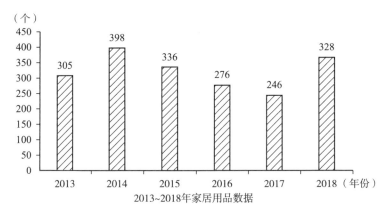

2013~2018年家居用品数据

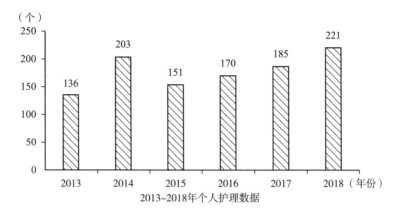

2013~2018年个人护理数据

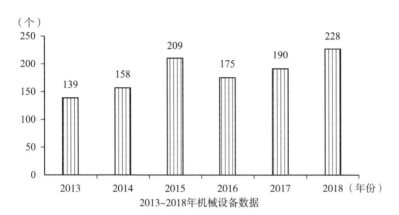

2013~2018年机械设备数据

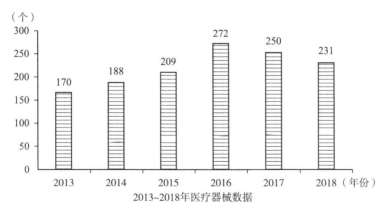

2013~2018年医疗器械数据

图7-2 2013~2018年广东省常见工业设计项目类型统计

资料来源:广东省工业设计协会,2019年。

　　目前，广东省工业设计产业下游产业主要是手板制作、模具行业等。模具是设计完整构型和精确尺寸的加工工具，能按设计要求对原材料进行加工成形，使产品能够高效快速大批量生产，主要应用于工业产品中的零部件生产。随着现代化工业的发展，模具的应用日趋广泛，在仪器仪表、航空航天、汽车、电子、家电、通信器材、电机和建材等产品中，约60%~80%的零部件都通过模具加工成型，其重要性不言而喻，因此被称为"工业之母"。模具是装备制造业的重要组成部分，是产业升级和技术进步的重要保障之一。模具可带动相关产业的比例大约是1∶100，即模具产业发生1亿元产值，可带动相关产业100亿元产值。

　　从创新能力看，目前除少数大企业的设计中心和具有较强实力的专业设计公司拥有自主设计创新能力外，多数工业设计公司仍然处于外观设计阶段。企业大多把精力放在产品内在功能的改进上，外观上仍然以趋势跟进为主。多数企业既没有建立自己的工业设计部门，也没有委托专业公司设计，以内部的工程研发部门为设计主体。与跨国公司相比，我国企业的设计开发费用整体上投入较低，尤其是中小企业普遍以跟进型设计为主，普遍缺乏设计费用投入。70%的工业设计机构的业务以从事趋势跟进型设计和改进型设计为主，多数设计公司没有或极少申请实用新型与发明专利。

7.2　工业设计产业概况

　　工业设计产业的核心是设计中心，主要集中在制造业相对发达的地区。截至2017年，工业和信息化部首批认定93家制造企业工业设计中心和20家工业设计企业，合计113家为国家级工业设计中心。从获得认定的企业工业设计中心数据来看，山东省的制造型企业获得数量最多（15家），然后依次是广东省（13家）、福建省（10家）、浙江省（9家）、江苏省（7家）。山东省与广东省属于工业设计发展比较早的省份，2013年第一次认定时就已获得很好的成绩。最近的认定是2017年，情况显示福建省、浙江省、安徽省、上海市增长速度较为明显，反而广东省近几年变化不大，我国国家级工业设计中心（设计公司类）分布见表7-1，从我国国家级工业设计中心分布情况看，北京市、上海市、浙江省、福建省仍然居于前列。相对于制造企业数量多、制造大省身份、工业设计产业云集的现状，广东省的国际级工业设计中心数量严重偏少，显示广东省的设计企业实力还有待提高。

表 7 - 1　　　　　我国国家级工业设计中心（设计公司类）分布　　　　单位：个

年份	北京	浙江	福建	上海	辽宁	广东	山西	江苏	湖北	河北
2013	1	1	1	1	1	1	—	—	—	—
2015	1	1	1	1	1	1	1	1	1	1
2017	2	1	1	—	—	—	—	—	—	—
总计	4	3	3	2	2	2	1	1	1	1

资料来源：中国工业设计协会，2019 年。

据中国工业设计协会统计，2018 年我国拥有完整工业设计研发部门的企业和专业工业设计公司近 14000 家，企业自主设计或外包服务设计数量快速增长；专业园区数量不断增加，包括广东工业设计城、北京 DRC 工业设计创意产业基地等，我国已建成专业化工业设计产业园区超 60 家，将工业设计作为主营业务的文化创意类和制造服务类产业园区超过 1200 家；就业规模和开设工业设计专业的院校数量持续扩大，我国有 600 所学院开设"工业设计"专业，我国工业设计从业人员已超过 60 万人；① 每年我国工业设计相关赛事奖项已有 500 余项，工业设计专利注册数量也在快速增长。

截至 2018 年，我国具有一定规模的工业设计类企业超过 6000 家，较有实力的工业设计公司大多集中在北上广深等一线城市。1980 ~ 2018 年我国工业设计服务机构（公司）增长情况见图 7 - 3。工业设计服务已从消费品领域产品的外观设计，逐步发展到相关工业领域产品全方位的设计策划服务，在企业技术创新、产品研发和市场战略等方面发挥了越来越重要的作用。工业设计公司的经营类型开始更趋多样化，层次在拉开，专业化程度在提高，向高端综合发展是总体趋势。工业设计提供了从需求分析、策划、概念设计到设计、生产及包装、商业模式的一体化服务，与平面设计、展示设计、模具制造、生产制造、成本管理、材料 CMF、多媒体表达与交互技术等多专业、多学科具有交融。

我国工业设计处于初级阶段，制造企业在工业设计方面的投入几乎不到 1%，相比之下在欧美发达国家，工业设计的资金投入一般可占到总产值的 5% ~ 15%，高的甚至可达 30%。但将随着"中国制造"的崛起、自主品牌建设和自主创新的需要，工业设计行业将产生质和量的飞跃，预计到 2025 年行业市

① 中国产业信息网 . 2019 年中国工业设计行业发展规模、行业发展趋势［EB/OL］. http：//www. chyxx. com/industry/201905/741741. html. ［2019 - 5 - 24］［2019 - 12 - 25］.

场规模将突破 8690 亿元。

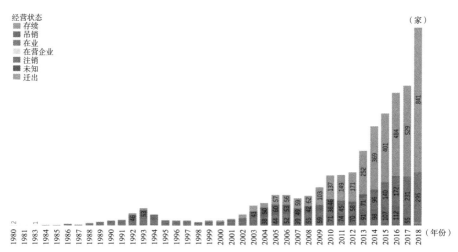

图 7 - 3　1980 ~ 2018 年中国工业设计服务机构（公司）增长情况

注：1982 年没有相关数据。
资料来源：中国工业设计协会，2019 年。

　　伴随着工业设计的产业化发展，近 10 年出现的设计园区成为设计资源聚集的载体，成为以"设计和创意"驱动的平台，并且能够充分体现政府、产业、学校、研究院所、商业、金融等多方参与的协同创新理念和合作意愿。目前，我国设计创意类园区已超过 1200 家，其中 60 多家园区是以工业设计产业作为产业集聚主体，发挥了极好的聚集效应，园区产业类型主要集中在电子和通信产业、机械制造设备、文化行业和办公用品行业，其次是医疗器械、家具、家电和交通工具制造行业。

　　民间力量在设计产业中也有不可估量的地位，民营所有制园区的占比已经达到所有园区的一半，大多数设计园区的入驻企业数量约 100 家，部分园区入驻企业超过 200 家，园区平均的入驻企业数量为 80 ~ 120 家，园区的平均产值在约 2 亿元，一半以上园区的设计产值占比超过了园区总产值的 30% 。

7.3　广东省工业设计产业发展情况

　　广东省是改革开放后我国工业设计产业兴盛之地，珠三角地区制造业的蓬勃发展保持了对工业设计产业的强劲需求，围绕着深圳、佛山和广州三个城市，聚集了一大批专业化的工业设计服务机构和公司；同时，具有一定规模的企业高度重视工业设计工作，纷纷设置具备一定规模的工业设计部门或岗位。

目前，广东省已累计建成广东工业设计城（佛山顺德）、珠三角地区设计谷（佛山南海）、深圳设计产业园（深圳）、深圳设计之都田面创意专业园（深圳）、中芬设计产业园（深圳）、汕头工业设计城（汕头）、中山工业设计园（中山）、智荟城（江门）、华南设计创新院（东莞）、梅州工业设计中心（梅州）、新兴创新中心（云浮）等 10 多个工业设计产业集聚区和服务中心，以及集聚区和服务中心所构建的公共服务平台。其中，广东工业设计城是我国规划最大的工业设计专业园区，已进驻工业设计专业机构 258 家，年度设计服务收入 7.5 亿元，拉动制造业产值超过 600 亿元。2012 年 12 月 9 日，习近平同志视察广东工业设计城，并寄语"这里要进一步聚集 8000 名设计师"。① 深圳设计产业园、田面设计之都和中芬设计产业园均已实现超千人（工业设计师）的规模。广州市通过打造从化生态设计小镇和白云设计之都片区（小镇），计划更多地吸引工业设计产业在广州谋求发展，实质性推动广州打造国际"设计之都"城市发展战略的实施。

广东省对设计需求最为强劲的领域是消费品制造领域，根据天眼系统查询和中国工业设计协会及深圳设计联合会有关行业研究显示，截至 2017 年，广东省有专业工业设计企业（机构）2000 多家，工业设计公司数 1000 余家，深圳市 600 余家，促进经济增长高达 28%，制造企业也开始对工业设计增大投入，每年投入总金额超过了 50 亿元，对应于企业的投入，企业的销售同比增加了 25%，利润同比增加了将近 40%。广东省工业和信息化厅的数据显示，截至 2017 年，广东省一共有企业工业设计中心 57 家，工业设计企业 7 家，工业设计基地 2 家。

至 2018 年，广东省拥有设计企业国家级工业设计中心 2 家（其中，嘉兰图因为股权问题摘牌），设计企业省级工业设计中心 16 家。以工业设计为主题的国家新型工业化产业示范基地有 2 家、省级工业设计示范基地（企业）53 个、创意设计产业园超百个。珠三角地区设计谷（佛山）、深圳设计之都田面创意专业园（深圳）等 10 多个工业设计产业集聚区均构建了公共服务平台，为本地产业提供专业服务。

通过天眼查工商登记讯息显示，广东省的工业设计服务企业数量呈不断上升趋势，尤其是 2013～2018 年期间发展迅速，并且企业的存活率自 2015 年开始不断提高（见图 7-4）。

---

① 张志超. 习近平寄语广东工业设计城：望下次来时有 8 千名设计师［EB/OL］. 央视网，http：//news. cntv. cn/2012/12/12/ARTI1355304733089392. html.［2012-12-12］［2020-1-20］.

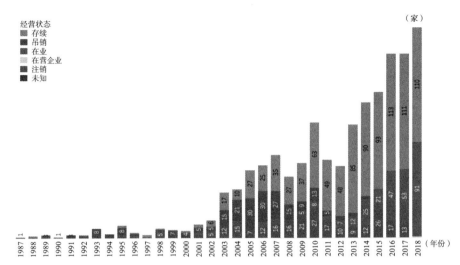

图 7 - 4　1987~2018 年广东省新增工业设计服务机构（公司）情况

资料来源：天眼系统查询，2019 年。

到目前为止，广东省现有制造企业国家级工业设计中心 13 家，制造企业省级工业设计中心 77 家，在数量上居我国前列。到目前为止，广东省工业企业、工业设计机构先后有 15 家获得国家级工业设计中心认定（深圳市嘉兰图设计有限公司 2017 年复核未通过）、94 家获得省级工业设计中心认定。广东省现有的94 家省级工业设计中心包括，基地 1 家、工业企业 77 家、设计公司 16 家，设计公司占全部设计中心的 17%。

广东省级工业设计中心的区域分布显示，经济和制造业相对发达的珠三角地区占了绝对优势，广州、深圳、佛山（含顺德区）和中山 4 市的省级中心总量，在全部 21 个地级以上市中占比超过一半以上（见图 7 - 5）。省级工业设计中心的设计公司除阳江 1 家外，其余 16 家均集中在珠三角地区。

广东省工业设计产业的区域分布呈现比较明显的差异，珠三角地区的工业设计公司占全省的 90%，深圳和以顺德区为主的佛山是工业设计产业最为集中的区域，拥有多数有影响力的设计公司；另外，不足 10% 的工业设计公司零星分布在珠三角地区以外的各个城市，设计产业发展相对滞后，甚至尚未形成完整的设计产业，成规模的工业设计公司数量极少。

广州、深圳、佛山（顺德）等地投入大量资金重点支持制造业企业创建工业设计中心，推动企业在创新能力、体系建设和工业设计理念、方法等方面开展实践实战。广东省 77 家工业设计中心开展的专项监测显示，2018 年广东省对工业设计投入 13.5 亿元，主营业务收入 499.8 亿元，同比分别增长 7.6% 和 8.5%，累计拥有自主知识产权成果数 3642 件、专利授权数 4938 件，较 2017 年分别增长 16.8% 和 13.6%，同时，成果转化率高达 78.6%。

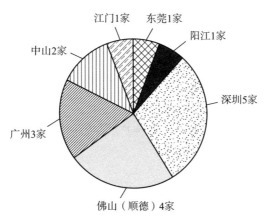

图7-5　广东省级工业设计中心区域分布情况

资料来源：广东省工业设计协会，2019 年。

　　广东省工业设计产业的起步与发展一直与制造业的起步与发展保持高度一致，制造业的成熟度越高，则对设计的需求越大，工业设计产业的发展越快速。1990～2018 年，广东省工业设计产业一直处于稳步增长，具体表现为设计公司数量的稳步增长、设计公司业务量（产值）的稳步增长和相应从业人员数量的稳步增长，2005 年设计公司数量因为深圳手机产业带来的巨量设计需求曾经达到一个峰值，2008 年因世界金融危机对广东省外向型制造业的影响导致数量锐减，之后在相关政策的支持下，广东省制造业和工业设计产业都重新显示出强劲的发展势头（见图 7-6），设计公司的成长对应着从业人员队伍的不断扩大（见图 7-7）。

　　广东省的专业化工业设计公司、园区平台、协会及服务联盟发展迅速，广汽集团、中国中铁公司等行业龙头企业积极参与设计创新，同时，广东省各主要高校建立的工业设计研究机构和实验室广泛地与企业开展合作，同样起到了公共服务平台的作用，具有代表性的有广州美术学院工业设计学院的工业设计省级重点实验室、广东工业大学艺术设计学院与美的集团在学院合作设立 USD 用户研究实验室、佛山市禅城区引进的清华大学美术学院设计战略研究院，在助力工业设计项目科学化、新产品的空间拓展方面起到了创新性服务。政府、园区平台、高校、

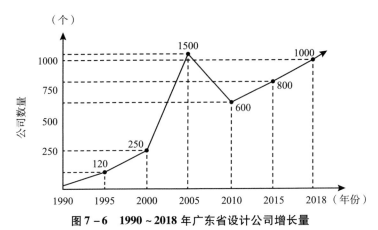

图7-6　1990～2018年广东省设计公司增长量

资料来源：广东省工业设计协会，2019年。

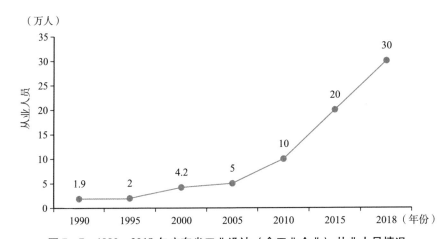

图7-7　1990～2018年广东省工业设计（含工业企业）从业人员情况

资料来源：广东省工业设计协会，2019年。

企业的共同努力对广东省工业设计发展起到了极大的推动作用，广东省整体工业设计产业取得了一定的突破。但广东省的设计公司普遍规模小，业务上满足于传统意义上的设计服务，多元化程度不够，国家级工业设计中心广东省设计公司数量，缺乏高端、领军型、具我国影响力的企业。

广东省工业设计产业还通过举办各种比赛扩大影响力，全省各类工业设计奖项、赛事活动超30个，珠三角地区城市及汕头、湛江等广东省东部、西部地区都设立了本地区的工业设计赛事。我国大学生工业设计大赛也落户广东省，以行业、产业为界定的各类设计竞赛和评奖活动也在不断兴起，如服装、家居、家具、灯饰等，并与"省长杯"工业设计大赛进行联动。以"省长杯"冠名的工业设计大赛已经成为广东省产品创新评价、企业创新评价和人才评价的重要平台和制度。以省长杯为代表的创新设计表彰与成果孵化机制、措施，极大地激发了社会各界的参与热情，营造了"重视设计、崇尚设计"的良好社会氛围。近年来，"省长杯"的知名度和影响力不断提升，参赛项目数从 3000 件快速增长到 30000 余件。

从产业协作看，广东省于 1991 年成立了广东省工业设计协会以协调各级、各部门的工业设计组织，引导行业健康发展。广东省产业较为发达的珠三角地区，各地级市均在当地政府主导下建立了市级工业设计协会（促进会、学会或行业协会），在制造业特别发达地区，部分城市还设有区级工业设计协会组织，珠三角地区城市已经实现工业设计协会组织的全覆盖。粤东、粤西、粤北地区主要城市近年也因产业发展的需求，地级市设计组织相继创立，汕头、湛江、韶关、清远等城市已在政府支持下成立市级工业设计协会。广东省工业设计协会的主管部门为广东省工业和信息化厅，省内各级工业设计协会组织归口各级工业和信息化部门主管或履行业务指导。随着粤港澳大湾区建设的机会和工业设计内涵外延的发展变化，不限于工业设计的各类设计组织乃至省内相关龙头企业不断走向合作，各类设计联盟、设计联合会应运而生，社会资源合力推动设计产业发展的态势逐步形成。以珠三角地区为核心区域、以特色产业城市带为串联的"粤港澳大湾区设计走廊"显现雏形，其设计理念、思维、方法、服务向粤东、粤西、粤北地区逐步扩散。

7.4 工业设计产业的未来发展趋势

工业设计的核心部分是创意设计，传统的创意设计产业链主要包含产品开发、生产制造和市场营销三大部分，创意设计渗透至三大部分的每一环节。未来的创意设计是数字创意设计，是建立在数字技术和数字媒体基础上的设计，是创意设计与信息技术深度融合及由此衍生出来的产业。

数字创意产业受到国家和各级政府的高度重视，2010 年 7 月工业和信息化部等 11 个部委联合颁布了《关于促进工业设计发展的若干指导意见》，明确把发展工业设计作为增强自主创新能力的战略基点。2016 年，全国人民代表大会通过的《国家经济和社会发展规划纲要》中明确提出"将工业设计作为高技术服务业"，并进一步提出了"促进工业设计从外观设计向高端综合设计服务转变"的战略要求，从建设创新型国家的高度来认识和推动工业设计产业的发展。《"十三五"国家战略性新兴产业发展规划》明确将数字创意产业作为战略性新兴产业之一；到2020年，形成文化引领、技术先进、链条完整的数字创意产业发展格局，以数字技术和先进理念推动文化创意与创新设计等产业加快发展，促进文化科技深度融合、相关产业相互渗透，相关行业产值规模达到80000亿元。

数字创意产业链主要包含：基于大数据的产品精准开发设计、智能制造、数字营销三大部分。从大数据精准指导市场需求、用户分析、产品规划、产品设计、用户体验测试、智能制造、数字营销、广告设计、媒体制作、商品销售、用户数据采集、再回到大数据指导新一轮产品迭代，形成数字创意设计产业链闭环，是传统创意设计的数字化升级。数字创意产业的三大重点领域包括数字创意技术和装备创新、数字版权兴业工程、动漫游戏精品战略工程。

数字创意产业的诞生，意味着传统的制造业文化转向设计驱动的体验和服务文化。设计产业未来发展趋势是设计资源配置全球化，设计对象数字化、非物质化，设计需求个性化、定制化，企业设计战略系统化，产品设计界面具有交互性，设计理念更加可持续和人性化，注重用户体验。

工业设计与《"十三五"国家战略性新兴产业发展规划》《广东省战略性新兴产业发展"十三五"规划》《广东省推进文化创意和设计服务与相关产业融合发展计划（2015~2020年）》中的文化创意和设计服务产业、数字创意产业相对应，未来的工业设计方向即数字创意产业方向、文化创意产业方向。

7.5　工业设计产业发展的人才需求情况

7.5.1　工业设计产业发展的人才需求概况

截至2018年底，广东省工业设计、产品设计机构近4000家，设立工业设计部门的企业近5000家，工业设计从业人员近30万。① 广东省的一批专业化工业设计公司、园区平台、协会及服务联盟，如广东省工业技术研究院等，近几年发展迅速，对广东省工业设计发展起到了极大的推动作用。

---

① 广东省工业设计协会，2019年。

7.5.2　工业设计企业的人才岗位需求和要求

从工业设计企业对专科层次的人才需求情况看，企业招聘与工业设计专业直接相关的岗位有助理设计师、平面设计师、工业设计师、资深工业设计师、广告设计总监、商业空间设计师、CAD 设计/制图、包装设计、工业设计业务经理、产品设计师、包装设计师、陈列师、交互设计师、影视后期、视觉/图像算法工程师；与工业设计市场营销、管理职能相关的岗位有客服专员、行政文员、市场专员、项目经理、总经理助理、专利工程师，文案策划、活动策划、商务助理、商务经理、高级商务经理；与工业设计工程相关的专业岗位有助理结构工程师、结构工程师。根据深圳市浪尖设计有限公司、广东省东方麦田工业设计股份有限公司、广东省宏翼创新科技（集团）有限公司、广东顺德潜龙工业设计有限公司、广州哈士奇产品设计有限公司、广州市大业产品设计有限公司、广东省新宝电器股份有限公司、广州哲品家居用品有限公司、广州极飞科技有限公司等企业的人才需求可知，企业对专科层次人才依然具有一定需求，企业支付薪酬集中在 5000 ～ 10000 元，其中结构工程师、平面设计师、工业设计师、产品设计师、包装设计师的需求量最大（见表 7 - 2）。

表 7 - 2　　　　　　　　　　　　代表性企业人才需求

职位	工作经验	学历	薪资（元/月）	需求企业
助理结构工程师	无工作经验	大专	4500 ~ 6000	浪尖设计集团有限公司、广东东方麦田工业设计股份有限公司
助理设计师	无工作经验	大专	3000 ~ 5000	浪尖设计集团有限公司
结构工程师	1 ~ 2 年经验	大专	9000 ~ 15000	浪尖设计集团有限公司、广东东方麦田工业设计股份有限公司、佛山市顺德区宏翼工业设计有限公司、广东顺德潜龙工业设计有限公司、广州哈士奇产品设计有限公司、广州市大业产品设计有限公司、广东新宝电器股份有限公司、广州极飞科技有限公司
平面设计师	1 年经验	大专	3000 ~ 5000	浪尖设计集团有限公司、广东顺德潜龙工业设计有限公司、广州市大业产品设计有限公司
客服专员	1 年经验	大专	4000 ~ 6000	浪尖设计集团有限公司
行政文员	无工作经验	大专	4500 ~ 6000	浪尖设计集团有限公司
市场专员	无工作经验	大专	3000 ~ 6000	浪尖设计集团有限公司
项目经理	2 年经验	大专	6000 ~ 10000	浪尖设计集团有限公司

续表

职位	工作经验	学历	薪资（元/月）	需求企业
总经理助理	2 年经验	大专	6000～10000	浪尖设计集团有限公司
专利工程师	2 年经验	大专	6000～10000	浪尖设计集团有限公司
资深工业设计师	2 年工作经验	大专	10000～14000	广东东方麦田工业设计股份有限公司
活动策划	1 年经验	大专	5000～10000	广东东方麦田工业设计股份有限公司
广告设计总监	2 年经验	大专	13000～17000	广东东方麦田工业设计股份有限公司
商业空间设计师	1 年经验	大专	8000～12000	广东东方麦田工业设计股份有限公司
高级商务经理	无工作经验	不限	5000～10000	广东东方麦田工业设计股份有限公司
工业设计师	无工作经验	大专	4000～10000	佛山市顺德区宏翼工业设计有限公司、广东顺德潜龙工业设计有限公司、广东新宝电器股份有限公司
商务经理	1 年工作经验	大专	4000～8000	广东顺德潜龙工业设计有限公司、广州市大业产品设计有限公司
项目咨询经理	1 年工作经验	大专	4000～8000	广东顺德潜龙工业设计有限公司
销售代表	无工作经验	大专	3000～9000	广州哈士奇产品设计有限公司
机械工程师	1 年工作经验	大专	6000～9000	广州哈士奇产品设计有限公司
商务助理	1 年工作经验	大专	5000～9000	广州市大业产品设计有限公司
CAD 设计/制图	1 年工作经验	大专	3000～5000	广州市大业产品设计有限公司
包装设计	无工作经验	大专	3000～5000	广州市大业产品设计有限公司
产品设计师	无工作经验	大专	6000～8000	广州哲品家居用品有限公司、广州极飞科技有限公司
包装设计师	3～5 年工作经验	大专	5500～9000	广州哲品家居用品有限公司、广州极飞科技有限公司
陈列师	1～3 年工作经验	大专	8000～12000	广州哲品家居用品有限公司
交互设计师	1～3 年工作经验	大专	6000～12000	广州极飞科技有限公司
影视后期	1 年工作经验	大专	4000～7000	广州极飞科技有限公司
视觉/图像算法工程师	1 年工作经验	大专	5000～10000	广州极飞科技有限公司
文案策划	1 年工作经验	大专	4000～7000	广州极飞科技有限公司

资料来源：广东省工业设计协会，2019 年。

对工业设计专业人才需求主要来自两类企业，第一类是工业设计专业机构（公司）人才，其对人才的专业需求主要是工业设计、产品技术，岗位需求主要是设计管理、设计表达，设计界面（交互）（见表 7 - 3）；第二类是工业企业工业设计部门对相关专业的需求，专业需求体现为工业设计和产品工程，岗位需求对应于设计管理、设计用户研究、设计界面（交互）（见表 7 - 4）。总体上看，企业更注重工业设计人才的复合能力，尤其是工业设计专业机构（公司）、珠三角地区工业企业和工业设计公司对复合型人才需求比较明显，工业设计的系统化思维、用户研究和产品体验导向与方法，在不同的领域和岗位均能发挥其价值，因此，工业设计专业人士在企业跨专业的可能性比纯技术人士的机会更多。

表 7 - 3　　　工业设计专业机构（公司）人才及岗位分类、人才需求度

序号	专业人才	岗位	需求度
1	工业设计	设计管理（专业交叉）	★★★★★
		设计（用户）研究（专业交叉）	★★★★★
		设计创意与方案	★★★
		设计表达	★★★★
		设计界面（交互）	★★★★
		设计模型	★★
2	产品技术	产品结构	★★★★
		模具设计	★★
		生产制造	★
		材料 CMF	★★★
3	多媒体视觉	视频制作	★★
		平面（包装）设计	★★
4	展示展览	产品展示	★★
		空间设计	★
5	财务管理	财务管理与成本核算	★★
6	品牌推广	设计策划与推广、设计商务、平面设计	★★
7	其他	管理、文案、文秘、业务	★★

注：星号越多需求度越高，五星表示当前岗位和专业最为热门、人才量少。
资料来源：广东省工业设计协会，2019 年。

表 7 - 4　　　工业企业工业设计部门人才及岗位分类、人才需求度

序号	专业人才	岗位	需求度
1	工业设计	设计管理（专业交叉）	★★★★★
		设计（用户）研究（专业交叉）	★★★★★
		设计创意与方案	★★★

续表

序号	专业人才	岗位	需求度
1	工业设计	设计表达	★★★★
		设计界面（交互）	★★★
		设计模型	★★
2	产品工程	产品结构	★★
		模具设计	★
		材料 CMF	★★★
3	多媒体视觉	视频制作	★★
		平面（包装）设计	★★
4	展示展览	产品展示	★★
		空间设计	★

注：星号越多需求度越高，五星表示当前岗位和专业最为热门、人才量少。
资料来源：广东省工业设计协会，2019 年。

　　企业对工业设计人才的典型岗位需求主要是产品设计师、工业设计师、产品设计助理、产品设计实习生、玩具设计师、创意产品设计师、家居产品设计师、交互设计师、卫浴产品设计师、珠宝设计师、包装设计师等。

　　从职场发展和职业迁移路径看，工业设计专业人才可共享的工作岗位有交互设计师、UI 设计师等 4 个首次就业岗位，产品经理、需求分析师等 4 个职业发展岗位。可迁移的工作岗位有产品设计师、产品动画制作师等 10 个首次就业岗位，设计咨询师、软件架构师等 4 个可迁移工作岗位，工业设计专业人才职业迁移岗位，路径与内涵见表 7 - 5。51Job 的数据库显示产品艺术设计专业主要就业方向有产品设计师、工业设计师、家具设计师、玩具设计师、UI 界面设计师、家居产品设计师、创意产品设计师、工艺美术设计师、交互设计师、陶瓷产品设计师、卫浴产品设计师、珠宝设计师、包装设计师、灯具设计师等，就业面宽、跨度大，但毕业生就业单位以中小企业为主。

表7-5 工业设计岗位职业迁移路径与内涵

就业范围	岗位类型	就业岗位		主要业务工作	中国职业分类大典代码
		首次就业岗	职业发展岗		
在高端智能装备业、商业、移动互联网、服务业、文化创意等领域，从事商业模式设计、技术产品产业化设计、服务设计与体验设计等，从事规划、策划、技术集成、设计开发和营销传播等工作	共享岗位	交互设计师；UI设计师；用户研究助理；客户专员	产品经理；需求分析师；项目管理师；用户研究员	①设计调研，构思设计概念；②进行企业商业规划与商业模式设计；③制订技术整合与产业化设计方案；④分析产品美学等特性，进行产品外观形态等设计；⑤应用实验科学与设计手段，优化产品服务与体验；⑥提供人机交互界面，增强人机互动；⑦模型、样品制作与测试；⑧提供工业设计咨询服务；⑨提供广告营销传播服务	工业设计工程技术人员（2-02-34-02）、计算机程序设计员（4-04-05-01）、产品设计工程技术人员（2-02-34-01）、视觉传达设计人员（2-09-06-01）、广告设计师（4-08-08-08）、数字媒体艺术专业人员（2-09-06-07）

资料来源：广东省工业设计协会，2019年。

7.5.3 工业设计企业对人才的能力要求

工业设计企业对产品艺术设计专业人才的整体能力要求，体现为对知识水平、职业素养、职业技能和拓展能力四个方面的要求（见表7-6）。企业对人才的岗位能力要求分为基础能力要求和岗位专业能力要求，基础能力要求面向所有专业人才，岗位专业能力要求与具体岗位相结合（见表7-7）。从能力要求看，企业普遍反映高校应届毕业生在设计创意与方案及设计表达、设计管理和设计研究能力相对较弱，过于重视技能、技巧训练，轻思维、分析能力培养，跨界能力有限，与工业设计跨领域融合的专业性质存在一定矛盾。

表7-6 工业设计企业对人才的整体能力要求

序号	能力内涵	内涵描述
1	知识水平	掌握设计创意思维的原理与方法，产品设计的程序、方法和创新理论；了解工业设计发展的历程、产品设计前沿技术和发展动态；熟悉产品的结构与构造原理；掌握产品设计相关材料及加工工艺（CMF）的基本知识；掌握工程制图国家标准及相关知识
2	职业素养	心理素质、思想素质、审美素质、专业素质和学习创新方面素质
3	职业技能	良好产品造型设计能力、熟练的三维建模能力、具备良好的产品创新能力、良好的产品审美能力和较强的计算机辅助静态与动态表现能力
4	拓展能力	团队管理和团队协作能力、自我管理和持续发展能力、社交礼仪和沟通能力、信息检索和调查研究能力、文化涵养和文化底蕴

资料来源：广东省工业设计协会，2019年。

表7-7　　　　　　　　　工业设计企业对人才的岗位能力要求

序号	岗位	岗位专业能力要求		基础能力要求
1	设计管理	项目文档管理	①能对项目文件进行归类存档；②能对项目文件进行多介质备份	①具备一定的信息收集、文献检索和专利分析能力；②具备市场调研与用户调研能力；③具备一定的工程制图能力；④具备较强的产品创意手绘表达能力；⑤具备较强的计算机辅助静态与动态的表现能力；⑥具备较强的产品模型制作能力；⑦具有产品空间形态想象、人因分析和逻辑思维能力；⑧具备较强的立体造型设计能力；⑨具备产品开发设计及创新能力；⑩具备良好的团队协同能力；⑪具备良好的口头表达与沟通能力；⑫具备良好的视觉设计能力；⑬较强的科学技术应用能力；⑭具备良好的鉴赏和艺术审美能力；⑮终身学习与可持续发展能力
		项目文案写作	①能制作基本的项目管理表格；②能撰写基本的设计要求；③能撰写个人设计报告或总结	
2	设计研究	用户及市场研究	①能根据调研目标选择适当的调研方法；②根据调研目的设计调研问卷；③能根据调研要求开展调研工作；④能进行用户需求分析；⑤能利用公共信息资源检索所需信息	
		产品定位	能够进行竞争产品分析	
3	设计创意与方案	功能	①能根据需求合理定义产品功能及使用方式；②能为产品整合合理的技术和材料资源；③能设计符合产品定位的外观形态；④能设计符合产品功能需求的信息界面；⑤能应用草图简单表达创意；⑥能进行设计沟通	
		结构		
		形态		
		界面		
4	设计表达	视觉	①能对创意进行完整的视觉表现；②能绘制部分粗略的设计控制图；③能绘制粗略的结构爆炸图；④能对色彩和材质进行精确定义	
		模型	①能使用各种手工工具制作简单模型；②能对模型表面进行打磨和喷漆处理	
		陈述	①能完整表达设计概念；②能用多媒体表达设计方案	

资料来源：广东省工业设计协会，2019年。

　　随着工业设计的进一步发展，行业和企业对工业设计师的素质和能力要求也越来越高。工业设计师能力的高低，直接影响着设计工作完成的效率，按照工业设计师的能力可以分为设计管理能力、设计操作能力和知识获取能力三大类，工业设计师的能力结构体系见表7-8。

表7-8 工业设计师的能力结构体系

一级能力	二级能力	三级能力
设计管理能力	设计计划能力	确定目标的能力、选择方法的能力、设计任务分解能力、设计时间分配能力、设计模式选择能力
	设计组织能力	善于与团队中的他人进行交流，有效协作及合理配置资源，完成设计任务的能力
	设计控制能力	对设计过程要素、进程及工作成果等确定标准、衡量绩效及纠偏的能力
	环境反应能力	设计师对客观事物，比如市场竞争、商品流通、我国对外贸易、消费群体的心理定式等刺激时，神经中枢及大脑思维的感觉器官所作出的反应能力
设计操作能力	设计调研能力	辨别、领会事物美的信息的设计审美能力，从生活中发掘设计创意、创新的信息并加以情感的设计感受能力，对社会、经济和技术因素的变化信息进行考察的设计观察能力
	概念生成能力	设计信息组合能力，以及根据不同的设计信息组合特征进行分析的设计信息比较能力
	设计表达能力	运用文字表达、速写表现、技术图纸、模型制作、平面及三维软件等技术进行设计表达的熟练程度
知识获取能力	知识收集能力	信息跟踪能力、信息检索能力、信息调研能力、信息处理能力
	知识内化能力	分析经过选择编码的信息的内部联系，根据信息的内部联系，形成适当的信息结构，即知识
	知识整合能力	知识比较能力、知识组合能力

资料来源：曹南南. 工业设计师的能力评价研究 [D]. 武汉：武汉理工大学硕士学位论文，2013.

从人才培养数量和层次要求看，由于近年我国各高校培养的工业设计专业中职、高职、本科和研究生毕业生数量庞大，与每年产业实际的吸纳能力并不能完全匹配，且大多数毕业生更希望进入条件好、待遇高、持续发展能力强的大企业，因此广东省主要的大型企业（如著名品牌企业、国有企业、具规模的互联网企业等）纷纷提高准入门槛，部分企业招聘只聚焦于"985""211"高校的本科生或硕士及以上学历的毕业生；中职、高职和普通本科毕业生处于相对弱势。中职、高职和普通本科毕业生如要进入这类企业，要经历更多的实践时间、积累更多的成果、付出更多的努力。

7.6 工业设计企业对人才的培训需求

一般情况下，企业和设计公司对员工通用性的培训内容主要包括工程基础、制造工艺、软件应用、材料及 CMF 等几个方面，基础性的通用培训由企业自行开展，而软件、材料及 CMF 的培训由相关社会力量承担，企业委托打包式的培训服务占比较高。而工程基础和制造工艺的社会化培训较少而且比较难于开展，原因在于工程与加工制造的行业差异性较大，工业设计从业人员数量少而分散，人员集中并精准培训的难度大、社会化开展的利益小（见表 7 - 9）。

表 7 - 9　　　　　　　　企业工业设计员工培训内容分类与分析

序号	培训方向	培训内容	需求满足情况
1	工程基础	通用性的工程基础	缺乏。企业内培为主，设计机构主要依托服务过程逐步充实
2	制造工艺	通用性及针对不同行业的制造工艺	缺乏。由于行业不同，制造工艺通用性培训缺乏。企业以内培为主，设计机构主要依托服务过程逐步充实
3	软件应用	设计软件；工程软件；手绘表现	成熟。目前主要培训机构包括：设计软件发行单位的配套服务，黄山手绘、云尚教育等基础软件技能培训
4	材料及 CMF	材料知识；CMF 及应用；色彩及搭配	比较成熟。目前主要培训机构包括：深圳新材料在线、CMF 设计军团、佛山国际创新材料馆，以及主要材料供应商的配套服务

序号	培训方向		培训内容	需求满足情况
5	其他	开阔眼界	境内外游学	比较成熟。包括各地设计组织、各行业组织，以及北京＋86、Designflow 等专业机构组织的境内外设计游学等
		同行交流	设计展会；设计周及相关活动；专业会议	比较成熟。主要通过各大展会、专业会议、研讨会、设计周等活动形式，比较有影响的包括广东省设计周、广州设计周、IXDC 国际体验设计大会等
		证书获取	专业证书；相关证书	较为缺乏。由于人社部对相关证书的限制因素，除由企业培训颁授的软件类相关证书外，目前专门针对工业设计的证书获取通路不畅顺
		能力提升	关于观念、思维、方法和价值的通用性培训	较为缺乏。目前主要由政府职能部门开展，但由于内容精准度有限，业界反应不够强烈
		设计管理	设计管理；设计商务；设计人脉	比较成熟。中国工业设计协会组织的领军班、深圳设计联合会商学院等项目的高端设计培训

资料来源：广东省工业设计协会，2019 年。

7.7　广东省工业设计产业发展的高校人才培养情况

7.7.1　广东省工业设计产业发展的高校人才培养概况

2018 年，我国开设"工业设计"本科专业普通高校 289 所，普通本科在校生 51413 人；开设"工业设计"专科专业普通高校 115 所，普通专科在校生 11541 人。2018 年我国开设"产品设计"本科专业普通高校 464 所，普通本科在校生 90594 人；开设"产品艺术设计"专业院校 163 所。

阳光高考网数据显示，截至 2019 年，在广东省 64 所本科院校中，开设"工业设计"专业本科高校 22 所，占比 34.4%；开设"产品设计"专业本科高校 33 所，占比 51.5%。在广东省 87 所高职院校中，开设"产品艺术设计"专业高职院校 22 所，占比 25.2%；开设"工业设计"专业高职院校 23 所，占比 26.4%。

与"工业设计"专业相关的专业有"数字媒体与应用""广告学（广告设计

与制作、广告设计与营销）""包装策划与设计""产品设计"，招生来源广泛，既从普通高考中招生，也从艺术考试中招收，招收人数总体上比较多，从2019年的招生情况看，普通高考与艺术类考试招生量上基本相等，本科、专科层次基本上齐平，培养主体为广东省内高等院校，具体见表7-10、表7-11、表7-12。广东省每年培养的各类"工业设计（含产品设计）"专业毕业生超过10000人，开设工业设计专业的职业院校有顺德职业技术学院、广东水利电力职业技术学院、广东交通职业技术学院、广东机电职业技术学院等。开设产品艺术设计专业的高职院校有广东轻工职业技术学院、深圳职业技术学院、广东科学技术职业学院、广东农工商职业技术学院。

表 7 - 10　　　　　　**2019 年工业设计类专业在粤招生计划总体情况**

序号	招生专业	招生学校（所）	层次	招生数量（人）	备注
1	工业设计	68	本科	1223	普通高考招生
		24	专科	782	普通高考招生
2	数字媒体与应用	46	本科	1890	普通高考招生
	数字媒体应用技术	48	专科	1186	普通高考招生
3	广告学（广告设计与制作）	71	本科	788	普通高考招生
	广告设计与制作、广告设计与营销	10	专科	36	普通高考招生
4	包装策划与设计	6	专科	140	普通高考招生
	普通高考招生本科合计	185	本科	3901	—
	普通高考招生专科合计	88	专科	2144	—
	普通高考招生本科专科总计	273	—	6045	—
5	产品（艺术）设计	65	本科	1404	美术类招生
		25	专科	1546	美术类招生
6	数字媒体技术（艺术）	33	本科	879	美术类招生
		24	专科	1003	美术类招生
7	广告设计（与制作）	19	专科	972	美术类招生
	美术类本科招生合计	98	本科	2283	—
	美术类专科招生合计	68	专科	3521	—
	美术类本科专科招生合计	166	—	5804	—
	本科总计	283	—	6184	—
	专科总计	156	—	5665	—
	本科和专科总计	439	—	11849	—

资料来源：广东教育考试院. 广东 2019 年普通高等学校志愿报考指南［M］. 广州：广东高等教育出版社，2019.

表 7 – 11　　**2019 年广东省及外省（区、市）工业设计类专业在粤招生情况**

专业	学校（所）	层次	招生数（人）	属地	备注（招生数量前几位的学校）
工业设计	47	本科	132	外省（区、市）	南华大学招生 10 人；吉林大学招生 9 人；湖南大学招生 6 人
	21	本科	1091	广东省	华南理工大学广州学院招 93 人；深圳大学（坪山教学点）招 90 人；北京师范大学珠海分校招 88 人
	68	本科合计	1223	—	—
	5	专科	9	外省（区、市）	漳州职业技术学院招 4 人；杭州职业技术学院、桂林电子科技大学各招生 2 人
	19	专科	773	广东省	惠州工程职业学院招 299 人；广东工贸职业技术学院招 105 人；广东科学技术职业学院招 50 人
	24	专科合计	782	—	—
	92	本专科合计	2005	—	—
数字媒体技术（视觉传达设计）（本科）、数字媒体应用技术（专科）	28	本科	72	外省（区、市）	武汉生物工程学院招生 9 人；浙江传媒学院招生 8 人；江南大学招生 5 人；中国传媒大学招生 5 人；南华大学招生 5 人
	18	本科	1818	广东省	广东培正学院招 220 人；中山大学南方学院招 213 人；广州大学华软软件学院招生 177 人
	46	本科合计	1890	—	—
	10	专科	42	外省（区、市）	漳州科技职业学院招 9 人；郴州职业技术学院招 6 人；江苏农林职业技术学院招 5 人
	38	专科	1144	广东省	深圳信息职业技术学院招生 72 人；广东建设职业技术学院招 69 人；广州华南职业学院招生 63 人；广东工程职业技术学院招 60 人；广东轻工职业技术学院招 53 人
	48	专科合计	1186	—	—
	94	本专科总计	3076	—	数字媒体技术、数字媒体应用技术

续表

专业	学校（所）	层次	招生数（人）	属地	备注（招生数量前几位的学校）
广告学、广告设计与制作、广告设计与营销	53	文理本科	124	外省（区、市）	黑龙江大学招生 7 人；上海建桥学院招生 7 人；四川大学锦城学院招生 7 人
	18	文理本科	664	广东省	广东财经大学华商学院招生 201 人；广东财经大学招 97 人；吉林大学珠海学院招生 85 人
	71	本科合计	788	—	广告学、广告设计与制作（营销）
	10	专科	36	外省（区、市）	厦门南洋职业学院招 6 人；湖南工业职业技术学院招 5 人；海南软件职业技术学院招 4 人；厦门软件职业技术学院招 4 人
	0	专科	0	广东省	—
	10	专科合计	36	—	—
	81	本专科总计	824	—	—
包装策划与设计	0	专科	0	外省（区、市）	—
	6	专科	140	广东省	广东轻工职业技术学院招生 54 人；深圳职业技术学院招生 62 人；东莞职业技术学院招 14 人
	6	专科合计	140	—	只有专科层次设置本专业

资料来源：广东教育考试院. 广东 2019 年普通高等学校志愿报考指南［M］. 广州：广东高等教育出版社，2019.

表 7－12　2019 年广东省及外省（区、市）美术类专业在粤招收工业设计类专业情况

专业	招生学校（所）	学校属地	层次	招生数（人）	招生数量排名前几位的学校
产品（艺术）设计	43	外省（区、市）	本科	156	浙江传媒学院招生 10 人
	22	广东省	本科	1248	华南理工大学广州学院开设产品设计类招生人数 179 人；广东科技学院产品设计招生 90 人；佛山科学技术学院产品设计招生人数 86 人
	6	外省（区、市）	专科	33	江西陶瓷工艺美术职业技术学院招生 14 人；武汉交通职业学院招生 6 人；湖南工艺美术职业学院招生包装艺术设计 6 人

续表

专业	招生学校（所）	学校属地	层次	招生数（人）	招生数量排名前几位的学校
产品（艺术）设计	19	广东省	专科	1513	广东轻工职业技术学院招生 396 人；深圳职业技术学院招生 105 人；广东农工商职业技术学院招生 140 人；广东科学技术职业学院招生 116 人；广东外语艺术职业学院招生 113 人；广东理工职业学院招生 100 人
	65	合计	本科	1404	—
	25	合计	专科	1546	—
	90	总计	本专	2950	
数字媒体技术（艺术）	18	外省（区、市）	本科	63	北海艺术学院招生 10 人；江西财经大学招生 8 人；武汉纺织大学招 6 人
	15	广东省	本科	816	广州航海学院招生 240 人，分成 3 个方向；东莞理工学院城市学院招生 97 人；广东东软学院招生 80 人；广州华软学院招生 80 人
	8	外省（区、市）	专科	30	江西陶瓷工艺美术职业技术学院招生 6 人
	16	广东省内	专科	973	广东轻工职业技术学院招生 140 人；深圳信息职业技术学院招生 125 人；广东科学技术职业学院招生 110 人；深圳职业技术学院招生 82 人
	33	合计	本科	879	—
	24	合计	专科	1003	—
	57	总计	本专	1882	
广告设计（与制作）	0	0	本科	0	
	8	外省（区、市）	专科	32	海南经贸职业技术学院招生 9 人；上海出版印刷高等专科学校招生 6 人；桂林电子科技大学招生 4 人
	11	广东省	专科	940	广东轻工职业技术学院招生 210 人；广东农工商职业技术学院招生 145 人；广东理工学院招生 87 人；东莞职业技术学院招生 100 人
	19	合计	专科	972	—

资料来源：广东教育考试院. 广东 2019 年普通高等学校志愿报考指南［M］. 广州：广东高等教育出版社，2019.

7.7.2　工业设计产业发展的人才需求与高校人才培养的匹配情况

1. 人才需求量和供给量的匹配

从人才需求总量和人才培养情况看，以2018年广东省工业设计类就业人数30万人为基数测算，按5%的替代率计算，预计2020年广东省对工业设计及其相关专业的人才需求总量为1.58万人，而人才培养的数量约1.18万人，人才需求量和人才培养量基本保持一致。值得注意的智能制造产业的发展对工业设计人才要求大幅提高，需要工业设计人才懂材料、懂结构、懂设计，工业设计人才复合化是一种必然趋势。

2. 专业需求和专业培养的匹配

企业对产品艺术设计人才的典型岗位需求主要是产品设计师、工业产品设计师、文化与创意产品设计师、工艺美术品设计师、玩具设计师、交互设计师、视觉传达设计师、家具设计师、家居产品设计师、卫浴产品设计师、珠宝设计师、包装设计师等。

对产品艺术设计类人才需求表现为人才需求的行业广泛性与单个企业的少量需求并存的特点。一方面，产品艺术设计是制造业、技术服务业、信息传输、网络科技等行业的依托，各行业基本都需要产品艺术设计类人才；另一方面，单个企业需要的数量相对较少，企业需求具有岗位特性，与产品设计专业完全一致的岗位较少。

目前，产品艺术设计专业每年毕业生人数在4500～5000人，就业率高达99%，但是专业对口率平均只有约70%，毕业三年后转岗率达到了50%。

造成学生就业对口率不高的原因：一是行业需求的广泛性；二是企业需求的特定性；三是学校培养的专业差异。学校的专业差异体现在各学校对"产品艺术"专业的内涵和范围出现认知差异，各院校间在"产品艺术设计"专业的核心专业技能和知识目标方面的培养力度和内容有较大差异，同时各学校只能根据自身的师资力量、学科基础、实训条件进行人才培养，从而对应的课程体系设置、实训项目具有较大差异，培养的学生在知识水平、设计能力、实践操作能力方面出现差异性，与行业需求和企业需求出现不完全匹配的问题。因此，"产品艺术设计"专业的内涵界定和边界具有学校特性，专业定位、专业内涵出现校际差别，典型表现就是有些学校将"产品艺术设计"作为专业招生，实际上却按照其他如"服装设计""工艺美术""家具设计"专业方面的课程内容和体系去培养，导致各学校的人才培养出现差异性和专业定位不精准等问题，培养的学生与产业需求出现偏差，导致就业对口率不高。此外，由于各学校所处地理位置的差异，对行业变化和时代设计理念的理解不相同，从而出现新时代下产品设计新任务快速更新与专业人才培养不同步，课程设置不能充分培养学生的专业核心能力和动态变化能力等问题，也在一定程度上加剧了人才需求和人才培养的不匹配程度。

因此，对于学校来说，"工业设计（或产品艺术设计）"专业难以进行大规模的定向性培养，表现为专业需求和专业培养之间的行业差异、企业差异、校际差异，学校需要更多地考虑学生的职业基础能力培养，以培养学生能够根据企业需要以及企业岗位需要、产业需要不断地发展其自身的职业迁移能力，同时各学校之间需要加强学校之间的沟通和协调，以增加对专业的协调和共同认知，为区域产业发展培养更多合适的学生。此外，学校也可以考虑根据产业需求和企业需求变化，增强对学生的专业认知和专业教育，增加其职业遴选能力和职业迁移能力训练。

7.8　广东省工业设计产业发展的人才需求趋势与建议

7.8.1　工业设计行业发展趋势及其人才需求

通过实地调研和走访企业发现，工业设计产业在我国经过多年的快速发展后，以前的设计对象主要是物质产品的外观设计，如机械设备、车辆、3C 产品等。随着互联网技术和移动设备的高速发展，以苹果为代表的 IT 企业推出了以内容为主的服务设计，工业设计的对象逐步转化为以内容、人机交互和用户体验为主的非物质形态的数字化产品，如用户界面、服务设计、软件信息架构等。在信息化和数字技术条件下，工业设计产业的理念、内容发生变化，并呈现以下六个方面的趋势。

1. 协同设计、并行设计成为发展趋势

即产品的功能与技术原理开发与造型、材料、人机界面等方面的设计并行发展，通过设计师与工程师的协同工作完成任务。

2. 综合化成为另一发展趋势

用户需求多样化客观上要求跨自然科学和人文科学等多学科交叉的系统设计才能满足定制设计服务，未来的工业设计将朝着多元化、个性化、更优化、一体化的综合方向发展。

3. 生态设计或绿色设计是工业设计发展的必然选择

人们对社会、生态问题的日益关注要求工业设计是一种绿色设计，如面向再生的设计、面向装配的设计、面向生命周期的评估设计及基于技术的可持续设计等。

4. 工业设计层次的高阶化

CAID 技术、CAD/CAE/CAM 技术、人机交互及耦合技术、神经网络技术、虚拟仿真技术、感性意向设计技术等将支撑工业设计的发展，促使工业设计的研究层次、水平大幅提升。

5. 添加人文关怀的工业设计

未来工业设计中必然添加人文关怀的情愫、更优服务于社会系统的思想理念，更关注"以人为本"。

6. 万物互联的工业设计

物联网的发展，给工业设计带来了巨大的机会与挑战。物联网将为工业设计提供广阔的想象与创意空间，使用非常规的工业设计方法与设计手段，改变工业设计对象的内容、属性和特征。物联网为工业设计的手段、方法及思维提供了创新的可能。强调物与物之间交互的物联网技术，可以让人们在工业设计的过程中，更自由地发挥想象力和创造力，并让许多"异想天开"的想法成为现实。泛在网络的普及，人与物、物与物所具有的信息交互能力，势必推动工业设计手段和工具的革命性发展。

因此，信息技术和数字技术的运用，现代设计理念的出台，工业设计行业将发生巨大变化，必然导致对人才需求发生变化，行业和企业将更多地需求能够跨界、掌握多学科知识、具有前沿创新理念、能够运用数字技术进行全面设计的复合型人才。

7.8.2 工业设计专业人才培养建议

1. 人才培养方案建议

第一，专业人才培养目标的准确定位。人才培养目标既要体现产品艺术设计专业主体特点，也要开设与区域经济产业、院校实际情况相适应的特色课程以突出专业特色。工业设计（产品艺术设计）的专业特色应充分体现在课程上，课程分为公共基础课、专业基础课、专业核心课、专业拓展课、专业实践课，课程设置要体现共性能力的培养，也要体现鲜明的地方专业特色或行业属性，同时还要具有时代性。

随着中国在"互联网+""中国制造2025"的宏观经济发展背景下,新一轮消费升级促进新一轮产业的发展,同时产品艺术设计与新技术、新材料、新工艺的融合,使得产品艺术设计的范围延伸更广,产品艺术设计范畴和边界越来越模糊,专业交互性、渗透性不断增强,设计内容从有形产品延伸到无形的服务设计、用户体验设计、交互设计等领域,因此需要"产品艺术设计"专业定位更加科学,更加符合区域产业发展需要。各院校需在"产品艺术设计"专业人才培养目标和方向设定上更加精准和具有时代性,突出产品艺术设计专业特点的同时体现区域特色和产业特色,契合区域产业经济发展需要,开设与之相适应的特色课程,以突出培养方向和专业特色,满足经济社会发展对高知识、高水平、高技能设计人才的需求。

第二,适当增加拓展类课程比重。"产品艺术设计"专业缺少行业属性,毕业生就业最终需要依托不同行业进行职业发展,因此,"产品艺术设计"专业可以根据所在学校的特色,或者地方特色,考虑开设相关拓展课程,如传统家具设计、灯具设计、文化创意产品设计、漆工艺品设计、交通工具设计、公共设施产品设计、卫浴产品设计、家电产品设计、钟表设计、眼镜设计、金属工艺品设计、竹木工艺品设计、服务设计、交互设计等拓展类课程的比重,以增强学生未来的职业竞争能力。

第三,增强学生实践设计能力训练。大力加强校内实训基地建设,实验、实训室电脑数量及其配置以提升学生实践设计能力。根据所在学校或地区实际情况,配备专业教学需要的其他实训设备,根据现有专业方向和课程体系,对校内实训室建设进行科学合理的规划,以满足本专业实践教学为主,如设计软件实训室、模型制作实训室、工业设计实训室、3D打印实训室、画室、摄影棚、创意设计中心、手工后期实训室、木工实训室、产品创新工作坊、金属工艺实训室、金工实训中心、人机工程实验室、CMF中心、漆艺实训室、纤维艺术实训室、材料与工艺等。同时也需配备如办公设备、会议设备等、虚拟VR教室、项目设计课程课室,实现"虚拟仿真""项目化""综合实战"等实践教学。在校外实训基地建设上,应选择能与本专业人才培养目标对接的企业开展校企合作,大力拓展合作渠道,保障专业实践教学、顶岗实习等教学活动的实施,提供专任教师企业实践和挂职锻炼岗位,兼职教师承担教学任务等,努力提升实践教学水平,不断提高产品艺术设计专业教育实践教学质量。

第四,加强专业核心能力训练和人文素养训练。专业核心能力训练体现在培养学生完整地掌握产品的设计流程、产品从设计制造到走向市场全过程的基本知识；掌握产品造型原理与方法、产品的结构与构造原理；加大设计创意思维的原理与方法的训练；增加工业设计发展的历程、产品设计前沿技术和发展动态相关知识训练。人文素养训练主要是要加强学生沟通能力、团队合作意识、学习能力、独立工作能力、积极的工作态度等方面的人文素养及相关能力。

2. 专业调整建议

在适应新时代要求、新技术要求的趋势下，保证专业的科学性和准确性，确保学生未来的职业竞争力、职业发展能力，可在保持现有专业特色上根据行业属性、专业发展趋势对现有专业进行一些适当调整（见表 7 - 13）。

表 7 - 13　　　　　工业设计专业与产业发展相适应的专业设置调整建议

所属专业大类（代码）	所属专业类（代码）	对应行业（代码）	主要职业类别（代码）	对应岗位	对应调整专业
文化艺术大类（65）	艺术设计类（6501）	文化艺术业（88）	工业（产品）设计工程技术人员（2 - 02 - 34）	产品设计	产品艺术设计
文化艺术大类（65）	艺术设计类（6501）	文化艺术业（88）	工艺美术与创意设计专业人员（2 - 09 - 06）	工艺美术品设计	产品艺术设计
文化艺术大类（65）	艺术设计类（6501）	文化艺术业（88）	工艺美术与创意设计专业人员（2 - 09 - 06）	文创设计	产品艺术设计
文化艺术大类（56）	机械设计制造类（5601）	制造业（24、39）	工业（产品）设计工程技术人员（2 - 02 - 34）	工业设计	工业设计
文化艺术大类（56）	机械设计制造类（5601）	制造业（24、39）	工业（产品）设计工程技术人员（2 - 02 - 34）	结构设计	工业设计
文化艺术大类（65）	艺术设计类（6501）	文化艺术业（88）	工业（产品）设计工程技术人员（2 - 02 - 34）	玩具设计	玩具设计
文化艺术大类（65）	艺术设计类（6501）	文化艺术业（88）	专业化设计服务人员（4 - 08 - 08）	视觉传达设计	视觉传播设计与制作
文化艺术大类（65）	艺术设计类（6501）	文化艺术业（88）	专业化设计服务人员（4 - 08 - 08）	交互设计	交互设计

资料来源：广东省工业设计协会，2019 年。

第8章 广东省生态园林产业发展人才需求与培养调查情况

8.1 生态园林产业链构成及其市场规模

8.1.1 生态园林产业链构成

中国生态园林的发展始于 20 世纪 80 年代末。程绪珂先生将"生态园林"定义为:"遵循生态学和景观生态学原理,以植物为主体,发挥园林的多种功能,并以生态经济学原理为指导,使生态效益、社会效益、经济效益融为一体地同步发展,建成有园林化面貌,在可能条件下生产各类园林产品,而且保护生物多样性,为人类创造出最佳、清洁、舒适、优美、文明的现代化环境。"[①] 生态园林的建设是将绿色园林、绿色建筑材料、环境保护与园林矿山生态修复绿化相结合,将美学特征与植物群落构架相结合,形成园林生态系统。生态园林产业链包括景观设计、绿化苗木种植、园林工程施工到养护的完整业务结构(见图 8 - 1)。

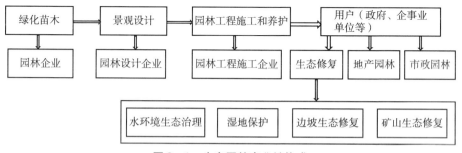

图 8 - 1 生态园林产业链构成

资料来源:笔者整理。

---

① 程绪珂. 具有中国特点的生态园林初探 [J]. 上海建设科技, 1990 (4): 7 - 9.

园林产品包括园林花木、园林机械设备和园林建材，通过各种花店花园中心、连锁超市、建材店等销售体系进行园林产品的零售与批发。绿化苗木的应用范围包括城市造林、生态环境建设、风沙治理、屋顶绿化、公园绿地建设、环境治理、平原绿化、湿地改造、景观绿化改造提升及特色小镇建设。

园林企业有全产业链经营趋势，即园林企业为客户提供一体化的综合园林绿化服务。园林企业按"苗木培育、养护、园林景观设计、施工"的业务逻辑紧密相连。通常情况下，绿化苗木是园林工程施工业务的主要原材料，构成下游企业的成本，拥有绿化苗木资源的企业具有原材料质量优势和成本优势，能够更好地控制工程施工中的成本和产品质量；拥有绿化苗木种植、养护经验和相关技术的企业具有绿化养护方面的优势，也能为园林景观设计业务中苗木品种方案提供可靠的技术参考。兼具设计与施工业务能力的企业，可以有效地将设计理念与工程施工相结合，减少沟通障碍，提高效率，提升客户满意度。由于生态园林业务环节间的相互影响和相互支撑关系，采用一体化经营模式可以避免外购苗木对设计和施工的质量与成本限制，减少流程，能够将设计理念与工程施工方案有机结合，提高设计、施工效率、产品与服务质量。全产业链经营已成为生态园林行业发展趋势，也是园林企业构建竞争优势的基础。

生态园林的用户包括政府部门、企事业单位、房地产企业、生态旅游景点、个人，构成生态园林产业链的下游。其中，生态旅游景点包括国家公园、湿地公园、森林公园等，用户集中而需求较大，以政府投资占多数，因此信用度高。

生态园林行业的兴起，"人居和谐"理念的渗透，生态文明建设的推进，扩展了园林的"游憩、观赏功能"，上升到维持城市生态平衡、保护生物多样性和再现自然的高层次、多功能阶段，生态园林行业前景广阔，需求旺盛。

8.1.2　生态园林产业市场规模

生态园林产业包含市政园林、地产园林、生态修复三大类。

1. 市政园林市场

园林绿化投资是市政建设的重要组成部分。一般地，一个城市的园林绿化投资占城市市政固定资产投资总额的 8% ~ 11%。从我国看，城市市政投资由 2008年的 7368.2 亿元提高到 2017 年的 19327.6 亿元，同比增长 162.35%；城市园林绿化投资也由 649.8 亿元增长到 1956 亿元，增加了 2.01 倍（2017 年园林绿化投资金额根据往年园林绿化占市政投资总额比例估算，见图 8 - 2）。2017 年，我国县城市政固定资产投资总额为 3634.2 亿元，是 2008 年的 2.17 倍；县城园林绿化投资由 174.1 亿元增加到 538 亿元,增加了 2.08 倍(见图 8 - 3)。总体上,县城固定资产投资和园林绿化投资都远低于城市。

图 8 - 2 2008 ~ 2017 年我国城市市政公用设施建设固定资产投资和园林绿化投资情况

资料来源:国家统计局,2018 年。

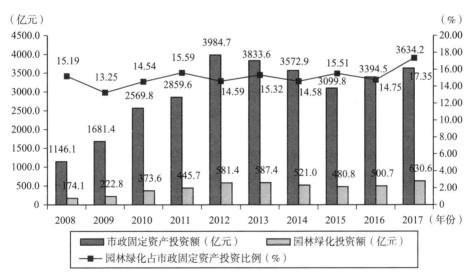

图 8 - 3 2008 ~ 2017 年我国县城市政公用设施建设固定资产投资和园林绿化投资

资料来源:中华人民共和国住房和城乡建设部. 中国城乡建设统计年鉴(2017)[M]. 北京:中国统计出版社,2018.

2. 地产园林市场

地产园林市场的发展与下游房地产行业的市场供需变动息息相关。2008 ~

2017 年，我国房地产开发总投资额从 31203 亿元增长至 109798 亿元，年均增长率达到 16.2%。但是受到国家宏观调控的影响，2013 年后，房地产投资总额增长幅度明显降低；尤其是 2015 年，增幅仅为 1%（见图 8 - 4）。目前，我国房地产行业的投资性需求已明显得到抑制，但在城市化稳步推进的宏观背景下，住房刚性需求仍有一定程度上的增长。虽然，园林绿化支出占房地产开发项目总投资比重较低，但随着房地产开发商和用户对园林绿化景观价值的认识和要求，高品质园林绿化景观市场需求扩大，为促进房地产销售，房地产开发商对园林景观投资的逐步加大，将会扩大地产园林的市场规模。根据园林绿化行业经验，园林配套支出约占地产项目投资总额的 2%～4%，按照房地产投资额的 2% 用于园林投入计算，2017 年我国地产园林景观投资额约为 2196 亿元，市场空间大。

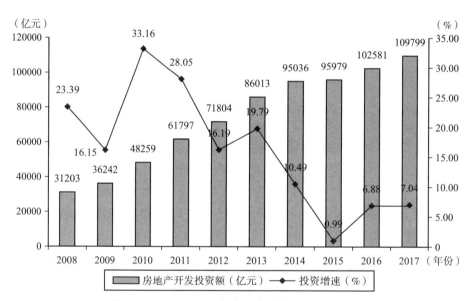

图 8 - 4　2008～2017 年中国房地产开发投资情况

资料来源：国家统计局，2018 年。

3. 生态修复类市场

过去的 40 年，一方面是我国的经济快速发展；另一方面是我国生态环境破坏严重，河湖污染、大气污染、土壤污染、湿地退化、荒漠化等问题日益突出，严重影响了社会和经济的可持续发展。因此，国家高度重视生态环境保护，制定《国家环境保护标准"十三五"发展规划》以加强环境治理和保护，生态治理成为政府投资的重点领域，我国各种生态修复市场步入快速发展时期，包括水环境生态治理、湿地保护、边坡生态修复、矿山生态修复。

（1）水环境生态治理："十二五""十三五"期间，政府将水利作为国家基础设施建设的优先领域，积极推进水利工程建设。水利重点是河流重要河段治理，主要包括水质改善和水土涵养（河道护坡和沿岸造林绿化），以水利建设投资项目中的"水土保持及生态工程"子项目反映。根据水利部发布的《水利发展统计公报》（2013~2017 年）数据，在 2013~2017 年的 5 年间，水利建设投资额由 3757.6 亿元增长到 7132.4 亿元，年均复合增长率为 17.4%，水土保持及生态工程投资更比 2013 年增加了 5.6 倍。

（2）湿地保护：湿地具有巨大的生态修复、服务功能，被誉为"地球之肾""生命的摇篮"和"物种基因库"。根据《我国湿地保护工程规划（2002~2030年)》，明确到 2030 年，我国湿地保护区达到 713 个，国际重要湿地达到 80 个，使 90% 以上天然湿地得到有效保护，完成湿地恢复工程 140.4 万公顷。国家的湿地实际完成项目总投资从"十一五"期间的 30.3 亿元增加到"十二五"的 67.02 亿元，同比增长约 121.2%。根据《我国湿地保护"十三五"规划》，"十三五"期间我国湿地保护工程投资额将达到 176.81 亿元，我国湿地保护和修复空间巨大，国家生态湿地保护与建设再掀高潮。

（3）边坡生态修复：我国基建边坡生态修复目前主要市场为高速路、铁路边坡、水利边坡等道路边坡生态修复。基建边坡修复有专门文件和政策支持，而且在基建投资中进行专项资金安排，执行力度较好。公路生态修复绿化市场的增长潜力来自新建公路投资建设的增长和公路绿化投资标准的提升。参考交通运输部发布的《交通运输行业统计公报》（2013~2017 年），近 5 年，我国公路生态保护投资比例一直约占 GDP 的 1%，与发达国家高达 5% 的环保投资比例还有着较大的差距。2017 年公路水路建设投资额为 22491.88 亿元，比上一年增长18.2%，环境保护投入 206.28 亿元，占投资额的 0.92%。其中，公路环境保护投入 165.65 亿元，水路环境保护投入 40.63 亿元。公路环境保护投入中，生态保护措施投入 108.07 亿元，污染防治设施投入 31.07 亿元。水路环境保护投入中，生态保护措施投入 6.66 亿元，污染防治设施投入 23.59 亿元。[①] 2013~2017年的环境投入见图 8-5。

---

① 交通运输部. 2017 年交通运输行业发展统计公报［EB/OL］. http：//xxgk. mot. gov. cn/jigou/zhghs/201806/t20180622_3036269. html.［2018-3-30］.

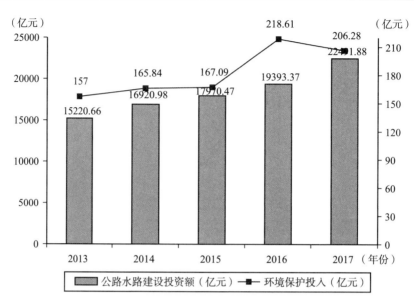

图 8-5　2013～2017 年中国公路水路建设投资额及环境保护投入

资料来源：交通运输部，2018 年。

（4）矿山生态修复：我国推动矿山地质环境恢复和综合治理始于 2000 年，至今仅 20 年，但是采矿活动进行了成百上千年，历史遗留问题较多，在实际工作当中，治理包括历史遗留的问题和在建、在生产矿山问题两方面。历史遗留的问题由政府负责恢复治理，中央财政资金支持。中央财政每年将投入 40 亿元，地方财政还将从每年收取的矿山企业生态治理保证金中提取资金进行配套支持，预计总体政府投入规模每年可达到 500 亿元。根据 2017 年 11 月财政部、国土资源部、环境保护部发布的《关于取消矿山地质环境治理恢复保证金建立矿山地质环境治理恢复基金的指导意见》，保证金取消后，由企业承担矿山地质环境治理恢复责任，对开采活动中造成的矿山地质环境问题进行修复治理。参考《我国矿产资源规划（2016～2020 年）》，2008～2015 年全面实施矿山地质环境治理恢复保证金制度，累计投入矿山地质环境治理资金 773 亿元，治理恢复面积 32.5 万公顷。推进 661 个国家级绿色矿山建设试点，矿业绿色转型升级步伐不断加快。2020 年，在矿业转型与绿色发展方面，要求矿产资源开发的环境影响得到有效控制，开发区域生态环境不退化、环境质量不下降。有效保护和及时治理矿山地质环境，完成 50 万公顷历史遗留矿山地质环境治理恢复任务。按 2008～2015 年治理投入比例，2020 年完成 50 万公顷历史遗留矿山地质治理预计需要投入 1189 亿元，平均每年 238 亿元。

　　2019 年，我国共完成造林 1.06 亿亩、森林抚育 1.14 亿亩，启动退化草原人工种草生态保护修复试点，种草改良草原 4720 万亩。实施生态保护和修复工程，其中治理沙化土地 3390 万亩，完成石漠化综合治理 371 万亩，退耕还林工程造林 1284.89 万亩，三北防护林工程营造林 874.7 万亩。首次评价认定国家森林乡村 7500 多个，28 个城市获"国家森林城市"称号。①

　　2017 年国家和地方、企业对水环境生态治理、湿地保护、边坡生态修复、矿山生态修复的投入占比见图 8 - 6。

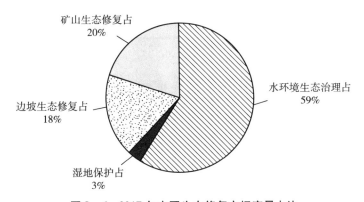

图 8 - 6　2017 年中国生态修复市场容量占比

资料来源：国家林业和草原局、国家公园管理局，2018。

　　总体来看，从 2013 ~ 2017 年，市政园林市场总体容量增长幅度较低，2015 年甚至出现了负增长。生态修复市场已成为新兴的发展领域，年均复合增长率高达 32.4%，发展前景良好。2017 年整个生态园林行业市场容量接近 6000 亿元，且未来市场保持着 7.8% 的增长速度（见表 8 - 1）。

表 8 - 1　　　　　　　　**2013 ~ 2017 年中国生态园林行业市场容量估算**　　　　　　单位：亿元

年份	市政园林	地产园林	生态修复					规模
			水环境生态治理	湿地保护	边坡生态修复	矿山治理	生态修复合计	
2013	2234.80	1720.30	102.90	13.44	165.80	96.60	378.78	4333.80

　　① 中国林业网 . 2019 年我国造林 1.06 亿亩森林抚育 1.14 亿亩［EB/OL］. http：//www. forestry. gov. cn/2020 - 1 - 2.

续表

| 年份 | 市政园林 | 地产园林 | 生态修复 | | | | | 规模 |
			水环境 生态治理	湿地保护	边坡生态 修复	矿山治理	生态修复 合计	
2014	2338.50	1900.70	143.10	13.44	165.80	96.60	418.98	4658.20
2015	2075.40	1919.60	192.90	13.44	167.10	96.60	470.03	4465.00
2016	2170.90	2051.60	403.70	35.36	218.60	238.00	895.67	5118.20
2017	2494.30	2196.00	682.60	35.36	206.30	238.00	1162.24	5852.60
年均复合 增长率（%）	2.8	6.3	60.5	—	5.6	—	32.4	7.8

资料来源：国家林业和草原局、国家公园管理局，2018 年。

8.1.3　广东省生态园林行业发展情况

截至 2018 年，广东省森林蓄积量 5.52 亿立方米，森林面积达 1.58 亿亩、覆盖率达 58.59%。全省共建设生态景观林带 9809 公里，绿化美化乡村 1.29 万个，认定"广东省森林小镇"70 个。至 2017 年已建成 1516 个森林公园和 224 个湿地公园，森林公园数量我国第一；珠三角地区新增森林公园 135 个、街心公园 442 个，建成湿地公园 113 个、乡村小型湿地 1000 个，公园绿地 500 米服务半径延伸到城市的每个角落。全省绿道建设累计总里程超过 12000 千米，基本形成省立绿道、城市绿道有机衔接、综合功能完善的绿道网络。2019 年，228 个乡村获批国家林业与草原局评价认定的"国家森林乡村"称号。① 广东省的生态景观林带、绿道建设等举措走在我国前列。

1. 市政园林

得益于"森林城市""森林小镇""园林城市""乡村绿化美化"等工程的推进，广东省市政园林市场增速明显。《广东省旅游发展规划纲要（2011～2020年）》中提出了着力构建"一核、两带、三廊、五区"的空间布局，加快形成凸显岭南文化、功能结构完整、区域优势互补的旅游发展大格局。其中，"两带"之一就是指绿色生态旅游带，重点开发自然景观、森林山地景观等特色旅游资源，打造生态旅游产业集群。将旅游发展与新型城镇化建设相结合，到 2020 年建设 100 个旅游特色镇、100 个旅游特色村，30 个生态山水旅游名镇和 500 个自

---

① 广东省林业局网. 首批国家森林乡村名单出炉，广东上榜 228 个 [EB/OL]. http://lyj. gd. gov. cn/news/forestry/content/post_2875748. html. [2020-1-20].

然生态旅游名村。

2013～2017 年，广东省城市市政公用设施建设固定资产投资由 732.22 亿元增加到 1129.00 亿元，年均复合增长率 11.4%。2017 年，城市园林绿化投资比是 2013 年的 2.03 倍，年均复合增长率 19.8%；园林绿化投资占固定资产投资的 1%～2% 左右，远低于我国约 10% 的平均值。

2013～2017 年，广东省县城投资中，5 年内市政固定资产投资额和园林绿化投资额分别以 7.8%、9.8% 的年均复合增长率增加，县城园林绿化投资在固定资产投资中所占的比例高于城市，2016 年高达 14.55%。但建制镇的 5 年内园林绿化投入总体呈现下降的趋势，由 2013 年的 9.61 亿元降到了 2017 年的 8.48 亿元。

2. 地产园林市场

随着"粤港澳大湾区"建设进入提速阶段，未来我国香港、澳门特区与珠三角地区在产业、交通等方面联系将更加紧密，同时广东省为人口流入大省，具有旺盛的住房需求，成为广东省今后地产园林持续发展的动力。

2013～2018 年的 6 年间，广东省房地产开发总投资额从 6319 亿元增长至 14412 亿元，年均复合增长率达到 17.2%（见图 8-7），远高于同时期我国房地产投资 8.9% 的复合增长率。其中，珠三角地区房地产开发投资额占广东省房地产开发投资额的 80% 以上。按房地产开发投资额的 2% 用于园林绿化估算，2018 年广东省地产园林景观投资额约为 288 亿元，市场发展前景依旧良好。

图 8-7　2013～2018 年广东省房地产开发投资情况

资料来源：国家统计局，2018 年。

3. 生态修复市场

预计 2019～2021 年，广东省生态修复等环境产业市场将达到 1200 亿元，主要细分以下四点。

（1）水环境生态治理。2016 年，广东省固定资产投资中水利环境和公共设施管理共计投入 2832.61 亿元，施工项目 7531 个。其中，生态保护和环境治理投入 76.90 亿元，施工项目 228 个。为了贯彻实施《水污染防治行动计划》和《广东省水污染防治行动计划实施方案》（简称《水十条》）和《广东省水污染防治行动计划实施方案》（简称《粤十条》），全面推进水污染防治工作，进一步提升全省水环境质量，广东省制定了《南粤水更清行动计划（2017～2020 年）》，积极实施联合治水、水源保护、设施提效、黑臭治理、能力建设等五大类工程项目，总投资约 1874.07 亿元。

（2）湿地保护。广东省湿地总面积为 175.34 万公顷，至 2018 年 6 月，广东省共有国际重要湿地 4 处、湿地类型自然保护区 110 处（国家级 8 个、省级 17 个、市县级 85 个）、湿地公园 230 处（国家级 27 处、省级 5 处、市级以下 198 处），国家级海洋公园 6 处、国家级水产种质资源保护区 9 处、水源保护区 635 处。

2017 年 11 月，广东省林业局印发了《广东省湿地保护修复制度实施方案》，明确提出实行湿地面积总量管控，加快湿地生态系统修复和保护体系建设。中央财政、省财政 2017～2018 年累计安排广东省湿地保护补助资金 8720 万元，用以开展国家湿地公园、湿地自然保护区等重要湿地保护与修复工程、湿地科研监测及周边湿地生态效益补偿试点等工作。

（3）边坡生态修复。"十二五"期间广东省公路水路交通基本建设完成投资约 4724 亿元，较"十一五"期间增长 58%。根据《广东省综合交通运输体系发展"十三五"规划》，"十三五"期间预计公路投资额 11098 亿元。近五年，我国公路生态保护投资比例一直占约 1%，按广东省交通基础设施建设投资额的 1% 用于生态保护估算，"十二五"期间边坡生态修复投资额预计在约 47 亿元，"十三五"期间预计约为 111 亿元。

沿着高速公路、铁路、沿江、沿海等区位营造可视化景观林带，打造多树种、多层次、多品种、多色彩、多形态的森林景观，实现生态景观林带绿化、美化、生态化成为趋势，林业科技进步也使这种美观成为可能。

（4）矿山生态修复。2013 年，广东省"矿山复绿"工作投入资金约 1.4 亿元，完成复绿矿山 37 个，综合治理面积约 451 公顷。2018 年，投入矿山石场治理复绿资金 2.63 亿元，完成复绿面积 470 公顷。《广东省矿山地质环境保护与治理规划（2015~2020 年）》印发实施。部署开展"矿山复绿"行动，全省共投入矿山地质环境恢复治理资金 9 亿元，完成恢复治理面积约 3000 公顷。按照《广东省绿色矿山建设工作方案》，广东省 2017~2020 年预期建设 250 个绿色矿山。其中，2017 年首批建成绿色矿山 60 个，2018 年建成 100 个，已完成总任务量的64%，有望提前完成 2020 年预定目标。

此外，私人园林投资也逐步增长，随着广东省的人均可支配收入持续增加，其人均可支配收入从 2014 年的 25685 元增长到 2018 年的 35810 元，比我国的人均可支配收入高 26.9%。室内绿化、庭院绿化等园林消费逐步兴起为园林企业提供了商机，也在改变园林行业的业态，私人绿色消费成为未来的需求。

根据以上情况计算预测，广东省市政园林、地产园林、生态修复市场三方合计每年约有 400 亿元的市场规模，地产园林所占比重仍然较大。生态修复市场随着生态环境保护与建设力度加大将有大幅度的提升，发展前景良好。

从我国看，2017 年我国生态园林行业市场容量接近 6000 亿元，且未来市场保持着 7.8% 的增长速度，预计 2020 年达到 6500 亿元。

无论是国家层面还是省级层面，都显示了生态园林产业的巨大前景和空间。

8.2 广东省生态园林产业发展的人才需求情况

8.2.1 广东省生态园林产业企业及其人员概况

产业层面对人才的需求主要表现在需求总量、需求专业、需求层次三个方面。

根据 2018 年广东省行业数据开放平台的数据，广东省内从事城市园林绿化和工程设计企业合计约 1.10 万个。截至 2018 年底，广东省有风景园林工程设计甲级、乙级资质的企业分别为 53 家、140 家，园林绿化一级资质企业 147 家，中国生态园林百强（2017~2018 年）企业 22 家，中国城市园林绿化 50 强企业 12 家，排名前十的企业有 5 家。相关从业人员学历大专及以上为主，专业对口率较高。

2018 年广东省花卉企业 5539 个，花卉市场 129 个，从业人员 12.2 万人。2018 年花卉企业数量大幅减少，下跌幅度高达 42.36%。花卉从业人员年龄都在40 岁以上，而且女性居多。

由于园林绿化施工属于建筑施工，许多有建筑业背景的企业都能比较容易地进入园林行业，房地产建设企业倾向于自行建立园林绿化企业，专注于项目施工的园林企业会通过自行建立苗圃培育苗木来拓展业务范围。园林施工、园林养护的专业技术比较简单，只需经过简单培训即可掌握施工要领，行业的技术壁垒相对较低，吸引众多的企业加入园林行业，加剧了园林企业间的竞争，同时也加大了行业内部劳动力就业的替代性。

8.2.2 广东省生态园林及其相关产业对人才的需求

2018～2025 年，广东省企业对高职生态园林类人才的需求预测显示，有70.59% 的企业认为对高职类生态园林人才的需求呈上升趋势，仅有 19.61% 认为呈下降趋势。

1. 人才总量需求

建筑英才网的我国建筑职位排行榜显示，招聘职位数量的前 5 位分别为建筑师、方案设计师、施工图设计师、园林/景观设计师、结构工程师，园林行业人才需求旺盛。对应产业链的从业人员数量与质量决定着整体生态园林产业的发展，主要需求园林工程技术人才。园林工程技术专业人才的需求方向、就业单位、具体工作岗位见表 8 - 2。

表 8 - 2　　　　　　　　　　园林工程技术专业人才需求方向

专业方向	需求单位	工作岗位
花卉种苗繁育	科研院校、园林施工企业、园艺企业	花卉园艺工、花艺师、花卉繁育员、植物设计师、园艺工程师
园林规划设计	园林局、设计院、规划院、设计公司、园林施工企业	绘图员、施工图设计师、景观设计师、方案设计师、规划设计师
工程施工与管理	绿化管理部门、房地产公司、建筑企业、监理公司、园林施工公司、装饰工程企业	园林工程施工员、造价员、资料员、预算员、工程测量员、项目经理
园林绿化养护管理	绿化管理部门、公园和风景区管理部门、园林施工企业、园艺企业	园林绿化养护管理技术员、绿化工程师

资料来源：广东省生态环境协会，2019 年。

2018 年，广东省内有从事花卉苗木生产、园林设计与施工、生态治理等方面的相关企业超过 1.1 万家，约有 31.82% 的企业每年至少招聘 4～6 人，估算出广东省生态园林行业每年的新增需求量至少为 1.6 万人，相应专业岗位招聘比例见图 8 - 8。

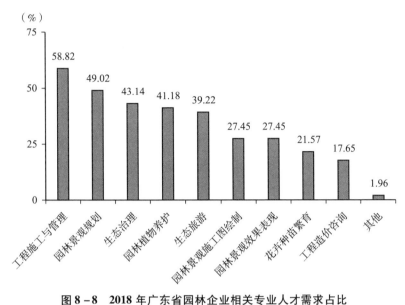

图 8 - 8　2018 年广东省园林企业相关专业人才需求占比

资料来源：广东省生态环境协会实地调研结果，2019 年。

　　生态园林企业对工程施工与管理、园林景观规划等岗位的需求较旺盛，生态治理和生态旅游的需求也是新兴的增长点。2018 年，园林行业的人才需求率相比 2017 年增加了 10.5%；从岗位上看，园林/景观设计师的人才需求量相比 2017 年上涨了 16.9%，施工图设计师的招聘需求同比上涨 15.8%。广东省在园林景观领域的人才需求量与 2017 年相比增长了 12.3%。

　　北京林业大学的调查显示，我国共设有园林及相关专业点 175 个，风景园林专业硕士点 32 个，科学硕士点 86 个及博士点 30 个。高职类院校设立园林专业点约 470 个，数量是本科的两倍多。目前，广东省开办园林教育的高职院校有 18 所，年培养从业人员约 2500 人。智联招聘显示，仅 2019 年 6 ~ 7 月发布的园艺/园林/景观设计类别的招聘信息就有 11120 条，广东省招聘信息为 1833 条，占总量的 16.4%；学历要求为大专学历的有 742 个，占比 40.5%，且多数企业的招聘人数在 1 人以上，园林教育培养的人才远远无法满足社会的需求。根据上述数据推算，广东省目前每年对园林类人才需求缺口近 1 万人，预计未来园林专业对应用技能型人才的需求依然强劲，尤其是工程施工与管理、园林规划设计师等岗位的高素质人才供不应求。

随着城镇化、特色小镇建设、城市改造升级、交通强国、生态文明建设的内在需求推动生态环境工程、园林绿化建设，相应增加对各类生态园林人才的需求，园林景观设计师、绿化工程师、方案设计师、规划设计师、环保工程师等岗位对人才的需求量将会持续增加。初步估计，2020 年广东省生态园林专业人才需求总共缺口 6000 人。

2. 学历需求

从企业招聘条件看学历要求，2018 年园林工程技术方向的招聘对学历要求显示，大专和本科的比例分别为 38% 和 35%（见图 8 - 9）。

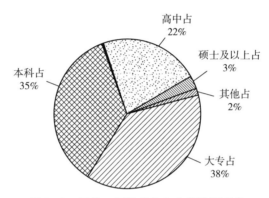

图 8 - 9　园林工程技术从业人员学历要求

资料来源：前程无忧网。

中国园林对 365 家园林企业的调研同样发现，生态园林企业对学历的要求以专科及以上为主，31.18% 的单位最低学历要求在本科及以上，76.62% 的企业认为专科层面的园林毕业生能力和素质达到企业需求，只有 0.93% 的企业认为高职毕业生完全无法胜任相关工作（见图 8 - 10），同时，用工市场上从中级技能人才到高级设计人才都处于紧缺状态。根据上述资料测算生态园林产业对专科层次的需求占比为 34.56%。

本书对棕榈生态城镇发展股份有限公司（简称棕榈股份）、深圳市铁汉生态环境股份有限公司（简称铁汉生态）、岭南生态文旅股份有限公司（简称岭南股份）、广州普邦园林股份有限公司（简称普邦股份）、深圳文科园林股份有限公司（简称文科园林）五家公司 2018 年的人才状况进行实地调研显示，企业层面对人才需求主要体现在具体岗位需求，每一类岗位都有对应的能力、技能要求、需求层次，虽然各不相同，但基本条件一致。所调研的企业员工构成呈现出"两

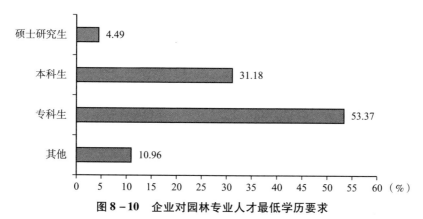

图 8 - 10 企业对园林专业人才最低学历要求

资料来源：佚名. 园林技能型人才缺口缘何难补［N］. 中国花卉报，2018 - 6 - 13.

头少，中间大"的态势；从学历看，博士、硕士等高学历人才需求相对少，而中专等低学历的需求也相对少，本科生和专科生占大部分，本科生的比例相对于专科生较多。从专业看，生产人员和技术人员最多，再是管理人员和其他人员，职业专业化分工趋势明显，与各招聘网的信息基本一致（见表 8 - 3）。

表 8 - 3 　　　　　　　　　2018 年调研企业人员构成

企业	学历	员工人数（人）	员工占比（%）	工种	员工人数（人）	员工占比（%）
棕榈股份	博士及以上	3	0.19	技术人员	420	26.97
	研究生	124	7.96	生产人员	700	44.96
	本科	966	62.04	销售人员	114	7.32
	大专	381	24.47	财务人员	120	7.71
	中专及以下	83	5.33	行政管理人员	203	13.04
	—	—	—	退休人员	2	0.13
	总人数					1557 人
铁汉生态	研究生	503	12.16	研发人员	574	13.87
	本科	2028	49.01	技术人员	460	11.12
	大专	1079	26.08	销售人员	356	8.6
	中专及以下	528	12.76	财务人员	137	3.31

续表

企业	学历	员工人数（人）	员工占比（%）	工种	员工人数（人）	员工占比（%）
铁汉生态	—	—	—	行政管理人员	382	9.23
	—	—	—	其他人员	2229	53.87
	总人数			4138 人		
岭南股份	研究生	290	7.64	技术人员	1254	32.26
	本科	1977	50.68	生产人员	1184	30.46
	大专	1259	32.39	销售人员	414	10.65
	中专及以下	361	9.29	财务人员	246	6.33
	—	—	—	行政管理人员	789	20.23
	总人数			3887 人		
普邦股份	研究生	100	4.17	生产人员	1747	72.88
	本科	914	38.13	财务人员	100	4.17
	大专	796	33.21	行政管理人员	550	22.95
	中专及以下	87	4.49	退休人员	27	1.13
	总人数			2397 人		
文科园林	博士及以上	2	0.16	技术人员	257	20.49
	研究生	68	5.42	生产人员	506	40.35
	本科	676	53.91	销售人员	106	8.45
	大专	357	28.47	财务人员	80	6.38
	中专及以下	151	12.04	行政管理人员	305	24.32
	—	—	—	退休人员	2	0.16
	总人数			254 人		

注：人数统计截至 2018 年 12 月 31 日。
资料来源：广东省生态环境协会调查结果，2019 年。

3. 能力要求

各企业普遍认为生态园林专业人才应当具备大专及以上学历，知识应当全面、基础扎实、一专多能。生态园林工程技术的职业能力要求和专业技能要求见表 8 - 4。

表 8 - 4　　　　　　　　　　　生态园林行业职业能力与专业技能

产业链	岗位群	主要业务工作	专业技能要求
园林工程技术	花卉种苗繁育	花卉种苗生产和销售；植物组织培养	1. 掌握常见园林植物繁殖及养护管理特点； 2. 具有培苗栽培与管理、花卉经营能力； 3. 能诊断及防治常见园林植物的病虫害
	园林规划设计	室内外景观设计并构建模型	1. 计算机辅助设计能力； 2. 施工图的绘制和识读能力； 3. 指导施工方按设计方案施工的能力； 4. 了解园林植物种植设计基本原理
	园林工程施工与管理	工程概算；工程招投标；施工和竣工图绘制；施工现场工艺技术把控及管理协调	1. 具备园林施工的设计、管理、组织与实施能力； 2. 掌握园林植物选苗、栽植程序、技术要求； 3. 计算机辅助设计能力； 4. 语言能力较强、具备施工现场沟通和决策能力
	园林绿化养护管理	进行风景名胜区、公园和绿地的运营管理；指导园林植物的种植施工、养护管理	1. 能诊断及防治常见园林植物的病虫害； 2. 掌握常见园林植物繁殖及养护管理特点； 3. 掌握养护管理的主要工作和技术要点

资料来源：广东省生态环境协会调查结果，2019 年。

4. 企业职业素养能力要求

企业对毕业生的职业素养能力要求中，最关注的是团队协作、主动积极和吃苦耐劳的工作态度，占比达到92.16%；其次是扎实的专业知识，占比74.51%，国际化视野逐渐成为职业素养（见图 8 - 11）。企业在招聘人才时既看重专业能

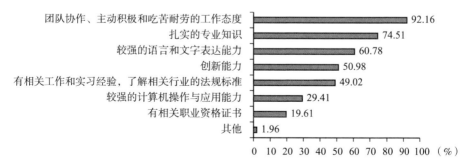

图 8 - 11　企业对毕业生职业素养的要求

资料来源：广东省生态环境协会调查结果，2019 年。

力，也看重综合素质。具体来看，设计企业最看重毕业生的技术知识和专业功底；房地产企业最看重毕业生拥有的社会实践经验和实习经历，以及突出的组织管理能力和综合素质；施工企业最看重毕业生吃苦耐劳的精神和品质等。实地调研及网络资料显示，多家企业"技术型营销人才"匮乏，急需对从事生态环保产品生产、工程咨询服务等方向的生态环保产业人才。

从利用工具的技能要求看，毕业生能否熟练使用 1~2 个设计软件已经成为用人单位选择毕业生的标志性指标。对我国 550 家风景园林相关企业招聘信息中对设计软件的要求进行统计，发现有 434 个企业对常用设计软件的熟练程度有明确的要求，比例高达 78.91%，其中对 CAD 软件的需求比例最高（见表 8-5）。

表 8-5　　　　　　　　　　　风景园林人才软件要求情况

设计软件	企业数（家）	比例（%）
CAD	175	40.32
Photoshop	139	32.03
Sketch up	68	15.67
3DMax	52	11.98
合计	434	100
调研总数	550	—

资料来源：广东省生态环境协会调查结果，2019 年。

8.3　生态园林行业职业资格与标准

我国的职业资格制度建立始于 1994 年，实行学历证书和职业资格证书并行。2013 年以来，为防止职业资格发行过多过滥，共取消 434 项职业资格许可认定事项，削减比例达原职业资格总量的 70% 以上。2019 年发布的国家职业资格目录明确了国家职业资格范围、实施机构和设定依据，从源头上解决了职业资格过多过滥的问题，生态园林行业相关的国家职业资格见表 8-6。

表 8 - 6　　　　　　　　　　生态园林相关职业资格目录清单

序号	职业资格名称	实施部门	类别
1	注册建筑师（一级、二级）	我国注册建筑师管理委员会及省级注册建筑师管理委员会	准入类
2	注册建造师（一级、二级）	住房城乡建设部、人力资源社会保障部	准入类
3	注册城乡规划师	自然资源部、人力资源社会保障部、相关行业协会	准入类
4	注册环保工程师	住房城乡建设部、生态环境部、人力资源和社会保障部	准入类
5	环境影响评价工程师	环境保护部、人力资源社会保障部	水平评价类
6	农业技术员	农业行业技能鉴定机构	水平评价类

资料来源：人力资源和社会保障部，2019 年。

　　根据 2015 年颁布的《中国职业分类大典》，我国生态园林行业只有景观设计师、花艺环境设计师、花卉园艺工等少数职业有国家职业技能标准，大部分职业工种缺乏相应的国家职业技能标准，具体职业及其标准情况见表 8 - 7。

表 8 - 7　　　　　　　　　　生态园林相关职业及其标准

小类	职业及标准情况	职业描述
2 - 01 - 16（GBM20109）农业科学研究人员	2 - 01 - 16 - 00 农业科学研究人员	从事农、林、牧、渔、水利业的基础研究和应用研究的人员
2 - 02 - 21（GBM20218）建筑工程技术人员	2 - 02 - 21 - 01 城镇规划设计工程技术人员	从事城镇土地利用、空间布局和各项建设综合部署研究、规划、设计的工程技术人员
	2 - 02　21 - 04 风景园林工程技术人员	从事风景区及各类型城镇园林的"园林艺术、环境生态、园林建筑和园林工程"总体规划、设计、施工的工程技术人员
	X2 - 02 - 21 - 10 景观设计师（已颁布职业标准）	分为景观设计员、助理景观设计师、景观设计师、高级景观设计师；从事景观规划设计、园林绿化规划建设和室外空间环境创新等方面的工程技术人员

续表

小类	职业及标准情况	职业描述
2-02-23（GBM20220）林业工程技术人员	2-02-23-01 林业生态环境工程技术人员	从事林业生态工程规划、设计、施工和项目管理，水土保持与荒漠化综合治理，区域与流域的管理与规划，山区、沙区综合治理与开发利用，林业生态环境质量监测分析的工程技术人员
	2-02-23-02 森林培育工程技术人员	从事用材林、经济林、防护林、薪炭林、特用林等林木品种遗传机理、育种方法、种（条）基地建设和良种繁育、苗木培育及不同树种生长过程的有效栽培技术措施的研究和应用的工程技术人员
	2-02-23-03 园林绿化工程技术人员	从事园林绿地规划设计、园林植物种植设计和园林树木、花卉的繁育、栽培、种植施工及养护管理的工程技术人员
	2-02-23-10 森林资源管理与监测工程技术人员	从事森林资源区划、调查、规划设计和森林资源动态监测与分析评价的工程技术人员
	X2-02-23-11 花艺环境设计师（已颁布职业标准）	分为一级、二级、三级、四级花艺环境设计师；应用各种观赏植物材料或者其他装饰性材料，从事室内及室外特定空间的布局设计、配置设计、种植设计，以及组织相应工程项目的施工和养护等工作的从业人员
5-01-03（GBM50102）园艺作物生产人员	5-01-03-02 花卉园艺工（已颁布职业标准）	分为一级、二级、三级、四级、五级花卉园艺师；从事花卉、蔬菜、果树、茶叶等作物遗传资源、遗传育种、栽培和产后处理及优质、高产、低耗、高效种植技术的研究、示范、推广的技术人员；包含工种：育苗工、绿化工、花卉工
4-04-02（GBM40704）旅游及公共游览场所服务人员	4-04-02-02 插花员（已颁布职业标准）	分为初级、中级、高级、技师；对不同的花材进行艺术构思和加工，制成用于装饰环境、烘托气氛、表达情感的艺术品人员
	4-04-02-05 盆景工	使用植物的根、桩、山石、花卉等，制作具有观赏价值盆景的人员
	4-04-02-06 假山工	运用传统工艺，将湖石、黄石等石料叠制成模拟自然供赏山景的人员

续表

小类	职业及标准情况	职业描述
2-02-31（GBM20227）环境保护工程技术人员	2-02-31-01 环境损害控制工程技术人员	从事环境损害的预防控制、污染治理与环境修复的工程技术人员
	2-02-31-03 环境污染处理工程技术人员	对水处理工程，大气污染控制工程，固体废物处理工程，噪声、放射性改造工程等环境污染预防和控制工程等进行工艺设计、改进，设备研制、改装、调试运行的工程技术人员

资料来源：人力资源和社会保障部国家职业资格管理网，2019 年。

8.4 广东省生态园林产业发展的人才培养情况

8.4.1 广东省生态园林及其相关专业的人才培养数量

2019 年，我国高等院校和广东省内高等院校对"生态园林"专业的招生情况显示，生态园林产业所需要的专业包括城乡规划、人文地理与城乡规划、乡村振兴规划，以及风景园林设计、园林、园艺、园林技术和园艺技术，总计有 253 所学校培养相关专业人才。从层次看，有 168 所学校培养本科层次人才，有 85 所专科院校培养专科层次人才，培养主体为本科院校，由广东省高等院校承担主要培养任务，2019 年招收本科和专科人数 3894 人（见表 8-8），具体情况见表 8-9。

表 8-8　　　　　　**2019 年我国高校在粤招生态园林专业情况**

序号	招生专业	招生学校（所）	层次	招生数量（人）
1	城乡规划（人文地理与城乡规划、乡村振兴）	62	本科	990
2	风景园林设计	57	本科	823
		11	专科	259
3	园林	30	本科	622
4	园林（工程）技术	46	专科	683
5	园艺	19	本科	263
6	园艺技术	9	专科	517

续表

序号	招生专业	招生学校（所）	层次	招生数量（人）
7	专科总计	66	专科	1196
8	本科总计	168	本科	2698
9	本科、专科总计	234	–	3894

资料来源：广东教育考试院. 广东2019年普通高等学校志愿报考指南［M］. 广州：广东高等教育出版社，2019.

表8-9　2019年广东省及外省（区、市）高校在粤招生态园林专业具体情况

专业	学校（所）	层次	招生数（人）	属地	备注（招生人数前三位的学校）
城乡规划（人文地理与城乡规划、乡村振兴）	36	本科	68	外省（区、市）	—
	26	本科	922	广东省	仲恺农业工程学院招130人；北京师范大学珠海分校招83人；广州大学招69人
	62	本科合计	990	—	本专业无专科层次招生
风景园林（设计）	39	本科	96	外省（区、市）	—
	18	本科	727	广东省	肇庆学院招140人；广东理工学院招158人；广州大学华软软件学院招98人
	57	本科合计	823	—	—
	1	专科	2	外省（区、市）	—
	10	专科	257	广东省	深圳职业技术学院招89人；广东科贸职业学院招48人；广东茂名农林科技职业学院招生57人
	11	专科合计	259	—	—
	68	本专总计	1082	—	—
园林	20	本科	48	外省（区、市）	—
	10	本科	574	广东省	华南农业大学招116人；广东海洋大学招114人；仲恺农业工程学院招90人；岭南师范学院招生50人
	30	本科合计	622	—	园林专业无专科层次招生

专业	学校（所）	层次	招生数（人）	属地	备注（招生人数前三位的学校）
园林技术、园林工程技术	18	专科	37	外省（区、市）	
	28	专科	646	广东省	园林技术：广东生态工程职业学院招 88 人；东莞职业技术学院招生 33 人；广东农工商职业技术学院招生 32 人；园林工程技术：深圳信息职业技术学院招 67 人；广东建设职业技术学院招 47 人；广东生态工程职业学院招 46 人；广东轻工职业技术学院招 42 人
	46	专科合计	683	—	本专业无本科层次招生
园林大类	76	本专总计	1305	—	园林（本科）、园林技术（工程技术）（专科）
园艺	13	本科	39	外省（区、市）	
	6	本科	224	广东省	仲恺农业工程学院招 85 人；广东海洋大学招 66 人；佛山科学技术学院招生 51 人
	19	本科合计	263	—	本专业无专科层次招生
园艺技术	1	专科	3	外省（区、市）	
	8	专科	251	广东省	惠州工程职业学院招 58 人；广东茂名农林科技职业学院招生 57 人；广东科贸职业学院招 47 人；广东生态工程职业学院招 42 人
	9	专科合计	254	—	
园艺大类	28	本专总计	517	—	园艺（本科）、园艺技术（专科）
生态园林类	168	本科	2698	—	
	66	专科	1196	—	
	234	总计	3894	—	

资料来源：广东教育考试院. 广东 2019 年普通高等学校志愿报考指南［M］. 广州：广东高等教育出版社，2019.

在就业质量方面，《2018 年广东省高校毕业生就业质量年度报告》的数据显示，2018 年专科毕业生的专业相关度为 72.85%。其中，水利大类最高，为 96.00%；土建大类排名第三，为 83.13%。说明生态园林多数专业就业相关度较高。但在专业中类中"园艺技术"排名倒数第三，就业专业相关度为 43.43%。开办园林教育的高职院校有 66 所，年招生学生人数约 1200 人（见表 8－9），从学生毕业情况看，广东省年培养生态园林及其相关从业人员 1 万余人，生态园林行业可能涉及的各专业毕业生数量见表 8 – 10。表 8 – 10 显示，生态园林专业人才需求情况基本持平。主要的高职院校有深圳职业技术学院、广东轻工职业技术学院、广东生态职业技术学院、广州城市职业技术学院、揭阳职业技术学院、广东环境保护工程职业技术学院等，年培养人才 2500 人。毕业生数量上，广东生态职业工程学院 2018 年相关毕业生最多，"林业技术""园林技术""城市园林"三个专业合计 434 人（见表 8 – 11）。

表 8 – 10　　　　　　　**2018 年广东省生态园林相关专业毕业人数**

学历层次	专业学科中类代码	专业学科中类名称	毕业人数（人）	就业率（%）
研究生	0815	水利工程	19	94.74
	0830	环境科学与工程	126	94.44
	0833	城乡规划	45	100
	0834	风景园林学（工学类）	16	93.75
	0853	城市规划	16	93.75
	0901	作物学	31	90.235
	0902	园艺学	49	95.92
	0907	林学	34	91.18
	0951	农业推广硕士	472	92.80
	0953	风景园林	70	97.14
	毕业生合计		878 人	
本科生	0811	水利类	387	93.80
	0825	环境科学与工程类	2115	92.16
	0828	建筑类	1908	95.91
	0901	植物生产类	1094	90.95
	0905	林学类	1145	95.28
	合计		6649 人	
专科	5101	农业技术类	556	97.48
	5102	林业技术类	1455	96.15
	5601	建筑设计类	5810	93.17
	5701	水文与水资源类	44	100
	6001	环保类	1801	96.00
	合计		9666 人	

资料来源：笔者根据广东省高等学校毕业生就业指导中心编《2018 年各院校及专业学科中类毕业生初次就业情况》整理。

表 8–11 广东省生态园林相关专业高职院校一览

序号	专业名称	开设院校	院校数量（所）	2018 年毕业生人数（人）
1	城市园林	深圳职业技术学院、广州城市职业技术学院、广东生态职业技术学院、揭阳职业技术学院、广东环境保护工程职业技术学院	5	662
2	风景园林设计	广东珠江职业技术学院	1	100
3	园林工程技术	广东珠江职业技术学院、揭阳职业技术学院、广东轻工职业技术学院、广州城建职业技术学院、深圳信息职业技术学院、广东建筑职业技术学院	6	452
4	园林技术	深圳职业技术学院、广东农工商职业技术学院、河源职业技术学院、阳江职业技术学院、广东省生态工程职业技术学院、东莞职业技术学院、私立华联学院	7	571
5	园艺技术	广东农工商职业技术学院、广东岭南职业技术学院、广东科贸职业技术学院、广东环境保护职业技术学院	4	298
6	林业技术	广东生态工程职业技术学校	1	131
7	环境艺术设计（景观设计师）	广东南华工商职业学院	1	75
8	艺术设计（景观设计方向）	广东城建职业学院	1	43
9	装潢艺术设计（景观设计）	广东轻工职业技术学院	1	43
10	森林生态旅游	广东生态工程职业技术学校	1	141
11	森林资源保护	广东生态工程职业技术学校	1	36
12	合计	2539 人		

资料来源：根据《2018 年广东省高校毕业生就业质量年度报告》整理。

8.4.2 广东省生态园林及其相关产业发展的人才培养内容

从"园林工程技术"方向的专业技能要求看，一个合格的园林人才要同时具备植物学、环境生态学的知识，具备建筑规划设计、艺术美学欣赏能力。目前，我国大多数院校都是根据自己的办学优势侧重其中的一项或两项，缺乏综合能力的培养。例如，农林院校往往侧重于园林绿化，毕业生在建筑规划设计上较薄弱；工科院校的园林专业教学注重建筑学相关内容，毕业生对植物知识较匮乏。生态园林行业的目标应该是培养具备生态园林方面的基础理论、基本知识、基本技能及其系统性知识的应用型人才。

以广东轻工职业技术学院毕业的园林毕业生为对象进行调研，收到有效问卷49 份，学生毕业时间为 2009 ~ 2019 年，学生具有一定的代表性。专业对口率为57.14%，有 42.86% 的学生所从事的工作与所学专业不相关。在从事相关专业的毕业生中，"工程施工与管理"占 28.57%、"规划设计"占比 21.43%、"施工图设计"和"工程招投标"都为 10.71%、"园林植物养护"占比 7.14%，"花卉种苗繁育"占比 3.57%，"园林工程技术"专业的学生毕业后从事工作以工程施工管理和园林规划设计为主，人才培养定位于工程设计和施工的应用型人才为主。

从课程安排上看，对毕业后实际工作帮助较大的课程选择上，《园林工程制图》和《园林景观施工图设计》被选择比例最高，都为 69.39%；其次是《园林规划设计》和《园林工程预决算》，占比达 63.27%；《植物组织培养》选择比例最低，仅为 8.16%（见图 8 - 12）。《园林规划设计》《园林工程施工与管理》《园林工程概预算》这三大板块是"园林工程技术"专业不可或缺的主干课程。

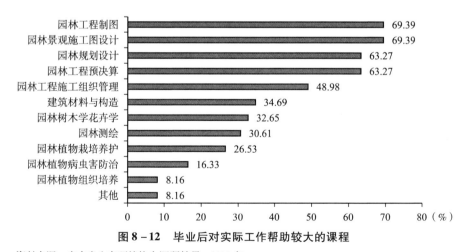

图 8 - 12　毕业后对实际工作帮助较大的课程

资料来源：广东省生态环境协会调研结果，2019 年。

　　以"园林工程技术"专业为例，从企业和毕业生两个群体进行调研发现，《园林工程制图》和《园林景观施工图设计》等相关的传统设计施工课程是未来生态园林教育需要加强的方向。智能化技术、新型园林造景声光技术也是需要加强的部分，园林设计和园林植物栽培方向都突出了对生态学相关内容的需求（见表 8 - 12）。高职院校园林专业学生在园林植物、园林工程等工作领域能获得较大的发展空间，且能承担更为深入的企业管理和专业任务。园林工程、园林植物

表 8 - 12　　　　　　　园林工程技术专业课程教育情况调研

专业	调研视角	需要加强内容	人数占比（%）
园林设计	企业	园林规划设计	75
		生态学（植物生态、景观生态）相关知识	75
		方案设计能力	62.5
	毕业生	方案概念和文案	88.89
		施工图设计	77.78
		计算机辅助设计以及施工工艺和材料	66.67
园林工程	企业	园林工程施工与项目管理	78.57
		园林工程招标与预决算	64.29
		智能化技术（应用园林大数据实现养护过程动态监测和智能化操作管理）	50
		计算机辅助设计	42.86
		应用于园林造景的新型声光技术	42.86
	毕业生	园林工程施工与项目管理	90.91
		园林工程施工技术（铺装、水景工程等）	72.73
		园林植物和建材的了解应用	63.64
园林植物栽培养护	企业	智能化技术	84.62
		园林植物病虫害防治	69.23
		植物造景与绿化植物应用	53.85
	毕业生	智能化技术	100
		园林植物栽培养护管理	66.67
		生态学（植物生态、景观生态）	66.67

资料来源：广东省生态环境协会调研结果，2019 年。

两个领域的岗位，入职门槛并不高，主要是靠工作经验的积累。而园林设计相关的岗位对绘图等专业技能的要求较高。项目建成也需要大量的工程技术人员及辅助人员。从高职学生就业方向来看，从事园林工程相关岗位的比例也较高。高端人才培养要突出具有国际竞争力的人才。

中职、高职的人才培养定位以能适应生产一线技术工作岗位，为园林生产、建设、管理、服务第一线，从事小型园林规划设计与工程施工、组织与管理、园林植物栽培和工程养护等工作的技能型复合型人才，以解决生产实践中的具体问题为主。

8.5　生态园林行业的培训需求及其相关情况

越来越多的企业开始重视员工培训，所调研的园林从业人员统计结果来看，从没有参加过企业培训的达到25.49%，近三年参加过多次培训的比例接近5成（见图8-13）。根据棕榈教育对园林专业人才培养需求的调研结果，在企业的年培训预算上，60%的企业选择了10万~20万元，只有15%的企业选择了50万元以上，园林企业对员工培训的经费投入还偏少。

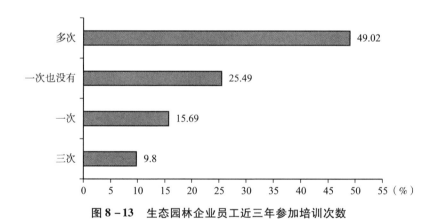

图8-13　生态园林企业员工近三年参加培训次数

资料来源：广东省生态环境协会调研结果，2019年。

在参加过的培训类型中，以技术知识培训所占比例最高，达到了86.84%，其他培训较少，培训内容比较单一。有63.16%的人认为培训中学到的知识对实际工作一直有帮助，36.84%的员工认为对工作偶尔有帮助，多数员工能够认识到培训的重要性。企业若想可持续发展，必须保持企业的活力，加强员工培训尤为重要（见图 8 - 14）。

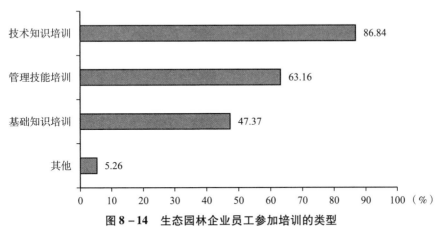

图 8 - 14　生态园林企业员工参加培训的类型

资料来源：广东省生态环境协会调研结果，2019 年。

生态园林企业主要培训方式首先是公司内部有经验的人员进行交流与分享，占比达 80.39%；其次是外聘老师或专家到企业举办讲座或进行现场指导，占比达 52.94%。多数企业认识到了培训的重要性，但是由于资金投入有限，而选择企业内部经验交流，在拓展新技术、新工艺等方面的培训相对欠缺（见图 8 - 15）。

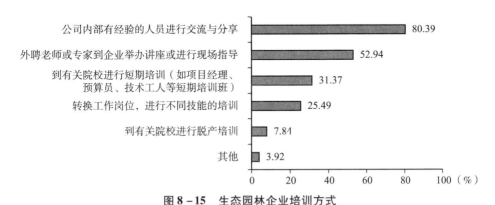

图 8 - 15　生态园林企业培训方式

资料来源：广东省生态环境协会调研结果，2019 年。

在培训需求的内容方面，技术类知识和管理类知识需求差别不大，说明除了技术类知识，员工也比较重视管理技能和技巧（见图 8 - 16）。

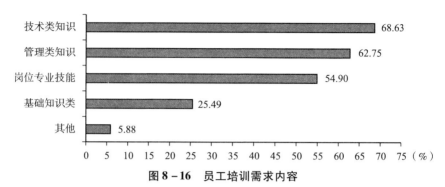

图 8 - 16　员工培训需求内容

资料来源：广东省生态环境协会调研结果，2019 年。

　　在技术知识中，棕榈教育的调研显示，园林企业的培训需求主要集中在园林施工技术（占 75%），苗木与苗圃（占 45%），预决算与资料（占 40%）。不同的专业方向上，培训需求也各不相同（见表 8 - 13）。企业培训内容应该结合企业战略发展的需要，吸收该领域最新的研究成果、同行经验，使培训工作适应企业需要。

表 8 - 13　　　　　　　　　　　　园林企业培训需求

序号	专业方向	培训需求
1	景观设计	①设计软件应用； ②方案设计； ③施工图设计
2	园林工程施工	①园林绿化技术； ②园建材料
3	苗木与苗圃	①苗木销售； ②苗木种植技术
4	预决算与资料	①成本控制； ②结算
5	项目管理	①人员管理； ②质量管理； ③成本管理

资料来源：棕榈教育，2019 年。

在培训方式上，园林从业人员更倾向于线下的培训交流（见图 8 - 17），这可能与园林行业的高实践性有关。生态园林专业是一门实践性很强的学科，对学生实践能力的要求很高，加大实践教学课时数，不断增加实践教学内容，是培养应用型生态园林人才的重点。

选项	比例（%）
线上课程学习	20
线下课程培训（外派公开课）	40
线下课程培训（内部培训）	60
行业沙龙	55
标杆项目考察	45
视频直播课程	20
语音直播课程	5

图 8 - 17　园林从业人员培训方式选择

资料来源：棕榈教育，2019 年。

对园林专业实践课程设置的满意度上，有 85.71% 的学生对实践课程表示认可，有 20.41% 的毕业生认为学校安排的实践实习对实际工作没有帮助，在实践实习方式上，企业生产实训比例高达 85.71%，显著高于其余几种方式。学校工作室和参加技能大赛分别为 59.18% 和 57.14%（见图 8 - 18）。

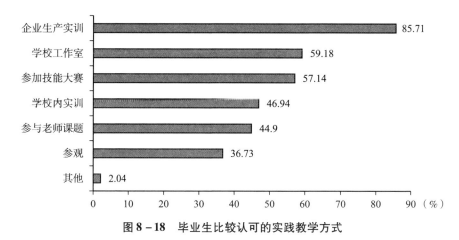

图 8 - 18　毕业生比较认可的实践教学方式

资料来源：广东省生态环境协会调研结果，2019 年。

校企合作有利于培养符合企业需求的，实践能力强的应用型专业人才。通过调研发现有54.9%的园林企业有考虑和高职院校合作办学的愿景与计划，其中有25.49%的单位已有合作院校。在合作方式上企业更倾向于提供学生实习基地，占比达85.71%，提供合作项目的占比达67.86%（见图8-19）。

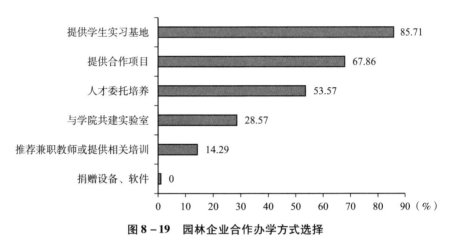

图8-19　园林企业合作办学方式选择

资料来源：广东省生态环境协会调研结果，2019年。

生态园林行业所涵盖的专业知识面越来越宽，从传统美学、植物学等向工程技术学、材料学、生态学、设计学和信息技术等现代知识领域拓展，对"生态园林"专业教育提出了更高要求。总体来说，生态园林行业人才需求多样，复合型人才匮乏，园林专业的应用技能型人才将保持较强的市场需求，尤其是"工程施工与管理""园林规划设计师"等职业岗位的高素质人才将供不应求。除了传统设计施工课程，行业的发展对智能化技术、园林造景声光技等新技术的应用也有了需求，生态学原理融入园林专业课课堂内容中，能弥补传统园林教育中重视景观形象轻视资源环保和生态效益的不足。

8.6　广东省生态园林产业发展的人才培养建议

8.6.1　设置以专业群为基础的核心课程体系

根据行业发展的需求，融入交叉学科的概念，构建"生态园林"专业群，并设置综合而全面的课程体系。"生态园林工程"专业群的课程体系建设注重"设计＋工程"基础的打造，选取《生态环境概论》《工程制图》《计算机辅助设计（CAD）》等作为园林工程技术专业群的平台课程，充分满足对应岗位群所需求的专业技能，在教学中融入交叉学科间合作理念，真正促进技术与各学科间融合，提高学生的竞争力（见图8－20）。如《计算机辅助设计》既是一门独立课程，也是其他设计工程类课程的辅助工具，在园林工程技术、建筑装饰材料技术、环境工程技术中都需要应用，因此被纳入专业群课程体系内。该课程的设置目的是，培养学生掌握计算机软件的操作技能和实际动手能力，能够借用辅助工具解决实际工程问题，为毕业后开展相关工作打下扎实的基础。在具体的授课过程中以案例教学为主，通过布置任务，讲解操作方法、进行随堂设计、改进设计等完成整个设计流程。通过学生操作画图、教师现场改图的方式，使学生迅速掌握软件的操作技能。

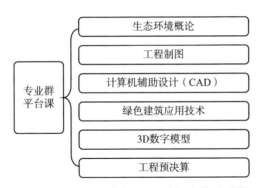

图8－20　生态园林专业群平台课程体系设置

资料来源：广东省生态环境协会调查结果，2019年。

8.6.2　多方共建适用新职业教育的课程标准

通过组织由"政府＋学校＋行业＋企业"构成的课程标准研究团队，共同制定特色鲜明、实践实用、我国通用、国际认可的课程标准。对课程标准进行对接新职业标准、课程思政、双语教学、"智能＋"、创新创业和以赛促学等多方位改革，构建符合新时代职业教育要求的课程体系。整合企业、行业协会中的优秀人才、信息资源、工程案例，将实践成果应用于教学中，及时引入行业发展的最新理念和动态，保证各门课程教学内容的应用性和前沿性。设计"生态园林工程"专业群课程标准着重引入以下五种手段。（1）课程思政：融入思想品质和道德教育，引导学生树立正确的世界观、人生观和价值观，这是一个长期任务。（2）双语教学：通过中英双语传授专业知识，扩大国际视野，初步实现国际化人才的培养。(3)"智能＋"：融入云计算、物联网、大数据、人工智能等信息化、智能化技术，以适应新兴产业、高端产业对技术技能人才的需求。（4）创新创业教育：引入行业企业的实际项目和案例等，以提高学生的创新创业素质。(5) 以赛促学：通过对接国家技能大赛、世界技能大赛的比赛标准，以培养我国和国际认可的技术技能人才。

第9章 智慧物流人才需求与人才培养情况

9.1 智慧物流产业概念内涵及产业链构成

"智慧物流"的出现始于 2009 年。智慧物流是在物流管理系统中引入人工智能技术，实现物流运输、仓储、包装、装卸搬运、流通加工、配送、信息服务、管理等各个环节的系统感知，通过模仿人的思维、感知、学习、分析、推理、判断的能力，并能自行解决物流过程中的某些问题，具有及时处理、自我调整功能，实现物流系统的全链智慧、自动、自助的现代化综合物流系统运行。智慧物流与传统物流的区别是，每一个环节植入人工智能技术，物流企业主要在"物流大数据、物流云、物流模式和物流技术"四个方向实现智慧物流，智慧物流有利于降低物流成本，提高效率，控制风险，节能环保，改善服务，物流实现精确、自动、高效的智慧运作成为时代趋势。智慧物流的产业链构成见图 9-1。

智慧物流有以下七个基本特征。

（1）感知功能。将人工智能技术植入物流各环节，运用各种先进技术能够获取涵盖物流运输、仓储、包装、装卸搬运、流通加工、配送、信息服务、售后反馈等各个环节的实时信息，实时收集数据，使相关利益者能全面准确掌握货物、车辆、仓库、运输等物质、服务、信息的流动，初步实现感知智慧。

（2）规整功能。即通过智能传感器感知并将采集到的信息通过网络传输到数据中心，进行数据归档，建立强大的数据库，同时能够自动吸纳分门别类后的新数据，能够将各类数据按要求进行规整分类，可以实现数据开放而动态的调用、共享。并通过对数据和流程的标准化，推进跨网络的系统整合，实现更大范围的物流数据的智慧规整。

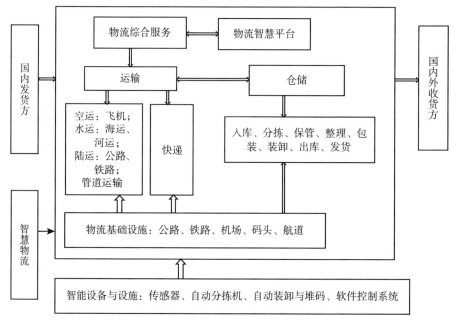

图 9 - 1　智慧物流产业链

资料来源：笔者整理。

（3）智能分析功能。运用智能的模拟器或构建模型等工具和手段分析物流问题，在运行系统中自行调用原有经验数据，随时发现物流作业活动中的漏洞或者薄弱环节，从而实现物流问题的智能分析和自动发现，还具有预警功能。

（4）优化决策功能。结合特定目标或需要，根据不同的情况估算物流成本、耗费时间，所需要达到的质量、服务、碳排放和其他标准，评估潜在的风险，在计算风险概率的基础上进行预测分析，协同制定决策，自动提出最合理、最有效最优化的解决方案，使决策更加准确、客观、科学，实现物流智能决策和优化。

（5）系统支持功能。系统智慧集中体现于资源、物质在智慧物流环节的相互联系、相互支撑，信息和数据在各环节的共享和分享，并从系统角度优化配置资源，从而为物流各个环节提供最强大的智能性系统支持，使得各环节能够协作、协调、协同运作，促进物流和信息流，甚至是资金流、人流的高效运作。

（6）自动修正功能。在前面各个环节的功能基础上，根据货物性质提出最优方案，并能根据不同环境、不同情况进行匹配，系统自动遵循最快捷有效的路线实现货物在运输、仓储、装卸各环节中的准确运行，并及时发出指令要求相关人员或机器协助运作，在发现问题后能自动修正，并能记录在案，方便日后查询。

（7）及时反馈功能。物流系统是一个实时更新的系统，反馈贯穿于智慧物流系统的每一个环节，及时为物流相关作业者了解物流运行的实际情况，及时采取行动和措施解决问题。反馈是实现智能系统修正、系统完善必不可少的环节。

9.2　智慧物流的体系结构

以服务对象和服务范围为标准，将智慧物流体系分为企业智慧物流、产业智慧物流、区域或国家的智慧物流三个层次。

9.2.1　企业智慧物流层面

即信息技术在物流企业的具体应用，集中表现在企业应用新的传感技术，实现包装、搬运、仓储、运输、装卸、配送等整个供应链环节的智能化和智慧化。

9.2.2　产业智慧物流层面

主要包括建设智慧区域物流中心、智慧物流园区、区域智慧物流产业，以及智慧物流管理的预警和协调机制建设。

1. 智慧区域物流中心

智慧区域物流中心的建立关键，是要搭建类似于神经中枢的区域物流信息平台，平台将联接物流系统的各个层次、各个环节、各个方面，将采购、运输、仓储、代理、配送等环节联结，并与商流、物流、信息流一一对应和联结，从而形成一条完整的供应链。

2. 智慧物流园区

智慧物流园区是整合了先进信息平台、电子商务业务，以及拥有完整供应链管理的物流园区，运用智能技术、网络信息管理技术合理安排运输线路和仓储，高效调配车辆，实现货物标准化包装和机械化装卸，实现加工配送一体化，达到快速安全运输商品，促进信息流和资金流的高效运转效果，既能满足企业部门对相关货物和信息的需求，也能满足利益相关方对货物快速高效的需求，同时能够通过平台进行信息共享，保证政府部门建立协同工作机制对产业进行监督管理，规范市场。

3. 区域智慧物流产业

从区域性物流产业层面看，要加强区域内物流产业的信息主干网建设、无线通信和移动数据交换系统的建设，完善产业内网络基础设施建设，增强产业内移动终端的使用等。以智慧物流环节之一快递为例，需要在快递产业中增加自动报单、自动分拣、自动跟踪等技术系统，从而实现运件的实时跟踪，降低物流各环节的成本。

4. 预警机制

通过接入智能技术，收集物流产业数据，并对一些产业基础数据或共性数据进行整理、分类、挖掘、预测，及时发现问题、反馈问题，建立智慧物流产业相应的监测、协调和预警机制。

9.2.3 国家智慧物流层面

旨在打造一体化的智慧物流支持平台，通过统一交通标准、统一网络使用规范，促进铁路、公路、水路的网络联结，减少不同运输方式之间的转换成本和协调成本。建成铁路同轨、乘车同卡的智慧认证体系，通过规划和相关制度推动我国物流一体化发展，促进物流经济快速增长。高屋建瓴构建智能化的运输服务网络，基本建成以智能设备武装、智能系统调配的涵盖国际物流网、区域物流网和城市配送网的快速公路货运网络。完善"水陆配套、多式联运"的港口集疏运网络的智能系统，建设智能化程度很高的"客货并举、以货为主"航空运输网，完善"干支直达、通江达海"的内河货运智慧网络。同时打造若干智慧物流节点，智慧物流网络中的智能系统、智慧平台的信息调配、运行对优化整个物流网络起着关键作用，发挥着指挥调度、信息传递的重要职能。

从国际物流层面和国家物流层面看，网购、跨境电商的快速发展使商流发生变化，体现在产品订单碎片化、多元化，对应产品交付过程多元化、复杂化，这些新变化对企业的物流管理、区域物流管理提出新的挑战，需要使企业物流管理更精确，区域物流管理更富有效率，国际物流层面的物流服务对象和交付模式均转向以电商业务（B2C）为主的第三方物流和物流服务商。而智慧物流的发展使电商运营的商品服务扩散范围更广，只有发挥智慧物流的智能化、可视化、可控化、网络化优势，才能对国际物流或跨境电商商品进行精细、动态、科学的管理。而智慧物流在物流协同和实时化、单元化和程控化方面具有极大优势，将推动电商和跨境电商的飞速发展，跨境电商和我国电子商务的快速发展，催生国内外商户对仓储物流的需求，同时要求供应链效率提升，仓储、配送企业亟须提升其信息系统能力、升级硬件设备设施，对智慧物流的需求提升，跨境电商也将推动智慧物流的发展。

现代智慧物流有四大关键点：一是要连接所有网络以获取数据；二是要有智能机器；三是依赖大数据，智能设备和网络连接着所有的物流设备，连接利益、责任相关人员，人和机器产生的所有数据都大批量传送到智能终端上进行存储，归档，以供查询、预测、决策使用；四是传输数据，要形成大数据的高速传输通道，保证数据传输的实时性、安全性和高效性，因此智慧物流的发展要求构建工业以太网，使信息得以传输。此外，还要能够对数据进行分析，从数据中理解和发现应用趋势，以提高相应的决策水平，实现物流、资金流、信息流的最优化。

9.3　智慧物流的智能设备产业分析

从传感器、工业以太网、工业软件、工业机器人和智慧物流五方面来看智慧物流的智能设备上下游产业（见图 9 - 2）。

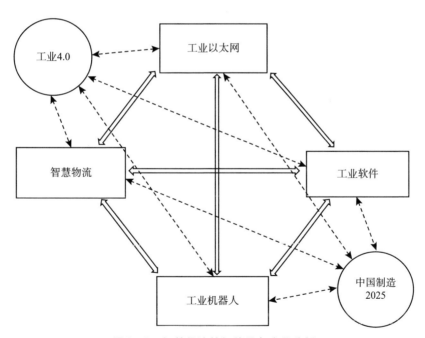

图 9 - 2　智慧物流的智能设备产业分析

资料来源：广东省跨境电子商务协会，2019 年。

9.3.1 上游产业——工业4.0和"中国制造2025"

工业4.0和"中国制造2025"最本质的变化是智能化生产，而传感器是整个智能化的关键，网络化、数字化的最前端是依靠传感器实现的智能化。

我国一直重视传感器的研发应用，而且出台了一系列政策引导和支持传感器技术的开发和应用，近年我国传感器产业得到较好的发展，产业工业总产值占GDP比例为0.10%～0.15%，总体上呈现不断上升趋势，在国家政策支持下，我国传感器产业拥有巨大的成长空间，迎来良好的产业机遇。

9.3.2 上游产业——工业以太网

工业以太网是一种局域网络，是智慧物流建设的核心，担负着传感器数据的高效传输、生产设备控制等功能，构成现代工业自动化生产体系中的重要组成部分及工厂信息化的基础。

第三次工业革命的自动化，是将信息技术应用于生产过程，而工业4.0将信息技术的应用范围大幅扩大，进而衍生出"智慧物流"的概念。工业4.0的关键技术依然是信息技术。通过工业以太网实现互联互通、实时控制，物流的安全、节能将是智慧物流的核心技术。大致包括生产设备联网，实现自律协调作业的M2M，通过网络获取大数据的应用，开发、销售、ERP、PLM、SCM等业务管理系统与实际生产过程之间的协同控制等。

9.3.3 中游产业——工业软件

智慧物流将是工业软件产品创新的主线。机器方面，提高机器设备智能水平，改善机器的性能，提高机器生产效率；车间方面，加强机器间的通信协作，提高生产线的生产协同水平；工厂方面，能够优化、调度多车间、多生产线等多种生产资源，动态实现生产能力、供应链管理、市场需求之间的有效匹配。

9.3.4 中游产业——智慧物流

广东省跨境电子商务协会物流工作委员会在《2018～2025年中国智慧物流深度洽谈及投资前景预测报告》中指出，智慧物流是工业4.0的核心组成部分，能够有效降低社会仓储物流成本。其中，智慧物流仓储位于后端，是连接制造端和客户端的核心环节。相比美国、日本等发达国家，我国单位GDP的仓储成本占比过高，是其他国家的2～3倍，并且呈现逐步扩大趋势，如何节约物流仓储成本成为提升我国资源利用效率的关键。智慧物流仓储系统具有节约劳动力和租金成本、提高管理效率的优势，自动化仓储在保证同等储存能力的条件下，至少可节约70%以上的土地和80%以上的劳动力。

智慧物流设备成为物流企业替代人工、谋求转型升级的不二选择，智能化物流装备正是在机器换人的背景下逐渐发展起来的。虽然采用智能化物流装备短期导致企业投入增加，但智能化装备给企业节约人力成本，提升效率的长期影响将使企业持续受益。

9.3.5 下游产业——工业机器人

随着产品性能提升、中国劳动力成本上涨，企业产业转型升级的压力不断加大，工业机器人在产业转型升级的过程中发挥着愈来愈重要的作用。工业机器人作为高科技装备，在智能制造、资源开发、工程机械领域发挥着重要作用，在光伏产业、动力电池制造业等工业领域，在食品工业都有机器人的应用，广泛应用于五金打磨、冶金浇铸、化纤、玻璃纤维、医药等产业，并在石化、建材、化肥、粮食、饲料等传统的劳动密集型领域迅速兴起，而家电、船舶、轨道交通等领域将是机器人未来应用的主战场，工业机器人、仓储机器人则是智慧物流的主要应用载体，智慧物流的发展需要机器人的广泛应用，机器人的发展和应用也将推动智慧物流更加智能化和自动化。

智慧物流体系的最上层是物流中枢，下层有三大平台系统，支付平台、公路港网络体系、智能系统，再加上各个子平台，比如服务平台、干线运输路径、渠道等，最终达到全网管控、互联互通、协同优化、一单到底，可以极大地节约成本。如2019年传化智慧园区体系上线之后，效率提升58%，每年管理成本节约30万元。未来智慧物流市场规模非常大，物流总额280万亿元，比快递高几百倍。①

9.4 广东省智慧物流产业的市场规模现状及趋势

根据交通运输委员会发布的数据显示：2018年，广东省智慧物流业较2017年增长9.7%，位居全球前三；广东省智慧物流业务收入完成2767.6亿元，同比

---

① 徐军. 物流园区的数字化升级 [EB/OL]. http://old.chinawuliu.com.cn/wlyq/201909/12/343935.html. [2019-9-12] [2020-1-21].

增长 33.3%（见图 9-3）。阿里研究院发布的报告显示，预计到 2025 年，广东省智慧物流市场有望突破 6956.4 亿元，接近 7000 亿元规模，2018~2025 年智慧物流市场规模预测见图 9-4。

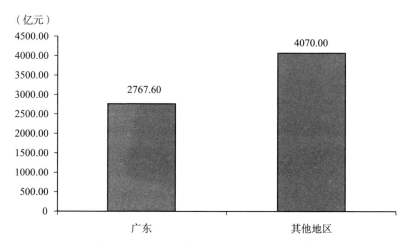

图 9-3　2018 年广东省智慧物流市场规模

资料来源：广东省交通运输委员会，2019 年。

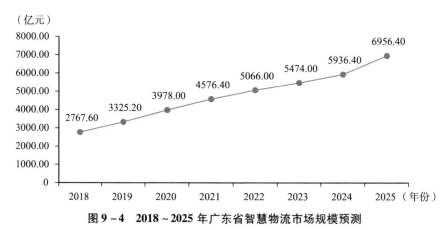

图 9-4　2018~2025 年广东省智慧物流市场规模预测

资料来源：阿里研究院，2019 年。

　　智慧物流已经成为物流业转型升级的新动能，随着信息化、自动化、智能化技术在物流产业的广泛应用，"物联网、大数据、云计算"等新型技术与物流产业的深度融合，物流产业将迎来全新发展，尤其是物流自动化的发展。

未来的物流业将是共享物流，每一个人、每一辆车、每一个闲置的仓储库房都可通过共享平台共享物流服务和生产，分散的运力、闲散的仓储资源都有可能依托 IT、云计算等信息技术整合成极大的力量，参与到社会化的物流环节中，并按需付费、及时计费、实时收费。智慧物流仓储系统是以立体仓库和配送分拣中心为主体，拥有检测阅读系统、智能通信等智能设备，能快速满足消费者的需求。随着物联网、工业机器人、仓储机器人等新技术的应用，智慧物流仓储系统已成为解决智慧物流的最佳方案，智慧物流活动逐步演变成了服务的一部分。至2017 年，我国已累计建成自动化立体仓库 2600 多座，主要应用领域是电商、烟草和医药零售。我国物流自动化改造市场空间巨大，预计将达到 1000 多亿元。

9.5　广东省智慧物流产业的企业情况与物流基础设施

根据广东省交通运输厅统计数据，广东省物流企业总数为 20932 家（包括外省（区、市）物流公司在广东省的分公司和上下游物流供应链配套公司）。根据交通运输委员会发布的数据显示，广东省现有物流公司超过 1.6 万家，供应链公司 3000 多家，广东省集中了我国 80% 以上的供应链公司总部。

根据广东省交通运输厅统计数据，2018 年营业额达 30 亿元以上的物流企业有广东省外运公司（37.29 亿元，增长 32.5%）、广东省航运集团有限公司（36.21 亿元，增长 6.5%）和中国邮政物流服务有限公司广东省分公司（85.61亿元，增长 54.7%）。此外，还有顺丰速运（集团）有限公司、广州宝供物流、深圳招商物流、广东省南粤物流等龙头企业。广东省物流产业在龙头企业的带动下，在我国主要城市扩建物流基地，不断增加信息化技术投入，不断开拓新业务，保证了业务的高速增长势头，具有一定的市场竞争力，传统物流产业龙头也将参与或主导智慧物流产业的发展。

广东省在公路、港口等硬件基础设施方面建设全面，信息网络等软件建设也很全面，根据广东省交通运输厅统计数据，截至 2018 年底，广东省公路总里程达到 12.03 万公里，居于我国第一的指标有一级公路和水泥路面等，而高速公路总里程达 3203 公里，居我国第二。高速公路已经覆盖全省的中心城市和山区市，公路通达所有镇乡，所有村委会均通机动车。全省通航里程达 2.18 万公里，我国排名第二，占我国通航总里程的 16%，其中高等级航道里程数居我国第一，达 2685 公里。全省"主枢纽港—重要港口—中小港口"的海运层级体系基本形成，广州、深圳、湛江、珠海、汕头港口成为海运主枢纽港，惠州、江门、东莞、佛山等地的港口成为重要港口，此外还有一般中小港口支撑海运发展，年通关能力达 15.09 亿吨。广东省的电信网络干线光缆基本覆盖主要的经济发展区域，已经形成容量大、功能全、效率高的现代通信网络。全面的交通运输基础设施建设和现代信息通信网络系统的建立奠定了广东省物流产业发展的坚实基础。

9.6　广东省智慧物流产业的人才需求与趋势

2018 年，广东省物流岗位从业人员数为 1012 万人，成为人员增长最快的产业之一，已经占到我国物流产业就业人数的 16.5%。广东省物流相关产业从业人数比 2017 年增长 4.7%，增速高于城镇就业人数的 1.5%；广东省从事物流工作的个体工商户从业人数为 194 万人，比 2017 年增长 0.2%；虽然，近年广东省的水上运输、仓储业等产业从业人数有所下降，但受跨境电商的极速发展影响，物流业人才需求总量有所攀升，尤其是快递物流业从业人数增速明显快于其他产业。2018 年，广东省快递物流业从业人员 245 万人，比 2017 年增长 20%。总体上，物流产业吸纳的从业人员数量增速高于国民经济主要产业，其中快递及电商物流产业更是成为近年增长最快的产业之一。物流从业人员数量众多，从业人员占比成为服务业中占比较大的产业之一，对国民经济的贡献很大，其中，物流运输业仍是物流吸纳就业的主体，而智慧物流新业态成为创造新增物流就业的主力。

物流产业中的快递产业也是吸纳就业人口较多的细分产业。根据艾瑞咨询的《2019 中国物流服务产业研究报告》显示，电商的快速发展催生了物流产业的快速发展，使快递企业呈现爆发式增长；与此同时，物流产业的发展支撑电商产业的高速发展；总体上，快递产业高度依赖电商产业的发展；我国快递产业约 80% 快递订单为电商件，约 20% 为 C2C/B2B/B2C 件。未来的快递产业将转向智慧物流，表现为电商仓配的增加和仓储服务需求的增加。线上和线下的融合发展导致中小型电商平台商户仓储面积和仓储服务的需求增加，以及大企业对整体物流供应链的效率提升和服务质量提升有较大需求。电商仓配相对传统仓配，电商仓的装备与技术更加智能。首先，电商仓是多品类的集中，通过订单管理和机器自动加上人工拣选，形成最终包裹；其次，电商仓需要通过软件系统和硬件装备来共同完成并保证其多批次小批量的发货正确率。目前，电商仓多使用 WMS 仓储管理系统及 RFID 的条码信息化处理的软件；使用自动分拣机、巷道堆垛起重机等一系列自动化设备硬件设施，从而实现仓内作业的时效，以及精细化的管理。除电商以外，快递企业向产业链的业务扩充还包括便利店、快运、仓配物流、国际化业务等，提供物流综合服务是快递企业未来发展的重要方向，还要布局国际、同城配、冷运、重货等新兴细分市场。通过基础网络建设，发展智慧物流，建设干线网络、航空机队、信息平台、冷链项目等构筑竞争壁垒，成为快递企业重要的智能化发展布局。

未来智慧物流将通过智慧化平台解决物流供应链上下游协同效率低和协同成本高的问题，利用大数据实现运输、仓储、配送等物流网络的最优布局，利用数字化技术运营横向仓储、运输、配送等业务流程管理，以及纵向决策、计划、执行等运营活动，提高对业务的高效处理能力，满足物流更多样、更个性、更细化的需求。依托一系列互联互通、自主控制的智能设备，实现仓储、运输、配送的全流程智能化执行，如自动分拣机器人、无人配送等实现智能化作业。物流智慧化，对智慧物流人才需求的空间巨大。

9.7　智慧物流产业的人才需求特点

我国智慧物流产业前期进入门槛很低，人员素质参差不齐。我国智慧物流产业真正被重视也就是自中国国际货运代理协会（CIFA）成立后的 10 多年时间，现有的物流企业大部分是由以前的运输、仓储企业改制、转型、扩张发展而来，企业普遍存在规模小、人员素质低的问题。物流产业中的就业岗位仍然集中在操作岗位，如理货员、司机、仓管员、分拣员等。目前，物流产业的人才需求现状和趋势具有以下七个特点。

1. 传统的操作型物流人才需求将有所下降

目前，物流产业内的初级操作类职位数基本饱和，但这类职位由于薪酬普遍不高，人员流动率较高，反而呈现出供需两旺局面，即需求是由于流动率引起的，而不是由于经济增长或规模扩大引起的，是存量需求。一般来说，物流企业会长期进行操作人员的补充性招聘，但从发展趋势看，因为智慧作业的高速发展，传统的操作型物流人才需求下降。

2. 复合型智慧物流人才需求将大幅上升

随着互联网的普及，电商产业发展迅速，与之配套的智慧物流专业人才非常紧俏。既懂信息化设备和软件应用又懂物流专业知识的复合型智慧物流人才需求则将大幅上升。未来广东省对智慧物流人才的需求每年增加30万人以上。从企业开出的招聘条件来看，十分诱人，但真正达到要求而合适的人才很少。

3. 广东省智慧物流从业人员的薪酬普遍提升

2018年，我国智慧物流业务量完成度居于世界第二，仅仅次于美国。业务量同比增长60%；业务量激增也带来对从业人员需求的大幅增加，智慧物流公司纷纷提高重要岗位工资待遇，其中，智慧物流岗位的薪酬普遍得到提升，有经验的智慧物流管理人员待遇比白领阶层还要高出许多，达到金领阶层水平。

4. 销售开发经理、配送经理等职位薪酬增高

由于高级人才相对紧缺，销售开发经理、配送管理经理等职位具有发展潜力，薪酬水平高，相应人才是各大猎头公司最难寻觅的高级物流技术复合型人才。销售开发经理、配送管理经理必须具备的条件和能力有：有较高的学历、丰富的工作经验等硬指标；有扎实的专业知识、流利的英语、良好的沟通能力等软指标；还要熟悉智慧物流的每个流程操作，具有超强的管理能力等。

5. 车辆管理/调度职位要求最低

首先，此类职位的学历要求不高，一般企业只要求中专学历，招聘企业最关注的条件之一是工作经验，应聘人员需具备一定的货运知识。其次，企业关注工作态度和沟通能力，此类岗位需要有吃苦耐劳的敬业精神和工作态度，还要具有良好的沟通能力，因为需要和文化程度、人文素质普遍较低的运输人员进行沟通、合作；再次，是人品的要求，要求诚实谦虚、认真负责、踏实。

6. 薪金待遇与能力经验成正比

薪金水平与经验多少成正比，企业普遍看重工作经验。企业招聘时对求职者的要求按重要性排序，依次是工作经验、外语水平、吃苦敬业的工作态度、良好的沟通能力、较强的计算机能力、熟悉智慧物流作业流程、具有相关专业知识、管理能力、团队精神、懂粤语、人品好、熟悉市场环境、能承受工作压力、有客户资源、有相关证书、形象好、有客户关系、学历。

7. 工作态度成为求职取胜的重要砝码

智慧物流的各项工作都需从基层工作干起，如果对基层工作不了解，对智慧物流的基础环节不熟悉，也就无法实施有效、科学的管理方法和措施，无法整合企业已有资源，难以管好基层工人。

60%的智慧物流企业看重的是求职者的工作态度，55%的智慧物流企业注重的是经验，35%的智慧物流企业看重计算机能力，10%的智慧物流企业看重英语

水平,对于学历有明确要求的企业只有5% (见图9-5)。

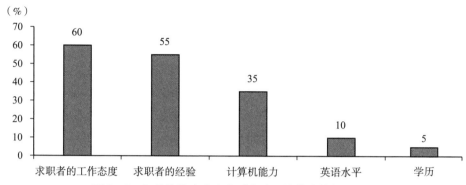

图9-5 智慧物流产业企业对人才工作能力的关注占比

资料来源:广东省跨境电子商务协会,2019年。

9.7.1 智慧物流产业的人才需求岗位

物流产业从业人员的职业素质要求有吃苦耐劳、团队协作、诚实守信、工作作风严谨等,总体需要德、智、体、美等方面全面发展的人才。具体而言,需要具备智慧物流专业知识,具有信息管理、企业经营、客户管理等基本知识,掌握仓储、运输、包装、配送、流通加工、信息处理、物流设备使用及维护等方面的职业能力,需要面向物流基层管理、物流操作岗位,扎根于生产、服务、管理一线需要的高素质技能型管理人才。智慧物流产业能够提供的岗位群和就业岗位及对应的人才需求见表9-1。

表9-1　　　　智慧物流产业的就业岗位群、具体岗位和人才需求

岗位群（智慧物流）	就业岗位（智慧物流）	人才层次（智慧物流）
运输业务岗位群	运输总经理、运输调度主管、调度员、运输员	高级:运输调度经理; 中级:运输调度主管; 初级:调度员、运输员
配送业务岗位群	配送经理、配送站长、配送主管、配送专员	高级:配送经理、配送站长; 中级:配送主管; 初级:配送专员

续表

岗位群（智慧物流）	就业岗位（智慧物流）	人才层次（智慧物流）
仓储业务岗位群	仓库总监、仓库经理、仓管员、仓管助理、仓储规划员	高级：仓库总监； 中级：仓库经理； 初级：仓管员、仓管助理、仓储规划员
客户开发与管理岗位群	物流管理经理、物流销售主管、物流销售员、物流跟单员	高级：物流管理经理； 中级：物流销售主管； 初级：物流销售员、物流跟单员
信息处理岗位群	物流计划经理、物流计划主管、物流系统操作员、物流信息专员、物流文员	高级：物流计划经理； 中级：物流计划主管； 初级：物流系统操作员、物流文员

资料来源：广东省跨境电子商务协会，2019 年。

专科层次的就业岗位集中在对物流专业技能有较高要求的操作层面，物流操作型人才主要从事五类岗位：仓储、配送、运输、报关、物流信息管理。物流操作型岗位是物流专业毕业学生的入门岗位，专科层次的大学生经过这些岗位的历练后，存在晋升通道，当他们了解了物流企业的基本运作，熟悉了物流产业一线的运作状态后，能力较强的人员能够晋升到中级管理层（见表9－2）。因此，物流操作型岗位成为物流专业大学毕业生较为对口而有发展空间的岗位。

表 9－2 　　　　　　　　智慧物流产业为大学生提供的岗位群

岗位群（智慧物流）	大学生能获得的就业岗位（智慧物流）	晋升通道（智慧物流）
运输业务岗位群	调度员、运输员、业务员	运输调度主管
配送业务岗位群	配送专员	配送主管
仓储业务岗位群	仓管员、仓管助理、仓储规划员、采购员	仓库经理
客户开发与管理岗位群	物流销售员、制单员、订单处理员、物流跟单员	物流销售主管
信息处理岗位群	物流系统操作员、信息分析员、物流文员	物流计划主管

资料来源：广东省跨境电子商务协会，2019 年。

以新型流通方式为代表的第三方智慧物流企业的迅速发展导致各大企业对高素质、高技能的智慧物流管理人才需求不断增长，包括智能化物流订单处理员、善于沟通的智慧物流销售员、谙熟各贸易国法律规则的国际货运代理员、能熟练操作仓储管理信息系统的仓管员等。

物流产业从业人员不仅要完成运输、储存、配送、流通加工等岗位职责，同时要对物流活动过程中的人员、财产、物品、资金等要素进行协调管理，在完成物流活动过程中应具备以下基本技能（见表9-3）。

表9-3　　　　　　　　　　　物流产业的人才要求

序号	条件	专业要求	拓展要求
1	物流知识	智慧物流基础知识，掌握仓储、运输、配送、采购、信息、营销，以及流通加工等环节的基础知识与理论等专业知识	国际贸易、经济学基础、会计基础、企业管理、电子商务、物流英语、供应链知识
2	操作技能	计算机处理、系统软件操作、设备的应用、信息技术的应用等相关技能	外语
3	能力要求	有物流作业控制、物流作业设备操作与使用的能力；具备分析并解决采购、运输、配送、流通加工和仓储作业等实际问题的能力；熟练使用计算机，具有收集信息、分类、归档、处理、发布的能力；具备各流程控制与优化能力	拥有较扎实的物流管理方面的应用文写作能力和公文处理能力等；能够分析经济活动及控制物流成本；具备连锁经营管理的基本能力
4	职业素养	积极的工作态度、爱岗敬业、吃苦耐劳、诚实守信、遵纪守法的职业道德	具有协调能力和沟通技巧，具有较强的团队合作意识
5	从业条件	取得本专业相关的资格证书	—

资料来源：广东省跨境电子商务协会，2019年。

9.7.2　智慧物流时代需要新型物流人才

根据国务院办公厅印发《关于深入实施"互联网＋流通"行动计划的意见》，提出加大流通基础设施信息化改造力度，充分利用物联网等新技术，推动智慧物流配送体系建设。国家发展和改革委员会印发《"互联网＋"高效物流实施意见》，明确了智慧物流对有效降低企业成本、便利群众生活、促进就业、提高全要素生产率具有重要意义。国务院发布的《新一代人工智能发展规划》中，再次强调人工智能和物流深度融合，引领带动智慧物流发展。随着我国政策环境的持续改善，技术方面物流互联网逐步形成、物流大数据广泛应用、物流云服务保障不断加强、协同共享模式日益普及、人工智能技术快速发展。国家对智慧物流的重视必然促进智慧物流产业的发展，也将导致对掌握新一代人工智能技术的智慧物流人才的需求增长。

1. 智慧物流技术应用体系对应用人才培养的挑战

智慧物流时代体现了数字化技术、人工智能的主导作用，智慧物流技术应用体系注重通过数字化技术和人工智能手段在整个业务中的运用。横向来看，贯穿于仓储、运输、配送等业务全流程；纵向来看，贯穿于决策、计划、执行、监控、反馈的运营全过程。根据实时需求进行动态化决策，改变并提升企业的核心竞争力，推动企业的盈利模式从信息的获取和独占能力转变为对大数据的充分挖掘和利用能力等重要因素上。企业能力的转变要求人才的素质齐头并进，对高职物流管理人才的传统培养提出了新的要求和挑战。伴随未来人工智能技术的应用，无人机、机器人等的广泛应用将在众多物流领域的操作方面取代人工作业。根据《物流业发展中长期规划（2014～2020 年)》报告指出，现有物流人才的培养数量不能满足社会需求，物流人才短缺的问题极为严重。高职院校培养的物流人才，应是既懂物流业务，又熟悉智能化作业技术和数字化运营技术等先进技术的智慧型物流管理和应用人才。

现阶段我国智慧物流人才的建设现状是，规模较小，只有少数的智慧物流研发人才及操作技能人才；人才结构不合理，具有专业知识的高层次智慧物流人才偏少；人才培养体系还不完善，智慧物流相关专业以及对应的课程设置相对较少，社会培训机构整体实力不强等。

为摸清当前广东省智慧型物流管理和应用人才的供求匹配情况，针对智慧物流时代人才培养模式进行了调研。调研方式包括文件解读、文献检索、专家访谈、实地考察、问卷调查、电话交流等。调研对象涵盖了电商和物流的相关企业、高等学校物流管理专业应届毕业生、专业教师，得到反馈结果的高等学校有 20 所，得到反馈结果的物流企业有 42 家。通过调查分析，目前高职院校智慧型物流管理和应用人才培养存在的主要问题有以下两个方面。

（1）传统人才培养模式难以支撑培养智慧物流管理和应用人才。智慧物流时代，智慧物流技术应用体系仓储技术中的机器人与自动化、可穿戴设备、视觉盘点等，运输技术中的辅助驾驶、无人货车，配送技术中的无人机、3D 打印、无人配送车等技术前沿领域，菜鸟网络、京东、苏宁等企业已逐渐开展试验，尤其在无人机、机器人等技术领域已开展应用。目前，智慧物流的关联产业发展迅猛。中国的搬运机器人近两年来销量稳健增长。物流龙头企业对产业的机器人化趋势十分关注，许多品牌企业力求提高竞争力和知名度，应用机器人的大量倡议计划不断涌现：自动导航装卸车、库存无人机、监控机器人等不断渗透和应用。智慧物流产业的未来发展体现在物流供应链的全面升级，具体体现在网络连接升级、大数据应用升级、物流模式升级、消费者体验升级、设备的智能升级、全流程的绿色升级等；到 2025 年，物流机器人使用密度将达到每万人 10 台左右。目前，人们对机器人的认识还只把其当作一种合适的劳动替代工具，但还不是或不足以催生新一代服务的颠覆性科技。阿里研究院指出，智慧物流提供了大量的就业，智慧物流也倒逼了传统物流产业的转型。新时代新科技水平下，无疑会产生更多新的人才需求。将来，机器人并不是最关键的部分，算法科学家的地位会显著提升。人工智能算法赋予机器以灵魂。物流智能化的基础包括了大数据算法和人工智能，仓储、干线运输和末端配送的柔性、自动化，将能够实现任何规模、场景下的按需定制和提前布局。所以，智慧物流时代需要更多的细分人才，如物流大数据领域的业务分析师、数据挖掘工程师和算法工程师。

（2）智慧物流人才培养滞后。随着物流企业的高速发展，目前出现了员工业务素质跟不上的情况。调研的物流企业认为，在当前的智慧物流环境下，物流企业急需具备智慧化物流管理和应用技术的人才。但多数物流企业的物流主体人员以中专学历为主，学历为大专及以上的物流人才比例偏低，制约了物流企业的智能化发展。现有中专学历的物流员工需要向智慧物流岗位转型，存在抵触情绪和畏难心理，智慧化物流应用能力和素质跟不上，心有余而力不足等情况。

因此，高职院校物流管理应用人才的培养面临着严峻挑战和前所未有的机遇。但是，大多数高职院校受教学资源的限制，普遍对物流产业的变革与发展反应滞后，人才培养模式与产业发展的需求脱节，不能适应当前时代和产业对智慧型物流管理和应用人才的需求。面临的瓶颈主要有：①传统人才培养模式重理论、轻实践，实践教学体系始终处于辅助地位；②师资队伍建设滞后，主要体现在实践教学能力弱，教授的专业内容远远落后于企业实际需求，教师知识陈旧，已无法完全满足智慧化物流时代的知识要求；③配套的物流应用设施设备陈旧落后；④智慧物流教学资源开发不足；⑤课程设置比较传统；⑥缺乏对智慧物流相关技术领先企业管理案例的深入分析和研究。但也有少数院校在智慧型物流应用人才培养方面做出领先尝试。如广东轻工职业技术职业学院于 2018 年 12 月成立广东省首家"北斗 + 智慧物流"人才基地，围绕"车联网、智能硬件开发、智能仓储、TMS 物流管理系统、同城共配、多式联运、智慧物流园区"各领域，将智慧物流各领域、各环节的工作实践要求全面融入智慧物流各岗位人才培养的全过程。

2. 培养智慧型物流管理和应用人才的建议

（1）升级人才培养目标定位，响应智慧物流产业发展新需求。当前，智慧物流人才的竞争成为企业竞争的主要元素之一。为应对智慧物流时代的机遇与挑战，高职院校物流管理专业需及时调整和升级人才培养目标的方向和定位，顺应时代要求，更新教育教学理念，积极吸收智慧物流时代的各种先进理念和技术趋势。智慧型物流管理和应用人才不仅需具备物流运营与管理、信息与计算机、成本管理等扎实的理论基础，具有较好的外语沟通交流能力，还必须培养国际视角、服务观念、工匠精神，提升实践能力和创新创业能力、自主学习能力等，熟悉掌握云计算、大数据、物联网、人工智能等新兴技术方法与手段。

（2）开发和更新相关课程及竞赛项目，顺应智慧物流新趋势。将物流管理专业与信息学科有机结合。在物联网、智慧物流的大背景下，物流管理专业、授课老师都需要和信息专业进行对接，比如开设软件平台、开发相关课程。各种先进技术设施设备如机器人、无人机、视觉识别、辅助驾驶等需要纳入物流设施设备类的课程中。除了课程设置，还需要依托校内与校外协同的实践教学，保证学生能学有所用、学为所用。

（3）打造学习型教师队伍，主动探索智慧物流人才培养新模式。物流产业的快速发展、物流运作模式的不断革新，如车货匹配、运力众包，以及多式联运等方式改变了物流产业原有的市场环境与业务流程，智慧物流时代的来临，物流产业的变革，物流企业的积极布局，对高职院校物和应用型本科院校的物流管理专业课程体系设置和人才培养提出了新的要求和挑战。

智慧物流管理和应用人才的培养，对高职物流管理专业教师也提出了更高的要求。人才培养定位的改进，课程设置的调整，专业竞赛的变革，皆以教师专业知识构成的横向拓展和职业能力的纵向提升为先决条件。

知识构成上，教师要主动拓展自己的知识面。同时，还要持有终身学习的思想，及时更新专业领域知识。教师应该熟练掌握新兴智慧物流技术的方法，了解其应用前景，同时应长期关注产业动态发展，将领先企业的智慧物流技术如无人机、机器人、视觉识别等进行整合和更新，纳入教学案例库和实习实践案例库，引领学生积极进行模拟实践。另外，积极参加智慧物流领域的各种产业交流和学术交流，主动学习大数据技术和人工智能等先进技术在物流领域的应用。大数据技术在智慧物流中主要包括四大应用方向，分别是需求预测、设备维护预测、供应链风险预测和网络及路由规划。教师需要及时收集、分析学生在教学过程产生的各种数据，如学生对教学课程和材料的反馈、完成课程任务的质量的高低、知识重难点的接受能力等，从而主动改进教学内容和方法手段。在大数据时代，网络平台的教学和学生在平台学习过程中的数据分析也很重要。

（4）推进校内和校外实训基地建设，打造智慧物流新生态实践环境。面对智慧物流时代给高职人才培养带来的挑战，打造条件优良的校内和校外实训基地成为必然。在校内实训基地的建设上，在原有运输实训室和运输管理系统软件TMS、仓储实训场所和仓储管理系统软件 WMS 等资源的基础上，需要分阶段有计划采购智慧物流作业的相关应用设施设备，如可穿戴设备、智能手套、智能手表、AR 眼镜、VR 设备、货到人拣选系统等；同时，高职院校需要充分利用与企业联手创办的服务站，将一些先进的设施设备及时领先通过服务站进行投入使用，这不仅可以提高作业效率，还可以在既是顾客又是招聘潜在对象的学生群体中提升企业形象。在校外实训基地的建设上，与智慧物流领域领先企业合作，拓展更丰富的实训、实习渠道。另外，无人机在智慧物流应用中也即将进入大规模商业应用阶段，需要增加无人机知识原理、无人机应用、无人机维修课程。如果高职院校能与智慧物流领域的领先企业合作，共同打造校外实训基地，能有效地促进学生在物流生态圈迅速成长，真正实现智慧物流环境下的"工学交互"，共助学生成为高层次智慧物流管理和应用人才。

9.8　智慧物流企业的培训需求

智慧物流企业希望开发的培训有以下六点。

（1）企业希望能开展智慧仓储与供应链协同发展培训班。

（2）企业希望能开展打造智慧供应链物流发展新格局培训班。

（3）企业希望能开展智能仓储中"人机 CP"机器人应用课程的培训。

（4）企业希望能开展智慧物流与智慧城市更加紧密应用技术的课程培训。

（5）企业希望能开展智慧物流应用技术类课程：无人仓、无人车、无人机、无人中转站、智能快递柜、智能快递盒等。

（6）企业希望能开展智慧物流服务最后 1 公里的实操类课程：无人配送车、外卖机器人的实际应用和操作。

9.9　智慧物流专业的人才培养情况

根据 2019 年我国高校在广东省招收"物流管理""物流工程""物流工程技

术"专业的情况看，总计191所本科高校招本科学生3622人，128所专科学校招专科学生2950人，合计招生6572人，其中广东省的高校依然是"物流管理"和"物流工程"专业的培养主力军，而民办学校的招生数量庞大（见表9-4）。

表9-4　　　　　**2019年广东省及外省（区、市）高校**
在粤招收物流管理（物流工程）专业情况

学校（所）	层次	招生数（人）	属地	备注（招生人数前3位）
121	本科	262	外省（区、市）	昆明理工大学招9人；上海海事大学招9人；武汉理工大学招8人
70	本科	3360	广东省	广州工商学院招生169人；广东财经大学招153人；广东技术师范学院招135人；北京师范大学珠海分校招120人
191	本科合计	3622	—	—
42	专科	116	外省（区、市）	郴州职业技术学院招生10人；焦作大学招生10人；浙江经济职业技术学院招生6人
86	专科	2834	广东省	广州华立科技职业学院招生150人；广州科技职业技术学院招生101人；深圳职业技术学院94人
128	专科合计	2950	—	—
319	本科和专科总计	6572	—	—

资料来源：广东教育考试院.广东2019年普通高等学校志愿报考指南 [M].广州：广东高等教育出版社，2019.

根据智慧物流发展对智慧物流人才的需求和物流人才的培养情况看，以2018年为基期，2020年广东省智慧物流人才的需求缺口为5.4万人，高职层次占比43%，专科层次人才需求缺口达2.32万人，以懂人工智能的应用型人才为主。

第10章　广东省代表性产业的人才需求与人才培养预测

2018 年至 2019 年 6 月，广东轻工职业技术学院委托各行业协会总计调查了 9 个代表性产业，分别是跨境电商产业、大数据产业、工业机器人产业、汽车产业、旅游产业、高分子材料产业、工业设计产业、生态园林产业、智慧物流产业的人才需求与供给情况。本《报告》在各行业协会的调查基础上，综合考量各产业的人才需求、人才供给的各项指标，人才需求以需求总量为指标，人才供给以人才培养总量为考察指标，根据人才需求量缺口、人才的能力指标、人才的学历指标综合衡量企业对人才的要求，从而指导人才培养体系的建立。人才供给以学历教育为主，结合非学历教育情况进行考查，综合分析行业需求和人才要求情况，探索应用型人才的培养方向和培养重点，由此构建合理科学的专业群，以及人才培养体系和课程设置体系。

10.1　广东省代表性产业发展的人才需求概况

根据对广东省具有代表性的产业进行实地调查，得到以下四点结论。

1. 产业高速增长导致人才需求出现大量缺口的专业

目前，人才需求出现大量缺口的专业主要是"跨境电商""大数据""工业机器人"三个专业。由于工业机器人产业、大数据产业两个产业属于新兴产业，产业处于高速增长时期，高速增长带来旺盛的人才需求，人才需求出现大量缺口。缺口以 10 万人次计算。跨境电商属于商业模式变革，互联网的普及、物流运输的全面覆盖，使传统国际贸易方式转化为新型的跨境电商方式，并渗透至各行各业，跨境电商也成为一个独立发展的产业，人才需求极其旺盛。

工业机器人产业的产业链长，人才需求涵盖研发、应用、制造各环节，人才需求层次对应硕士及以上、本科、专科，甚至对中职类学生也有大量需求，是各级各类学校均可根据资源基础和师资力量进行积累和发展的专业。

大数据作为颠覆性技术，可成为各种产业、各种应用场景的基础技术和共性技术，需求量较大，但集中在研发和应用方面，对数理基础要求较高，目前对本科和专科人才的需求量均较大，但长期来看对本科及以上人才需求量更大。专科院校在现阶段紧抓专业建设培养专科人才同时，要注意积累学科基础，提升专业能力和学历层次。

跨境电商作为新业态和新模式将改变传统的贸易方式，对人才存在大量需求，对本科、专科人才存在大量需求，而且企业对本科和专科层次没有明显的偏好。目前，只有少量学校开设了与跨境电商业务需求一致的"跨境电商"专业，大部分学校还处于学科积累、整合阶段，"跨境电商"专业是本科院校和专科院校均可以根据学科基础和师资水平大力发展的专业。但"跨境电商"专业人才的专业性基础是国际贸易、电子商务、商务外语、国际营销多个专业的专业性集合，综合要求较高，因此"跨境电商"专业必须在上述专业基础上进行重新整合，以突出"跨境电商"专业的专业特色和专业优势，着力体现课程的"综合性"，培养人才能力的"复合型"。

2. 人才需求持平的专业

目前，人才需求与人才供给基本持平的专业是汽车类专业、旅游管理类专业、生态园林专业。

汽车产业和旅游产业经过多年的高速增长转向稳定而缓慢增长时期，对人才需求的数量来自产业内流动和替代，人才供给基本与人才需求保持一致，各级各类学校依然可以保持原来的专业基础和人才培养层次、人才培养数量。但"新能源汽车"和"汽车智能技术"专业是汽车产业的发展方向，现有专业需要在原有基础上增加《智能技术》等相关课程的训练，以保证毕业生对智能技术的娴熟运用。汽车及其相关专业、旅游管理及其相关专业是现阶段可以培养中职、高职、本科、硕士、博士层级体系的专业，每一层级均有需求，但对应岗位不同，硕士、博士的需求岗位来自科研院所的教学、科研岗位，而中职、高职、本科所对应的岗位需求来自企业。

生态园林产业的发展与城市发展速度和环保意识的提升息息相关。从长期看，生态园林产业会稳定增长，对人才需求保持一定的增长率，对人才需求也出现一定量的缺口，但需求属于稳定性增长而不是爆发式增长，人才需求与人才供给基本持平，不会出现大量人才需求缺口，对园林规划设计的人才需求集中在本科以上层次，对园林技术应用集中在专科层次，在较长时期内本科和专科层次均有一定需求，均有对应企业的岗位需求。

3. 产业升级导致人才需求出现梯级上升的专业

"高分子材料"专业、"工业设计"专业由于在原有基础上发展，产业面临升级和跨界发展，对专业能力的要求更高，因此对人才层次要求出现梯级上升的要求，即原来的本科要求转向硕士要求，原来的专科要求转向本科要求。因此，开设"高分子材料"专业和"工业设计"专业的职业院校要注重学科基础积累，极力提升学历层次，以保证人才培养与产业人才需求、学生意愿保持一致，从而更好地发挥原有深厚学科基础优势。

4. 人才需求总量大但有替换趋势的专业

物流产业是传统产业，就业人数众多，每年能够吸纳大量的人员就业，尤其是对中职、技校或其他人员的就业吸纳能力强。未来物流产业将受到人工智能的影响，传统物流产业转向智慧物流产业，对人才的需求集中在使用高科技解决问题的专业物流技术人才，对本科和专科层次的人才均有一定的需求，但专科层次的人才需求转向一线岗位，形成对中职、技校的挤压，而中职、技校的毕业生转向装卸、搬运工作和快递工作，原有的许多体力工作被机器人所代替，应用型人才以管理智能设备和机器为主。因此，"智慧物流"是可以继续发展的专业，但应用趋向于智能技术和供应链管理相结合，这对学生的学习能力、教师的教学能力均提出了重要挑战，智慧物流专业与传统物流专业的差异性，本科生与专科生的差别、就业岗位定位、专业竞争力需要从专业和课程体系设置上得到精确反映。

10.2　广东省代表性产业发展对应的人才需求与人才培养情况

通过实地调查和相关数据汇总计算，2020 年广东省代表性产业的人才需求总量预测情况见表 10 - 1。

表 10 - 1　　　　2020 年广东省代表性产业的人才需求与人才培养情况

序号	代表性产业	人才需求总量（万人）	人才培养数量（万人）	人才缺口量（万人）	专科人才缺口量（万人）	专科人才占比（%）	备注
1	跨境电商产业	22.5	3	19.5	15.99	82	目前，跨境电商专业人才由国际贸易专业、商务英语、电子商务专业替代，2019 年只有 2 所学校以"跨境电商"专业招生
2	大数据产业	49	0.5	48.5	20.86	43	要求高

序号	代表性产业	人才需求总量（万人）	人才培养数量（万人）	人才缺口量（万人）	专科人才缺口量（万人）	专科人才占比（%）	备注
3	工业机器人产业	37.21	0.25	36.96	25.87	70	各级各类人才均有需求
4	汽车产业	114	45	68	28.29	41.6	替代性强，要注意工业机器人的替代
5	旅游产业	6	1.08	5	2.78	55.6	员工流动率高
6	高分子材料产业	5.23	0.31	4.92	1.15	23.4	要求提升，专科招生远少于本科招生
7	生态园林产业	1.6	0.98	0.62	0.21	34.6	需求稳定
8	工业设计产业	1.58	1.18	0.4	0.19	47.8	工业设计门槛提高
9	智慧物流产业	6	0.66	5.4	2.32	43	此数据根据调查数据修正得出，可能存在误差

资料来源：根据各行业调研报告分析计算所得，2019 年。

10.3　基于产业发展的应用型人才培养体系构建

高等教育的核心和本质是专业教育，所有高等教育最终都要面临就业和择业问题，都要落实到职业性质、职业能力、职业技术技能，因为不同的职业、不同的岗位从而需要不同的专业，因此从专业分工角度看，不存在普通高等教育和高等职业教育的本质区别。2014 年，教育部也正式认定职业教育是一种类型而不是层次，高等教育终于走出了"高等职业教育"等同"专科层次"教育的误区。

从产业演变过程看，产业发展通常由研发人才发明创造的新型技术、商业模式驱动前进，由应用人才将新型技术、商业模式与产业结合而使产业得以发展。

从价值构成和产业的微笑曲线来看，获取高价值的产业链高端环节是技术和市场，对应的人才是高端技术人才和高端市场人才。高端技术人才主要是研发人才、应用人才，高端市场化人才主要是综合性、复合型研发人才和应用人才。微笑曲线显示，产业链中低端的是生产环节，由机器和一线生产人员承担生产功能，需求的是应用人才和操作性人才。从产业链环节构成看，应用人才的需求范围更广、需求量更大（见图 10 - 1）。

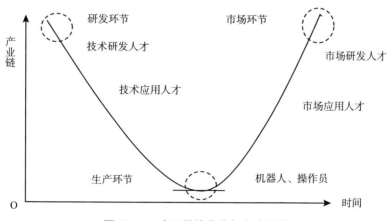

图 10 - 1　产业微笑曲线与人才需求

资料来源：笔者整理。

　　各企业对市场端的人才需求较大，而且市场人才与产业技术人才结合的需求比例更大，也就是出现大量的"专业性市场人才"需求，即各企业希望人才是懂专业、懂市场的复合人才，因此跨专业培养人才，或在各专业中融入商科知识成为人才培养的新趋势，或许商科知识成为通识教育融入各专业教育是值得探讨的问题。

　　从产业演化趋势以及对人才需求看，高等教育人才培养分为研发人才培养和应用人才培养，研发人才培养的时间周期长、知识积累多，而应用人才相对时间短、知识要求相对少，根据人才培养时间和知识要求从而形成高等教育的层级体系。现阶段我国高等教育的人才培养体系还分为普通高等教育和高等职业教育，并通过学历层次显示层级体系，一定程度上造成了劳动力市场的市场分割，不利于阶层流动和知识创新、技术扩散。

　　未来的产业人才需求只分为研发人才和应用人才需求，重型劳动和简单劳动、基本操作部分由机器及机器人取代，更多的劳动力从事产业链中、高端工作。因此需要消除职业教育和普通教育之间的障碍，打通普通教育和职业教育之间的专业融合、人才晋升通道，从而防止劳动力市场分割、职业锁定和阶层固化，利于社会公平环境营造和阶层流动，更利于创新思想、创新技术突破阶层限制在更大范围内扩散，还利于劳动力能力发展并促使整个社会群体进化。

　　从目前的产业发展趋势看，大部分高等教育需要转化为应用型人才培养，部分高等教育面向研发人才培养，因此要尽快建立"中职技校—应用型专科—应用型本科—专业硕士"的应用型人才培养体系，构建普通教育和职业教育之间的融合通道，构建利于劳动力全面发展的人才培养体系（见图10–2）。

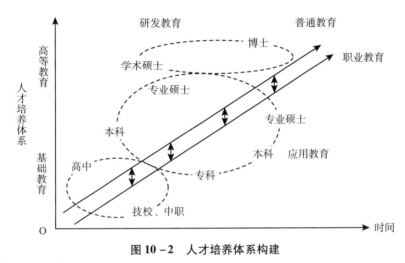

图10–2　人才培养体系构建

资料来源：笔者整理。

　　从企业需求看，企业既需求研发型人才，更需要大量的应用型人才；企业需要岗位技能和能力并存的人才，技能满足企业立即上岗的需求，能力能够保证个体不断根据岗位调整和适应环境变化，进而创新性地为企业服务。

　　从大学生的整体素质看，目前的专科层次对应的学生整体水平比以前的专科层次学生整体素质高，可以进一步提升层次，促进个体知识水平和能力水平的提升，并根据产业发展要求和发展趋势不断调整知识结构，不断拓展职业能力，根据产业生命周期和发展阶段迁移到不同岗位并促进产业发展。

　　从教师的整体素质看，经过多年的博士教育和硕士教育，我国现有的普通高等本科院校、职业技术学院师资质量大幅提升，具有进一步承担培养更高层次人才的能力和水平。

　　应用型人才培养体系的构建利于产业发展和劳动力素质提升，基于现有教育教学资源也是可以实现的。

10.4　专业群支撑的应用型人才培养路径

1. 立足传统产业培养综合性专业人才

高分子材料产业属于传统产业，面临转型升级，高分子材料产业主要是转向性能更好的新材料，与更多产业相结合。因此，需要人才具备多学科知识，需要培养综合性、复合型人才。

汽车产业属于传统产业，但新能源汽车和智能汽车属于新兴产业。因此，对于传统汽车产业在转型过程中需要增加智能技术和前瞻技术的学习和培养，使之逐步与新兴产业的发展保持一致。

2. 契合产业演化轨迹培养创新性人才

工业设计产业服务于制造业，与制造业的发展完全一致。现有制造业的发展方向是工业 4.0，更多地体现出智能制造，未来中国制造业占据价值链高端节点倚重的是技术与市场。工业设计作为重要的一环参与制造与品牌培育，需要更多具有专业思维、前瞻思维的工业设计类人才作出贡献。因此，对工业设计专业人才要求提高，主要表现为综合性、创新性要求，智能制造产业的发展客观上需要娴熟运用数字手段及时设计出符合产业需要的产品，只有掌握现代数字技术手段的工业设计人才才能对智能制造和敏捷制造作出反应，对应的人才培养侧重于综合性、创新性、专业性的培养及数字手段的运用。

生态园林产业的发展与环保意识、环境保护措施高度一致，适应于人类发展的景观园林、城乡规划、生态园林设计与应用，需要调动人类的创造性，因此生态园林专业既要突出专业性，也要突出创新性。

旅游管理专业的发展与产业高度化发展保持一致，作为现代服务业其发展受到资源、文化、人才的三重制约。因此，在专业人才培养过程中要注重综合素质和创新性的培养，还有国际化素养的培育，从而使之区别于一般性人才。

3. 面向新兴产业培养高素质专业人才

大数据产业、工业机器人属于新兴产业，是未来的发展方向，构成国民经济的重要组成部分和重要经济动力，需要大量掌握高新技术的人才支撑，对应的人才主要侧重于新兴技术的研发教育和应用教育，而应用型本科院校和职业技术学院主要是应用教育，突出技术的"高、精、专"应用，突出专业性。

4. 适应新业态培养国际化专业人才

跨境电商作为一种新型国际贸易方式，将改变甚至取代传统的贸易方式，跨境电商作为新业态逐步渗透到各行各业，尤其是轻工产品的制造，各产业与国际市场建立联结的方式通过跨境电商方式进行，跨境电商的崛起需要大量懂网络技术、懂网络运营与营销、懂国际商务、懂国际货运、懂外语的专业人才，需要专业性强、综合型的国际化人才。因此，跨境电商专业的人才培养需要跨学科、跨边界，侧重于面向国际市场的综合性人才培养。

电子商务、跨境电商方式的发展刺激了物流产业的发展；反之，物流产业发展也进一步促进电子商务和跨境电商市场的发展。为进一步提高效率，传统物流转向智慧物流才能更好地拓展国外市场空间，智慧物流的发展需要懂信息技术、懂供应链管理、懂外语的复合型国际化人才。

综合而言，以专业群为基础的应用教育需要在理解技术发展轨迹基础上的教育，新兴产业侧重于高新技术的教育和培养，突出专业性；而传统产业和新商业模式、新业态方式对应的专业群侧重于综合性、复合型人才的培养，需要跨学科培养人才，突出综合性和复合型。总体要求是专业性、综合性、创新性，但各专业群人才培养重点不同，代表性产业的专业群建设和人才培养路径见表 10 – 2。

表 10 – 2   代表性产业的专业群建设与人才培养路径

序号	专业	产业链	专业群	人才培养重点
1	跨境电商	轻工制造业	现代商贸	综合性、国际化
2	大数据	大数据	大数据	高新技术、专业性
3	工业机器人	机器人	工业机器人	高新技术、多学科交叉
4	汽车	汽车	智能汽车	现有技术＋智能技术
5	旅游管理	旅游	旅游管理	综合性、国际化
6	高分子材料	材料	新材料	多学科交叉
7	工业设计	智能制造	数字设计	高素质、创新性
8	生态园林	园林	生态园林	综合性、创新性
9	智慧物流	物流	现代商贸	综合性、国际化

资料来源：笔者整理。

10.5　基于产业发展和学科基础的专业群建设

10.5.1　专业群建设的政策支持

专业群建设的核心是以区域产业发展要求为方向，围绕各学校优势专业、特色专业或具有潜力的专业，融合相关专业共同发展以更好地发挥学科优势，起到资源优化配置和效率提升作用，使人才培养更好地支撑产业的发展。因此，无论是国家还是地方，以及各大院校均重视专业群建设，以期更好地发挥人才与产业发展的协同效应、联动效应。

我国专业群建设始于2006年教育部的部署。以后历经建设与发展，各职业院校在教育部的指导下逐步形成具有特色和影响力的专业群，教育部的相关支持政策见表10-3，国家层面的各级、各类政策和文件为专业群建设提供了坚实的制度支持和保障，并为专业群建设提供了指引方向。

表10-3　　　　　　　　　　专业群建设的支持政策与文件

序号	年份	政策文件名称	主要内容	支持对象
1	2006	《教育部财政部关于实施国家示范性高等职业院校加快高等职业教育改革与发展的意见》	重点建成500个左右的特色专业群	高职示范院校
2	2006	《教育部关于全面提高高等职业教育教学质量的若干意见》	根据市场需求与专业设置情况建立以重点专业为重点，相关专业为支撑的专业群	高职院校，增强学生的就业能力
3	2010	《教育部财政部关于进一步推进"国家示范性高等职业院校建设计划"实施工作的通知》	支持特色院校和特色专业做优做强	骨干高职院校
4	2014	《国务院关于加快发展现代职业教育的决定》	将国有大中型企业支持职业教育列入企业履行社会责任考核内容	校企合作
5	2014	教育部《关于开展现代学徒制试点工作的意见》	制订"现代学徒制"方案	校企合作

续表

序号	年份	政策文件名称	主要内容	支持对象
6	2015	《教育部关于深化职业教育教学改革全面提高人才培养质量的若干意见》	围绕各类经济带、产业带和产业集群，建设适应需求、特色鲜明、效益显著的专业群	"一带一路"倡议经济带、产业集群
7	2015	教育部《高等职业教育创新发展行动计划（2015～2018年）》	鼓励支持地方建设与地方经济社会发展需要契合度高、行业优势突出的优质专科高等职业院校	一流高职、卓越高职
8	2015	教育部"高等职业教育（专科）专业目录（2015）"	立足专业大类，重点发展相关专业类专业	就业导向
9	2018	《高等职业教育创新发展行动计划2018》	根据技术相通、能力相近的产业共性设置专业群	产业优化升级
10	2018	2018年《职业学校校企合作促进办法》	企业开展校企合作的情况纳入企业社会责任报告	校企合作
11	2019	教育部、财政部下发《关于实施中国特色高水平高职学校和专业建设计划的意见》	产教融合、校企合作，聚焦高端产业和产业高端	建设50所左右高水平高职学校和150个左右高水平专业群

资料来源：根据教育部网站公开资料整理，2019年。

10.5.2　专业群建设目标

1. 依托产业发展培养高质量应用型人才

专业群建设要依托行业发展方向及科技方向培养应用型人才，为产业发展提供人才动力，以及附加在人才身上的知识源泉，加强技术应用对产业发展的支撑作用。

2. 跨越边界培养复合型创新技术人才

跨越人才培养体系、专业设置之间的壁垒，培养通用型科技人才、专业型行业性人才，以及具有专业知识的创新型人才，整体上培养复合型、创新型的高级技术技能人才。

3. 统一标准实现产业链和人才链的无缝对接

目前，人才培养由众多高等院校承担，人才培养标准由学校掌握；而产业发展所需生产标准和技术标准由产业内众多企业掌握，标准与要求不统一，专业技术能力要求不能匹配产业职业技能要求，人才培养与产业发展需求不完全一致，人才培养没有完全支撑产业发展，无法为产业发展提供持续不断的动力。专业群建设目标就是要找到对接产业群的途径和方式，并不断根据产业发展要求进行调整，达到专业群与产业群的动态匹配发展要求。

4. 设置科学合理的专业群实现资源共享

人才培养需要服务于地方经济的发展，专业群建设必须结合区域经济发展和产业布局，打造具有行业关联性、技术联动性、教育互通性的产、学、研资源共享的专业群，实现产业资源、教育资源的深度整合。

5. 新兴产业优先发展，助力经济高质量增长

重点发展新兴技术为依托的新兴产业专业群，助力国家、广东省人才国际化，促进产业向全球价值链中高端发展。学校以师资、教学条件为基础，校内外整合资源，以促进新兴产业发展、培养学生新型技术能力为主线建设专业群。

10.5.3　基于产业发展和学科基础的专业群建设方向

以专业群与产业发展的协同效应为基础，强化专业群对接产业集群的发展，强化专业群内部对应产业集群的行业特色，立足学科基础、教学条件、教学资源建设专业群，培养适应产业发展的应用型人才。对应广东省的经济和产业发展趋势，对专业群的发展方向和人才培养体系进行准确定位，设置适应于产业链、创新链、价值链发展的专业群。

在服务产业发展、立足学科基础的导向下，专业群建设以促进产业发展培养应用型人才为目标，通过产业发展的人才需求为指引，立足各学校已有学科基础进行专业群构建，从而达到发挥资源共享、技术协同、师资互通作用的目的，围绕"产业指引＋学科基础＋人才需求"的主线进行构建。

1. 突出专业相关性按专业基础构建核心专业群

核心专业群的重点在于突出群内专业之间的相关性，每个专业既有自身的特点和优势，又有侧重点，通过核心课程突出专业特色，部分课程设置与其他专业相同，可以实现专业之间的迁移和转换。例如，现代商贸专业群，由市场营销、国际贸易、电子商务、跨境电商、会计学、财务管理、金融、保险、财税、智慧物流等专业组成一个或两个现代商贸专业群，具体专业群构建以各学校拥有的学科基础和师资力量为准。

2. 突出行业特性按产业关联度构建应用专业群

应用专业群的重点是按产业关联性构建完全适应产业发展的专业群，每一个专业对应于产业环节，专业群内的专业刚好为整个产业的发展提供完备的人才基

础。例如，由"汽车制造与装配技术""汽车运用（检测）与维修技术""汽车营销与服务""汽车服务工程""汽车电子技术""汽车智能技术""新能源汽车技术"等专业组成"智能汽车"专业群，对应汽车产业链的汽车"生产—检测—销售—服务—智能升级"的链条环节和升级环节，"汽车制造与装配技术"专业对应汽车产业的生产制造环节，"汽车运用（检测）与维修技术"专业对应汽车产业的检测环节，"汽车营销与服务""汽车服务工程"专业对应汽车产业的销售环节和服务环节，而"新能源汽车""汽车电子技术""汽车智能技术"代表产业的发展方向，对应在智能条件下的汽车升级环节。

类似的有工业机器人专业群、生态园林专业群、旅游管理专业群的建设。

3. 突出学科实力按学科基础构建优势专业群

有些专业可以为众多产业服务，如工业设计专业对应众多制造业，每一制造业又有自身的特点。因此，工业设计业难以和具体的产业对应，其关键点是创新创意的培养，现代科技工具的运用，主要根据学科基础构建具有优势的专业群，不断加入现代要求或更高标准，如在现有智能制造条件下需要加入信息技术手段的使用，因此需要构建数字设计专业群，以原有"工业设计"专业为基础，通过数字技术的运用统筹整个专业形成"数字设计"专业群，同时增加专业基础课程和通识课程的设置，培养学生具有通用设计能力，可以根据不同行业进行调整和结合。

类似的有高分子材料专业群的建设，通过新材料的应用构建优势专业群。

4. 突出科技发展动态按技术主线构建精准专业群

科学技术发展日新月异，当某种新型技术出场后，需要众多应用型人才结合各种产业进行应用，但因新技术的应用往往结合其他技术，同时具有多个应用场景，因此可以按某一技术主线构建专业群，如大数据、云计算、物联网、区块链等新技术组建信息技术专业群。

5. 突出人才培养目标按岗位要求构建复合专业群（培养复合型人才）

如数字经济条件下的新型国际贸易人才需要拥有国际法律、国际营销知识、数字技术、电商运营知识，同时要精通外语，因此，可以按专业人才岗位要求培养复合型人才而建立复合专业群，由跨境电商专业、国际营销专业、国际贸易专业、智慧物流、应用外语、国际法专业组成数字贸易专业群，通过跨学科、跨专业培养复合型的国际化外贸人才。

10.6　专业群建设和人才培养同步建设的支撑体系

1. 实行专业群建设的稳态管理和专业建设的动态管理

专业群建设需要立足产业的发展，因此与产业发展相一致，具有一定的稳定性，但产业发展具有生命周期，对应产业生命周期具体阶段的人才需求有所变化，需要根据产业要求进行专业的动态调整，从而更好地保持人才培养的时代性。

2. 组建跨专业教学团队

将各专业具有深厚专业功底、教学能力强的专业人才组建跨专业教学团队，着力建设精品课程，开发符合产业发展需要的精品教材，形成一批具有专业特色的精品课程、产业特色的国家级精品教材，通过"专业人才—精品课程—精品教材"的联动，打造最强专业群、优势专业群、特色专业群。

3. 推动科学研究和社会服务助力产教融合

通过加强科学研究和社会服务，推动"产、学、研"深度融合，通过人才培养使知识创新、技术创新及时转化为产品创新，从而推动产业的快速发展。产业的快速发展进一步刺激人才需求，推动人才培养质量的提升，形成"科学研究与服务—产教融合—产业发展—人才需求—人才培养—产业进一步发展"的人才需求与人才培养螺旋式上升发展模式。

4. 专业群建设、人才培养、课程设置的"三级"协同培养模式

明确专业群建设与学科建设之间的联动路径，通过选择、调整、优化专业结构体系，根据产业发展趋势，析取产业发展的专业共性，结合学科基础建设对接产业链、创新链、价值链的特色专业群；根据能力导向、应用性、行业特色的人才培养要求确定人才培养方案和人才培养类型，在专业群建设基础上、人才培养方案构架下，设置科学、合理的课程体系，通过"专业群—人才培养—课程体系"的三级协同培养模式培养适合产业发展的应用型人才。

主要参考文献

［1］张勇. 广东跨境电子商务发展状况及问题分析——基于 4 市相关部门和企业的走访调研［J］. 现代经济信息，2016（6）：310 – 311.

［2］刘朋. 跨境电商的运营模式优化研究——以天猫国际为例［D］. 杭州：浙江工业大学硕士学位论文，2017.

［3］夏倩鸣. 跨境电商产业链发展对策研究——以杭州跨贸小镇产业园为例［D］. 杭州：浙江大学硕士学位论文，2017.

［4］陈德宝，许德友. 广东省跨境电子商务发展战略分析［J］. 商业经济研究，2016（6）：76 – 78.

［5］李海菊. 基于产教融合的跨境电商岗位群人才需求分析［J］. 管理观察，2017（36）：38 – 40.

［6］詹玉兰. 基于企业需求的跨境电商人才培养改革研究——以高职国际贸易专业角度［J］. 现代商业，2018（1）：51 – 53.

［7］张夏恒. 跨境电商类型与运作模式［J］. 中国流通经济，2017（1）：76 – 83.

［8］肖营. 基于跨境电商产业链的外贸电商人才培养路径研究［J］. 广东省经济，2018（6）：76 – 79.

［9］刘永伟，杜薇. 高职院校跨境电子商务人才的培养模式研究［J］. 现代经济信息，2016（34）：411.

［10］搜狐网. 电商企业运营需要什么样的人才？［EB/OL］. http：//www. sohu. com/a/167502460_379174.［2017 – 8 – 26］［2019 – 12 – 25］.

［11］搜狐网. 跨境电商需要什么人才［EB/OL］. http：//www. sohu. com/a/166975276_379174.［2017 – 8 – 24］［2019 – 12 – 25］.

［12］中商情报网讯. 2019 年互联网络发展趋势预测分析：手机网民普及率将超 99%［EB/OL］. http：//www. sohu. com/a/298908027_350221［2019 – 3 – 4］［2020 – 1 – 13］.

［13］中国互联网络信息中心（CNNIC）.CNNIC：2019 年第 43 次中国互联网络发展状况［EB/OL］.http：//www.199it.com/archives/839540.html［2019 - 2 - 28］［2020 - 1 - 13］.

［14］中国信息通讯研究院.大数据白皮书（2019）［EB/OL］.http：//www.caict.ac.cn/kxyj/qwfb/bps/201912/P020191210402477346089.pdf

［15］中国电子信息产业发展研究院.2018 年中国大数据产业发展水平评估报告［R］.2018.

［16］DC 公司调查.2018 年的 20 个大数据认证［EB/OL］.http：//www.sohu.com/a/229662707_398736［2018 - 4 - 27］［2019 - 12 - 25］.

［17］邹东生、王鑫、赵玉莲、张楠.中国大数据人才培养体系（第一版）［EB/OL］.http：//www.sohu.com/a/206883055_99961855［2017 - 11 - 27］［2019 - 12 - 25］.

［18］Wenxin.大数据分析必学的六个核心技术点 - qq_426［EB/OL］.https：//blog.csdn.net/qq_42603157/article/details/82998295［2018 - 10 - 10］［2019 - 12 - 25］.

［19］贵州省大数据发展管理局.2019 年大数据十大新闻盘点［EB/OL］.http：//dsj.guizhou.gov.cn/xwzx/gnyw/201912/t20191227_37681759.html［2019 - 12 - 27］［2020 - 1 - 25］.

［20］司孝鲁.工业机器人行业的组织管理模式研究——以 H 公司为例［D］.苏州：苏州大学硕士学位论文，2017.

［21］付欣然.中国工业机器人"产业链—创新链—资金链"的三链协同研究［D］.大连：大连理工大学硕士学位论文，2017.

［22］苏力.广东省：拟培育 20 家超亿元机器人企业［N］.南方日报，2016 - 4 - 7.

［23］方晓霞.中国机器人产业现状、问题与对策［J］.发展研究，2018（10）：25 - 33.

［24］中国人力资源和社会保障部.人力资源社会保障部、市场监管总局、统计局联合发布新职业［EB/OL］.http：//search.mohrss.gov.cn/was5/web/search? searchword［2019 - 4 - 3］［2019 - 12 - 25］.

［25］中国人力资源社会保障部.新职业——工业机器人系统操作员就业景气现状分析报告［EB/OL］.http：//search.mohrss.gov.cn/was5/web/search? searchword［2019 - 11 - 25］［2019 - 12 - 25］.

［26］中国工业和信息化部、发展改革委、财政部联合发布．机器人产业发展规划（2016－2020）［EB/OL］. http：//www. miit. gov. cn/n1146295/n1652858/n1652930/n3757018/c4746362/content. html ［2016－4－27］［2019－12－25］.

［27］恒大研究院（任泽平，连一席，谢嘉琪）. 2019 中国独角兽报告［EB/OL］. http：//www. 199it. com/archives/843658. html？ weixin ＿ user ＿ id ＝ 6fo6ETQjiC8WXHVGWz30aRSSrXBBlk ［2019－3－10］［2020－1－15］.

［28］中国报告网. 2020 年中国工业机器人行业分析报告——市场运营态势与发展前景研究［EB/OL］. http：//baogao. chinabaogao. com/zhuanyongshebei/474896474896. html ［2020－1－9］［2020－1－15］.

［29］国际机器人联盟（IFR）. 全球机器人报告 2019 ［EB/OL］. http：//www. imrobotic. com/news/detail/16046 ［2020－4－24］［2020－6－11］.

［30］国际机器人联盟（IFR）. 最新机器人密度全球排名［EB/OL］. https：//robot. ofweek. com/2018－02/ART－8321202－8420－30204250. htm. l ［2018－2－27］［2020－6－11］.

［31］中国电子学会. 中国机器人产业发展报告（2019）［EB/OL］. 百度文库，2019－12－8.

［32］雍黎. 我国机器人连续 6 年产量、安装量居全球首位［EB/OL］. https：//www. chuandong. com/news/news236809. html ［2019－12－10］［2020－1－20］.

［33］前瞻产业研究院. 中国工业机器人行业产销需求预测与转型升级分析报告［EB/OL］. https：//www. chuandong. com/news/news236643. html ［2019－11－29］［2020－1－20］.

［34］广东省统计局. 2018 年国民经济和社会发展统计公报［R］. 2019.

［35］巫细波. 双转型期广东省汽车零部件产业面临机遇及升级研究［J］. 汽车工业研究，2017（9）：54－60.

［36］吴敬静，贺正楚，王娇. 中国汽车制造业的整体发展状况及主要省市的产业发展态势［J］. 经济数学，2018（9）：21－29.

［37］贺大松. 基于典型任务的新能源汽车技术专业课程体系研究［J］. 职业教育研究，2013（7）：47－48.

［38］李晓华. 基于理实一体化的新能源汽车技术专业人才的培养路径探究［J］. 内燃机与配件，2018（12）：247－248.

［39］贺正楚，王姣，曹文明. 中国汽车制造业的产业地图及影响产业布局

的因素［J］．科学决策，2018（5）：1 – 29．

［40］龙纪文．汽车装调式、机动车检测维修技术考证培训［EB/OL］．http：//
www. sohu. com/a/241839130_100222047［2018 – 7 – 18］［2019 – 12 – 25］．

［41］百度文库．汽车修理工国家职业标准与技能标准［EB/OL］．https：//
wenku. baidu. com/view/eeda47b2951ea76e58fafab069dc5022aaea463c. html［2018 –
8 – 14］［2019 – 12 – 25］．

［42］道客巴巴．新能源汽车技术专业人才需求分析报告——新能源汽车技
术［EB/OL］．http：//www. doc88. com/p – 1783144854491. html［2016 – 8 – 20］
［2019 – 12 – 25］．

［43］罗曦光，曹卫，李新华，李好．广东省滨海体育旅游发展的 SWOT 分
析［J］．军事体育进修学院学报，2013（1）：27 – 30．

［44］陈熠瑶．广东省美丽乡村成为全球旅游重要支撑［N］．中国旅游报，
2018 – 7 – 26．

［45］周人果，冯善书，马华．文化旅游产业赋能乡村振兴［EB/OL］．南方
网，http：//news. scut. edu. cn/2019/0906/c44a40479/page. htm［2019 – 9 – 6］
［2019 – 12 – 25］．

［46］陈南江．粤港澳大湾区发展规划构筑广东省特色休闲湾区，推动大粤
港澳大湾区旅游产业转型升级［EB/OL］．http：//m. sohu. com/a/297746679_
100191061［2019 – 2 – 26］［2019 – 12 – 25］．

［47］李士燕，牛攀．广东 A 级景区去年接客量 5 亿人次——人民网—广东
省频道［EB/OL］．http：//gd. people. com. cn/n2/2018/0316/c123932 – 31351296.
html［2018 – 3 – 16］［2019 – 12 – 25］．

［48］广东省人民政府．《广东省促进全域旅游发展实施方案》［EB/OL］．
http：//www. gd. gov. cn/gzhd/zcjd/201808/t20180802_273874. htm［2018 – 8 – 2］
［2020 – 1 – 14］．

［49］吴开勇．试论高分子材料的发展现状和趋势［J］．科技风，2018
（13）：9．

［50］乔金梁．我国高分子材料产业转型发展的思考［J］．石油化工，2015
（9）：1033 – 1037．

［51］吴青松．产业转型升级视角下职业教育创新发展探究［J］．继续教育
研究，2017（4）：68 – 73．

［52］王翰卿．关于高分子材料未来研究方向的思考［J］．科技风，2018

（3）：13－15.

［53］艾邦智造．高分子行业就业及薪酬规律［EB/OL］. http：//www.
cmpe360. com/p/65254［2015－4－29］［2019－12－25］.

［54］旗讯网．2019年中国塑料制品行业十大优秀企业推荐［EB/OL］.
http：//www. qxcu. com/ranking/3/298. htm［2019－1－20］［2019－12－25］.

［55］聚风传媒．揭秘2019深圳国际橡塑工业发展［EB/OL］. http：//
www. w7000. com/newsinfo/68612. html［2019－10－14］［2019－12－25］.

［56］符岸．2018年广东省塑料加工运营报告［EB/OL］. 广东塑料网——广
东 省 塑 料 工 业 协 会，http：//www. gdpia. com/xt/gg/2019/0417/35498. html
［2019－4－17］［2020－1－21］.

［57］曹南南．工业设计师的能力评价研究［D］. 武汉：武汉理工大学硕士
学位论文，2013.

［58］夏敏．体验视角下的跨学科设计研究模型探析［J］. 工业设计，2018
（7）：111－113.

［59］李曜坤，魏际刚．工业设计的难点在哪里？［J］. 中国设备工程，2018
（8）：10－13.

［60］白仁飞．全面交互语境下设计对象变迁刍议［J］. 创意设计源，2018
（1）：38－41.

［61］《设计》杂志编辑部．跨学科设计［J］. 设计，2018（14）：7.

［62］中国产业信息网．2019年中国工业设计行业发展规模、行业发展趋势
［EB/OL］. http：//www. chyxx. com/industry/201905/741741. html［2019－5－24］
［2019－12－25］.

［63］贤集网．工业设计的发展趋势［EB/OL］. http：//www. xianjichina.
com/news/details_7682. html［2016－5－16］［2019－12－25］.

［64］智研咨询集团．2020－2026年中国工业设计行业市场现状分析及未来
前景规划报告［EB/OL］. http：//www. chyxx. com/research/201909/788034. html
［2019－9－7］［2019－12－25］.

［65］左岸工业设计小编．工业设计未来可能的发展方向和趋势——左岸工
业设计［EB/OL］. http：//www. zasj. net/newscontent/1432. htm［无发布日期］
［2020－1－13］.

［66］望江月．2018年工业设计行业发展现状与趋势分析［EB/OL］. http：//
www. qianzhan. com/analyst/detail/220/180611－4e0bf30f. html［2018－06－11］［2019－

12 – 25].

［67］张志超．习近平寄语广东工业设计城：望下次来时有 8 千名设计师［EB/OL］．央视网，http：//news. cntv. cn/2012/12/12/ARTI1355304733089392. shtml［2012 – 12 – 12］［2020 – 1 – 20］.

［68］陈淳．广东省风景园林类专业背景分析及高职人才培养现状调研报告［J］．广州城市职业学院学报，2017（6）：84 – 89.

［69］中国产业信息网．2017 年中国园林景观行业概况、行业发展现状分析［EB/OL］．http：//www. chyxx. com/industry/201704/514392. html［2017 – 4 – 17］［2019 – 12 – 25］.

［70］中国产业信息网．2017 年中国园林景观行业发展现状和未来发展［EB/OL］．http：//www. chyxx. com/industry/201705/521396. html［2017 – 5 – 11］［2019 – 12 – 25］.

［71］中国人力资源和社会保障部．国家职业资格目录［EB/OL］．http：//www. mohrss. gov. cn/SYrlzyhshbzb/SYgundongxinwen/201710/t20171024 _ 280005. html［2019 – 9 – 17］［2019 – 12 – 25］.

［72］搜狐网．行业发展未来十年，园林绿化行业发展的五大趋势［EB/OL］．http：//www. sohu. com/a/218509911_99926409［2018 – 1 – 23］［2019 – 12 – 25］.

［73］旷野．2016 年我国花卉统计数据分析［J］．中国花卉报，2017（15）：32 – 36.

［74］陈美谕．园林技能型人才缺口缘何难补［N］．中国花卉报．2018 – 6 – 7（W01）.

［75］季晓莲．高职园林专业人才市场需求现状调查研究［J］．绿色科技，2019（9）：292 – 294.

［76］交通运输部．2017 年交通运输行业发展统计公报［EB/OL］．http：//xxgk. mot. gov. cn/jigou/zhghs/201806/t20180622 _ 3036269. html［2018 – 3 – 30］［2019 – 12 – 25］.

［77］中国林业网．2019 年我国造林 1. 06 亿亩森林抚育 1. 14 亿亩［EB/OL］．中国绿色时报，http：//www. forestry. gov. cn/［2020 – 1 – 2］［2020 – 1 – 21］.

［78］广东省林业局网．首批国家森林乡村名单出炉，广东上榜 228 个［EB/OL］http：//lyj. gd. gov. cn/news/forestry/content/post_2875748. html［2020 – 1 – 20］［2020 – 1 – 21］.

［79］章合杰．智慧物流的基本内涵和实施框架研究［J］．商场现代化，

2011（8）：44－46.

［80］高爱，王庆涛．广东省物流企业人才需求研究［J］．科技视界，2014（5）：158.

［81］董鹏，张鹏，徐香复．智慧物流打通物流"堰塞湖"的神器［J］．中国自动识别技术，2018（4）：62－65.

［82］闻之．物流业成为我国就业增长最快行业［J］．中国大学生就业（理论版），2017（8）：6－9.

［83］彭庆．国际物流专业人才培养存在的问题及原因分析［EB/OL］．https：//www.docin.com/p－2129286386.html［2018－8－26］［2020－1－13］.

［84］国际工业自动化．工业以太网作为信息化基础是智能工厂建设核心［EB/OL］．https：//www.gkzhan.com/news/detail/89521.html［2016－7－18］［2020－1－13］.

［85］徐军．物流园区的数字化升级［EB/OL］．http：//old.chinawuliu.com.cn/wlyq/201909/12/343935.shtml［2019－9－12］［2020－1－21］.

［86］广东省跨境电子商务行业协会．2018～2025年广东省地区跨境电商＋智慧物流产业发展分析与人才培养需求报告［R］．广东省广州，2019.

［87］广州大数据行业协会，广东省人才研究会，广东省职教桥数据科技有限公司，广东轻工职业技术学院．2018～2025年广东省地区大数据产业发展分析与人才培养需求报告［R］．广东省广州，2019.

［88］广东省机器人行业协会．2018～2025年广东省地区工业机器人产业发展分析与人才培养需求报告［R］．广东省广州，2019.

［89］佛山市汽车行业协会．2018～2025年广东省地区汽车产业发展分析与人才培养需求报告［R］．广东省佛山，2019.

［90］广东省品牌研究会．2018～2025年广东省地区旅游酒店业发展分析与人才培养需求报告［R］．广东省广州，2019.

［91］广东省塑料工业协会．2018～2025年广东省地区高分子材料产业发展分析与人才培养需求报告［R］．广东省广州，2019.

［92］广东省工业设计协会．2018～2025年广东省地区工业设计产业发展分析与人才培养需求报告［R］．广东省广州，2019.

［93］广东省生态环境协会．2018～2025年广东省生态园林行业发展分析与专业人才培养需求报告［R］．广东省广州，2019.